# Narrations

**Alexander Shirvanzade**

# ՊԱՏՄՎԱԾՔՆԵՐ

ԱԼԵՔՍԱՆԴՐ ՇԻՐՎԱՆԶԱԴԵ

# ՋՀՈՒԴԻ ԱԿԱՆՋԸ

Կովել քաղաքի կայարանում մեր վագոնը լցվեց հրեաներով: Եղանակն անձրևային էր, անախորժ, մինչև անգամ ցուրտ, թեև օգոստոսը դեռ չէր վերջացել: Բոլոր ճանապարհորդները թրջված էին, բոլորի իրեղենները ցեխոտված, որովհետև կայարանն անկարգ էր, իսկ պլատֆորմը ծածկոց չուներ:

Սկսվեց այնպիսի իրարանցում, որի նմանը չէինք տեսել Թիֆլիսից մինչև Լեհաստան, անցնելով Կովկասի վառվռուն տարրերի միջով: Առաջին պահ չէինք լսում ոչ միայն մեքենայի խուլ թնդյունը և կառքերի ձանձրալի դղրդյունը, այլև իրարու ձայնը:

Ներս խուժելով, հրեաները կատվի արագությամբ իրենց բազմաթիվ կապոցները տեղավորեցին, գտնելով այնպիսի անկյուններ ու խորշեր, որոնց մասին ես մինչև այդ ժամանակ գաղափար չունեի: Այսպես է հրեան: Ով շատ է ճանապարհորդում, նա շուտ է հարմարվում անհարմարություններին: Իսկ ո՞վ չգիտե՞, որ աշխարհի երեսին ոչ ոք այնքան չի ճանապարհորդում, որքան հրեան: Չէ՞որ այդ անբախտ ժողովրդի ճակատին պատմությունը գրել է.

— Թափառի՛ր հավիտյան:

Երբ իրարանցումը մի փոքր դադարեց, մեզ մոտեցավ մոխրագույն վերարկուով ու մեխակի գույնի, լայն ճիլտված գլխարկով մի մարդ և, տասն անգամ ներողություն խնդրելով, նստեց իմ դեմ: Իսկապես բոլոր տեղերը բռնված էին, բայց մարդն այնուամենայնիվ նստեց, աշխատելով կարելույն չափ իր մարմինը փոքրացնել:

Տեսե՞լ եք արդյոք մի տղամարդ, որի դեմքը ներկայացնե գեղեցկի և տգեղի զարմանալի խառնուրդ: Երևակայեցեք հորիլլայի դնչից և ամենագեղեցիկ դեմքի մի հյուսվածք, և դուք կունենաք մոտավորապես նորեկ հարևանիս պատկերը, նրա քառակուսի ծնոտը, տափակ քիթը, լայն բերանը, հաստ շրթունքները, խոշոր կինամոնագույն աչքերի խելացի արտահայտության և կանոնավոր կազմված գլխի, սիրուն ճակատի և նուրբ հոնքերի գեղեցկության հետ:

Նստեց թե չէ այդ մարդը, սկսեց ոտքից մինչև գլուխ զննել մեզ խիստ հետաքրքիր հայացքով, չմոռանալով նայել իրեղեններիս: Հրեայի ախտ դարձած հետաքրքրություն, որ ուզում է անպատճառ իմանալ, ո՞վքեր են իր ուղեկիցները, ի՞նչ դիրք ունին, ո՞ւր են գնում և ինչո՞ւ: Հենց այս հատկությունն է, որ ճանապարհորդության մեջ նրան դարձնում է մերթ ցանկալի և համակրելի ընկեր, մերթ ձանձրալի և ատելի ուղեկից:

Վերջապես նորեկը հեռացրեց մեզանից իր խուզարկու հայացքը, երևի գուշակելով, որ մեզ շատ էլ դուրեկան չէ այն:

— Ֆեյլդման, — դարձավ նա իր ազգականներից մեկին, — քանմեկ կխաղա՞ս:

— Այ-վա՛յ, ժամանակ չկա, — պատասխանեց Ֆեյլդմանը, որ նստած էր մեր կողքի փոքրիկ բազմոցի վրա, — վերջապես ես քաղցած եմ, ուտել եմ ուզում:

Դա մի փոքրիկ, շատ փոքրիկ, արագաշարժ և արագախոս ծերուկ էր, պստիկ, ճերմակ միրուքով ու թավ, սև ունքերով: Նա անմիջապես իր ոտների տակից «այ-վայ» անելով դուրս բերեց և ծնկների վրա դրեց մի զամբյուղ, ուտելեղենով լիքը: Շուտով մեր վագոնում տարածվեց կանաչ սոխի և ինչ-որ ապխտած ձկան հոտ: Ֆեյլդմանն ուտում էր կապիկի պես, այսինքն՝ երկու ձեռները մոտեցնելով բերանին քիչ-քիչ, բայց արագ-արագ և արագ-արագ ճպճպելով աչքերը:

— Էհ, բաս ի՞նչ անեմ, տխուր է, — ասաց հարևանս, անգիտակցաբար իր լայն գլխարկը բարձրացնելով ծոծրակի կողմը:

Այդ միջոցին տասը տարեկան աղջիկս ծիծաղելով ասաց.

— Հայրի՛կ, չե՞ս տեսնում, այդ մարդու մի ականջը չկա: Նայի՛ր:

Արդարև, հարևանիս ձախ ականջը կտրած էր մինչև բլթակը, և այս թերությունը նրա կերպարանքին տալիս էր ավելի տարօրինակ տեսք:

Ես կարծեցի, որ փոքրիկի անմեղ ծիծաղը կդիպչի այդ մարդուն և շտապեցի զսպել նրան: Բայց պատահեց հակառակը: Հրեան սիրալիր ժպտաց, բաց անելով իր լայն բերանը մինչև վերջին ատամները: Եվ այդ ժպիտը նրա դեմքից քշեց այն բոլորը, ինչ որ անասնական էր: Մատը թափ տալով օդի մեջ, նա հայրական եղանակով ասաց,

— Մադմուազել, մի՛ ծիծաղիր ականջիս վրա, ռռնետները կբարկանան: Գիտե՞ս, նրանք են կերել օրը ցերեկով իմ ականջը: Ախ, նրանք սոված են, շատ են սոված, այդ գարշելի, հոտած ռռնետները: Հեյ մե՛յ, ի՞նչ կուշտ ծիծաղում ես, երանի քո հասակին…

Ապա նա, իր տեղը լայնացնելով, դարձավ ինձ.

— Ո՞ւր եք գնում:

— Առայժմ Վարշավա:

— Գործո՞վ:

— Ոչ, հենց այնպես:

— Ի՞նչ ազգից եք, — շարունակեց նա, տեղն ավելի լայնացնելով:

— Հայ:

— Ա՛, հա՞յ եք, — գոչեց նա, կարծես ուրախանալով և, միևնույն ժամանակ, տեղն ավելի լայնացրեց, ո՞րտեղից եք գալիս:

— Թիֆլիսից:

— Թիֆլիսից գնում եք Վարշավա,-արտասանեց նա դառն հեգնական ծիծաղով, — կնշանակե դժոխքից գնում եք գեհեն:

— Մի՞թե:

— Կատարելապես, — գոչեց հրեան և այս անգամ տեղն այնպես ուղղեց, որ այլևս որդիս հարկադրվեց վեր կենալ:

— Ես ասացի, որ մենք միայն մի օր ենք մնալու Վարշավայում:

— Օօ՜, և ո՛չ մի ժամ, ո՛չ մի ժամ չմնաք, պարոն: Վատ է, շատ վատ այնտեղ:

Եվ բացատրեց, թե ինչու է վատ այնտեղ: «Ազգերը և դասակարգերը» խառնվել են միմյանց և ոտքի կանգնել: Փողոցներում ստեպ-ստեպ իջնում է կարմիր դրոշակ: Նրա գույնը խիստ գրգռում է «ոմանց», ինչպես որսորդի աչքերը օրհասական արջին: Ատրճանակ, դաշույն, հրացան, ռումբ, լրտեսություն, մատնություն, կողոպուտ, — ահա ինչեր են տիրում այնտեղ: Որտեղ նայում ես-արյո՛ւն:

— Եվ մեծ մասամբ մեր արյունը, հասկանո՞ւմ եք, մերը, ազգերից ամենաբախտավորինը: Օօ՜, երկու հազար տարի է ծծում են մեր սրբազան արյունը և դեռ չեն կշտացել անիրավները: Մի գնաք այդ անիծյալ քաղաքը, որովհետև այնտեղ հրեաներ կան: Առհասարակ փախեք Ռուսաստանից: Ես էլ ստիպված եմ գնում: Ընտանիքս Քիշինևից տարա այնտեղ, կարծում էի ավելի ապահով կլինի: Բայց աստված իմ, աստված իմ, ե՞րբ պիտի վերջապես խելքի գան բռնակալները:

Նա լռեց, ծանր ու երկարատև մի հառաչանք արձակեց կրծքից: Ապա իր խելոք և խոր թափանցող աչքերը նրանց մեջ արդեն վառվել էր պատմական վիշտը — դարձրեց դեպի լուսամուտը:

Աղմուկը չէր դադարում: Այժմ հրեաները զբաղված էին մի տեղ թուղթ խաղալով, մյուս տեղ՝ ուտելով: Նրանք վիճում էին բարձրաձայն, այնպես որ կարծում էիր, թե ահա, ահա պիտի պայթի կռիվ և պիտի ջարդոտեն միմյանց քիթն ու պռունգը: Բայց գոռում-գոչումներին հետևում էր բարձրաճ ձայն ծիծաղ, ապա վայրկենական դադար, ապա դարձյալ գոռոցներ և հայհոյանքներ:

Դրսում անձրև չկար, մենք անցել էինք նրա սահմանը: Կառախումբն արդեն կտրում էր Լեհաստանի դաշտերն ու անտառները: Աջ ու ձախ երևում էին գյուղեր, ագարակներ մերթ ընդ մերթ ամառային դղյակներ, — մի Ժամանակվա փարթամ Լեհաստանի բեկորները: Ոչխարների հոտերը և ձիերի երամակները արածում էին աշնանային դեղնագույն կանաչը, անտառների մեջ ցրված: Գյուղացիները հերկում էին ոսկեգույն հողը, ուշադրություն չդարձնելով անցնող կառախմբի վրա: Գեղջկուհիները իրանց կապույտ գոգնոցների մեջ Ժողովում էին կաղամբ, գետնախնձոր, եգիպտացորեն, որ մեծ մասամբ երկաթուղու գծի մոտ էին ցանված: Տեղ-տեղ, խոշոր տերևների միջից ժպտում էին հասուն դդումներ, իսկ արևածաղկի դեղին աչքերն ապուշ-ապուշ նայում էին մայր մտնող արեգակին: Ծծելով նրա վերջին ճառագայթները:

Աշխատանքը եռում էր, բայց կյանքը մեռած էր: Մարդկանց հոգնած դեմքից չէր նկատվում զվարթություն, այն, ինչ որ բանաստեղծի երևակայությունն է հորինում գյուղական կյանքի համար: Չէր երևում, որ այստեղ մարդիկ պարում են ու երգում և իրենց կայտառ քրքիջը միացնում բնության երգեհոնին, այնպես, ինչպես ես տեսա Բելգիայի սքանչելի մարգերում: Մռայլ դեմքերի և կորացած մեջքերի վրա զգացվում էր քաղաքական հեղձուցիչ մթնոլորտի ճնշումը: Արդեն Վարշավայում պայթող ռումբերի թնդյունը արձագանք էր գտել Լեհաստանի գյուղերում: Արդեն իր գոռոզությամբ և պատմական կամակորությամբ նշանավոր ժողովուրդն արթնացել էր հարյուր տարվա թունավոր նիրհից և ականջ էր դնում դեպի հյուսիս: Նա բռունցքները սեղմում էր կատաղի, ատամները կրճտում էր բորբոքված և մռնչում վանդակի մեջ փակված վագրի պես: Բայց... տակավին անզոր...

Սիրով, է Լեհաստանն իր երկրի մակերևույթից հազիվհազ բարձրացող բթածայր բլուրներով, խիտ անտառներով, ոչ խոր ձորերով, պարզ գետակներով և ոչ պարզ երկունքով: Այնտեղ երկիրն այնքան դաժան և մերկ չէ, որքան բուն Ռուսիայում, այդ անվերջ անապատներում: Այնտեղ գյուղացու, տնակը ռուս մուժիկի խրճիթից տարբերվում է, որովհետև տնակ է իր եվրոպական ձևով և եվրոպական մաքրությամբ: Զգում ես, որ երկիրը բռնած է մի ընդունակ ազգ, որի Հարուստ պատմությունը միայն արյունոտ էջերից չի կազմված և որի զավակների միակ պարծանքը անցյալի ու ներկայի կրած բռնությունը չէ...

Հրեան հայացքը հեռացրեց պատուհանից: Ես ևս: Նա նայեց աղջկաս մեղմ հայացքով, որքան թույլ էր տալիս դեմքը և ասաց.

— Աա՛, մաղմուազել, էլի դու ականջիս ես նայում: Օօ՛, ծիծաղի՛ր, ծիծաղիր, քանի որ կարող ես. շուտով այդ ապրանքը կթանկանա:

Եվ արագությամբ դարձավ ինձ.

— Պարոն, կորած ականջս պատմություն ունի, կարո՞ղ եք երևակայել:

— Ձեր ակա՞նջը:

— Այո՛, իմ այս անիծյալ ականջը, — կրկնեց նա երկու մատների ծայրով քաշելով կարմիր բլթակը, որ չորացած բակլայի էր նման, — կկամենաք լսել: Բնորոշ է, պարոն, շատ բնորոշ մեր ժամանակների համար, Աա՛, ի՞նչ կասեք, չէ որ պետք է մի բանով զբաղվել ճանապարհին: Ֆեյլդմանը դեռ խփշտում է: Հետո երևի չքանալու է: Չէ՞, Ֆեյլդման, դու կարծեմ պիտի ննջես:

— Երեք կայարանից հետո կասեմ, — պատասխանեց Ֆեյլդմանը, յուղոտ մատները սրբելով մի գույնզգույն կեղտոտ թաշկինակով:

Ես ոչ միայն համաձայնվեցի լսել հարևանիս պատմությունը, այլև հետաքրքրվեցի: Հրեայի պատմածը չի կարող անմիտ լինել:

— Լսեցեք, — սկսեց նա, գլխարկը դնելով ծնկների վրա, — բայց դեռ թույլ տվեք կապոցներս ուղղեմ: Ահը՛, այսպես, լսեցեք, — շարունակեց նա, այլևս միանգամայն ապահովվելով իր համար ընդարձակ տեղ, — ես հրեա եմ, ոչ ջհուդ եմ, բառիս իսկական իմաստով: Իսրայելի զավակը, անունս է Ահարոն Այզելման: Եվ ինչպես ջհուդ, իհարկե, առուտուրով եմ պարապում: Ի՞նչ արած, հայր Աբրահամը մեզ համար հող չի թողել, որ մշակենք… Այնպես չէ՞: Ֆեյլդման:

— Եվ, հի՛, հի՛, հի՛,— ծիծաղեց Ֆեյլդմանը իր փոքրիկ դեմքը ցցելով օդի մեջ և աչքերը փակելով:

— Ես ունիմ, ա՛հ, ի՛նչ եմ ասում, ունեի անիծված քաղաքներից ամենաանիծյալ Օդեսայում պատրաստի հագուստեղենի և մաշկեղենի խանութ: Ի՞նչ խանութ, ահագին մագազին էր, հինգ աչք ուներ, մեծ հայելի ապակիներով: Բայց առաջ ես մի հասարակ դերձակ էի — այս է գլխավորը: Ունեի մի փոքրիկ ցածր խանութ, որ գտնվում էր քաղաքի մեծ փողոցներից մեկում, մի հարուստ մագազինի մոտ: Այդ մագազինի տերն էր Սերգեյ Պախոմովիչ Ագրինցևը: Վաճառում էր նա պատրաստի հագուստեղեն, մաշկեղեն և զանազան ասվյա կտորներ: Ախ, երանի ես հարևան չլինեի, չտեսնեի այդ հարստությունը և չմոլորվեի: Ով գիտե, գուցե այն ժամանակ ավելի բախտավոր կլինեի: Ֆեյլդման, այնպես չէ:

— Աստված մեզանից լավ գիտե, ինչ որ եղավ, պետք է լիներ, — ասաց Ֆեյլդմանը, բառերը կոտրակների նման օդն արձակելով: — Ծխի՛ր:

Հարևանս վերցրեց՝ իր ընկերոջ առաջարկած ծխախոտը, վառեց և շարունակեց.

— Այդ Ագրինցևը Օդեսայի գազաններից մեկն էր: Ապրանքը վաճառում էր իր ուզած գնով, ապառիկ ոչ ոքի չէր տալիս, միևնույն ժամանակ գնողների հետ վարվում էր կոպիտ: Մարդը կուշտ էր, կարիք չուներ ուրիշներին շողոքորթելու: Բայց գլխավորն այն է, որ մաշկեղենի առուտուրի մեջ մրցակից չուներ: Ապրանքն ստանում էր առաջին ձեռքից: Սիբիրի բոլոր նշանավոր վաճառականների հետ անմիջական հարաբերության մեջ էր: Մի խոսքով, հսկա էր, գոնե իմ աչքում: Իսկ ես… ես մի քոսոտ ջհուդիկ էի… դերձակ: Ճշմարիտ է՞, Ֆեյլդման:

— Աստծու օրենքի պես:

— Խանութս պարոն Ագրենցևի մագազինին կպած էր, ի՞նչ ասեմ, ինչպես մի կեղտոտ կարկատան մի նոր և փառավոր մուշտակի: Այս բանը նրան դուր չէր գալիս: Նա ուզում էր ինձ դենը շպրտել, բույնս քանդել, մեծացնել և միացնել իր մագազինին: Բացի դրանից, նա չափազանց ատում էր մեր ցեղը, աչքով աչք չուներ մեզ տեսնելու:

Բայց ես էլ հիմար չէի: Այդ բանը շատ լավ իմանալով, ես վաղօրոք տեղս ամրացրել էի: Տանտիրոջս հետ ունեի տասներկու տարով նոտարի մոտ կապած պայմանագիր: Եթե նա ժամանակից թեկուզ մի շաբաթ առաջ ինձ դուրս աներ, պարտավոր էր վճարել երկու հազար ռուբլի տուգանք:

Դուրս անե՛լ, հիի՛, ոչ, Ահարոն Այզելմանը նպատակ ուներ: Նրա գլխում հղանում էր մի մեծ, հանդուգն ծրագիր: Ես տեսնում էի, որ հարևանս շատ է չաղանում, չափից դուրս: Եվ բոլորովին անարժան: Այդ մարդը, պարոն ոչ խելք ուներ, ոչ ճարպկություն: Նա վաճառական չէր: Կարդալ-գրելում կարդում էր, ինչպես կառապան: Այնինչ, ես օր չէր անցնում, որ մի կամ երկու լրագիր չկարդայի: Գիտեի առուտուրը որտեղ է ծաղկած, որտեղ է ընկած, բորսայում ինչ թղթեր են բարձր, որոնք են ցածր, մի խոսքով, ի՞նչ որ կարելի էր իմանալ լրագիրներից, իմանում էի:

— Երբ հարևանիս, ինչպես հարկն է, լավ ճանաչեցի և նրա գործերին տեղեկացա, տեսա, որ ասպարեզից ոչ թե սա ինձ, այլ ես նրան կարող եմ քշել: Օօ՛, պարոն, ինչու կեղծել, այսպես է իրեան: Նա վաճառականության մեջ երբեմն Դավիթ է, որ կռվում է Գողիաթի հետ. թեև միշտ էլ հաղթող չի լինում, բայց կռվում է: Դա նրա ախտն է պապերից ժառանգած: Ինչևէ: Ես ունեի սրա ու նրա ձեռքում տոկոսով տված մի փոքրիկ գումար, որ խնայել էի ասեղիս ծայրով: Շատ քիչ էր: Բայց ունեի և մի բարեկամ Շմուլ Մոզեր անունով: Նա այժմ էլ կա, փառք աստծու, մահից ազատվեց: Ճարպիկ մարդ է այդ Մոզերը, խելքը գլխին… Այն ժամանակ նա մի հասարակ միջնորդ էր...

— Սրա ու նրա համար ցորեն էր առնում ծախում, — ՛ լրացրեց Ֆեյլգմանը, — լեզու ունի, որ ածելուն նման է կրտ-րում: Հայրն էլ այնպես էր:

— Կաց, Ֆեյլղման, ես բոլորը կասեմ, — շարունակեց հարևանս: — Ահա՛, պարոն, միտքս հայտնեցի Շմուլ Մոզերին: Իհարկե, իսկույն հասկացավ և ոգևորվեց: Մենք վճռեցինք մրցել Ագրինցևի հետ, Շմուլ Մոզերն իր ունեցած երեք հազար ռուբլին միացրեց իմ փոքրիկ դրամագլխին և ինքն իսկույն ուղևորվեց Սիբիր: Ես լուր տարածեցի, թե վճռել եմ խանութս քանդել, մեծացնել: Եվ, իրավ, այս մասին բանակցում էի տանտիրոջ հետ: Հարևանս ինձ հրամայեց «խելոք կենալ»: Ես կատակով ասացի. «Ձերդ մեծապատվություն, միշտ խելոք լինելը ձանձրալի է, ուզում եմ մի քիչ գժվել», մի օր, տեսնելով, որ խանութիս ցուցանակը վերցրել եմ, պատվերներ չեմ ընդունում և լուսամուտները փոխել եմ տալիս, դարձավ ինձ.

— Այզելմա՛ն:

— Հրամայեցեք, Սերգեյ Պախոմովիչ:

— Դու ինձ հետ կատակ մի անիլ:

— Ինչպե՞ս կիանդգնեմ, ձերդ մեծապատվություն:

— Ասում եմ, կատակ մի անիլ, ես գիժ մարդ եմ:

— Ի՞նչ եք ուզում, — հարցրի ես, տեսնելով որ այլևս շարժել եմ իմ գոռոզ հարևանի հետաքրքրությունը:

— Ուզում եմ, որ դու այստեղից կորչես, քանի որ դեռ գլուխդ չեմ ջարդել:

— Ո՞ւր կիրամայեք կորչել, ձերդ վաճառականական գերազանցություն:

— Ուր ուզում ես, թեկուզ Երուսաղեմ: Ես արդեն զզվել եմ քո հոտից:
— Անցագիրս տվեք, գնամ:
— Ո՞րքան արժե:
— Հազար երկու հարյուր:
— Ախ, դու սատանայի ռեխ եբրայեցի:
— Այդ միայն տուգանքն է:
— Էլ ի՞նչ ես ուզում:
— Մի՞թե չգիտեք, ձերդ մեծապատվություն — խանութիս վերանորոգման ծախքը: Ուղիղ ինը հարյուր ռուբլին էլ այն է:
— Ես քո դունչը կջախջախեմ, անիծյալ Հուդա իսկարյովտացի, — բռնկվեց Ագրինցևը:
— Ջախջախեցեք, Սերգեյ Պախոմովիչ, բայց ամեն մի դունչ որքան էլ ատելի լինի, ուտել է ուզում:
Նա մի քանի օր գոռգոռաց, հայհոյեց պապերիս, նախահայրերիս, կրոնս, հավատս, բայց համաձայնվեց վճարել թե տուգանքը և թե ծախսերս: Ինձ էլ միայն այդ էր հարկավոր: Խանութս դատարկեցի, բայց ես իմ գործն արդեն տեսել էի, դիմացի տանը, ուղիղ Ագրինցևի դեմուդեմ վարձել էի չորս աչք:
Գործը շատ բարդ չէր, որ մեծ դժվարություն քաշեի: Ապրանք շուտով ստացա Վարշավայից, Իսկ ընկերս հրաշքներ էր գործում Սիբիրում: Մի տարի անցած նա գրավեց մի քանի խոշոր առևտրական տներ և ձեռք բերեց մեծ վարկ: Դա մի զարմանալի հաջողություն էր. ունենալով ընդամենը յոթ հազար ռուբլի դրամագլուխ, վայելում էինք հիսուն հազար վարկ: Բայց հաջողությունը մեզ չմոլորեցրեց, վճռեցինք արթուն լինել և գործն ընդարձակել պահանջի համեմատ: Բախտը ժպտում էր մեզ, մենք շատ շատ անցանք քաղաքի հայտնի վաճառականների շարքը: Ա՛խ, երջանիկ օրեր, որ այնքան թանկ արժեցաք ինձ ապագայում...
Հրեան տխուր հառաչեց և ձեռով դրստեց իր լայն ճակատը:
Կառախումբը կանգ էր առել: Մի քանի ճամփորդներ դուրս եկան, նրանց փոխարինեցին նորերը: Եկան ի միջի այլոց, նաև երկու նիհար և խիստ միմյանց նման երիտասարդներ լայն վերարկուներով և փոքրիկ գլխարկներով: Դես անցան, դեն անցան և վերջը կանգնեցին անցքում ու սկսեցին զննել ուղևորներին:
Ֆեյլդմանը կայծկի արագությամբ մոտեցավ մեզ ու շշընջաց.
— Գրպանահատներ են, որսի են եկել: Վերջապես, աղմուկը հանդարտվեց, հարևանս շարունակեց:
— Ագրինցևը սկզբում մեզ վերաբերվում էր արհամարհանքով: «Տե՛ս, այդ քոսոտ երուսաղեմցիները ուզում են մրցել Ագրինցևի հետ, չգիտեն, որ կարող եմ կոշիկիս քթով նրանց կոյանոց շպրտել»:
Ճիշտ այս խոսքերն էր նա ասել իմ բարեկամներից մեկին: Եվ

ուշադրություն չէր դարձնում մեզ վրա, մինչև անգամ մեր խանութի կողմը չէր նայում: Իսկ ես, ընդհակառակը, առաջվա պես խոնարհ էի ու համեստ: Գլուխ էի տալի Ագրինցևին ամեն անգամ պատահելիս այնպես, ինչպես մենք հրեաներս միայն սովոր ենք գլուխ տալ: Հիշում էի հանգուցյալ հորս խոսքերը. «Տե՛ս, չլինի թե կյանքումդ շահես որևէ քրիստոնեի թշնամություն: Միշտ խոնարհվիր, միշտ գետնին նայիր, այդ քեզ չի ստորացնիլ, բայց կպաշտպանե փորձանքներից»:

Եվ խոնարհվում էի: Միևնույն ժամանակ, աշխատում էի ամենայն եռանդով: Այժմ հաստարակ դերձակի գլուխը ներկայացնում էր խոշոր հաշիվների և պես-պես ծրագրերի շտեմարան: Շմուլ Մոզերն ինձանից ավելի հանդուգն էր. միշտ դրդում՝ էր լայնացնել ու լայնացնել գործը: Ապրուստիս մեջ շատ քիչ փոփոխություն էի մտցրել, հագնվում էի առաջվա պես համեստ, բայց այլևս ինքս չէի կարում ինձ համար, ժամանակն ավելի թանկ արժեր, ընտանիքս այժմ կենում էր երկուսի փոխարեն չորս սենյակում: Չէի խմում, չէի շռայլում, կանանց վրա աչք չունեի: Բայց զավակներիս ուսման համար ոչինչ չէի խնայում. Այժմ մեծ որդիս համալսարանումն է:

Սկսեցի, հակառակ հարևանիս սովորության, ապառիկ ապրանք բաց թողնել: Բայց, իհարկե, գիտեի ում: Դրա համար ունեի առանձին ցուցակ, որից դուրս ամենքին մերժում էի: Դա եղավ մրցման առաջին միջոցը Ագրինցևի դեմ. Ինքս ոտքի վրա մնալու համար պատրաստ էի նրան գլորել գետին: Երկուսս միասին միևնույն շրջանում, միևնույն փողոցում, միևնույն առուտուրը չէինք կարող վարել:

Կար և մի ուրիշ միջոց — քաղաքավարություն գնողների հետ: Վա՛յ այն վաճառականին, որ չգիտե ժամանակին ժպտալ, ժամանակին տխրել, ժամանակին ձևանալ բքթամիտ, նայելով իր գնողի տրամադրությանը: Եթե գնողդ ցորենի առևտրական է, ասա՛, որ Մովսիսի ստացած պատգամների մեջ այդ առուտուրն էլ կա. եթե պետական պաշտոնյա է, առանց նրան երկրագունդը կդադարի պտտել արեգակի շուրջը, եթե ոստիկանապետ է, թող կորչեն բոլոր հեղափոխականները, որ կործանեցին առուտուրը, իսկ եթե զինվորական է, թող տարտարոսը գլորվի նենգամիտ Անգլիան, որ միշտ դավեր է լարում «մեր հայրենիքի» դեմ և այլն, և այլն: Եվ ես, այսպես էի անում:

Մյուս կողմից, ո՛չ մի կոպտություն ինձ չէր շփոթեցնում կամ վիրավորում: Տեսնում ես, որ գնողը, հետդ խոսելիս, երեսիդ էլ չի նայում, խոսում է եզակի դեմքով, ինչպես սպասավորի հետ: Գրողը տանի, ով գիտե, ինչ-որ նախկին սպա է կամ պաշտոնաթող և գողության մեջ բռնված ինտենդանտ, կամ սրա պես մի խրտվիլակ: Գոհություն աստծու, այսպիսիների թիվը մեծ է սքանչելի Ռուսիայում: Ես մտածում էի՝ թող գոռոզանա, փքվի, մի օր կտրաքվի: Ես կշոյեմ առայժմ նրան, միայն թե ինձանից մի բան գնե: Եվ «ձերդ պայծառափայլություն, ձերդ գերազանցություն, ազնվություն» և այլն, ինձ համար այնքան սովորական էին, որքան ռուս զինվորի բերանում «լսում եմ»: Սակայն չնայելով այս բոլորին, երբեմն լսում էի այնպիսի վիրավորիչ խոսքեր, որոնք արյունս էին բորբոքում: Օօ, քանի՛-քանի անգամ են երեսիս շպրտել — «անհավատ, հեթանոս, կապիկի դունչ, քոսոտ շուն» և այլն, և այլն: Այզելման, կուլ տուր մանկությունից սկսած մինչև գերեզման, որովհետև կուլ է տվել քո հայրն էլ, քո պապն էլ, քո ամբողջ ցեղը, դարեր շարունակ:

— Ա՛խ, քրիստոնյա պարոն, — գոչեց նա, հանկարծ բորբոքվելով և տեղից վեր թռչելով, — երկու հազար տարի է մեզ հայհոյում եք և անարգում, ի՞նչ եք առաջացրել, ասացեք: Եվ ո՞վքեր են անարգում, Աբրահամի և Մովսիսի աստված, բոլոր աստվածներից վեհը: Մարդկության տականքը — կաշառակեր պաշտոնյաները, գող գանձապետները, լրտեսները, արբշիռները, որդերը, աղբակույտի ճանճերը, կոյանոցի սողունները: Արարածներ, որոնցից գեհենը պիտի զարշի և Կայենը զազրի: Մարդասեր Եհովա, գոռոզանում են իրենց խաչով, չեն ուզում հասկանալ, որ այդ խաչը մենք ենք կառուցել: Հալածում են մեզ մի մարդասերի անունով, և չեն ուզում հասկանալ, որ նա ինքն արյան գնով կռվել է հալածանքի դեմ: Ես հարցնում եմ. ո՞ւր էին այդ քրիստոնյաները, երբ մենք պաշտում էինք իսկական աստծուն, երբ դավանում էինք կրոններից բարձրագույնը, երբ ունեինք իմաստուններ և մարգարեներ… Գլուխներ ենք տվել աշխարհին, որոնց միշտ պիտի երկրպագություն տաք, ո՛վ գոռոզներ և ամբարտավաններ: Ահա՛ հենց այժմ, սկսվել է մի մեծ շարժում, որ պիտի տակնուվրա անի մարդկության կյանքը: Աա՛, դուք կարծում եք, որ մենք վաճառականներ լինելով՝ իսկի բան չենք հասկանում սոցիալիզմից, ո՞վ է նրա առաջին մարգարեն, դարձյալ մի հրեա: Իսկ սիոնիզմը: Աա, այժմ այլևս չե՞ք ծաղրում, ով քրիստոնյաներ: Սպասեցեք, ամբարտավաններ, եթե հին Երուսաղեմը չգրավենք, նորը կկառուցանենք...

— Մի միլիարդ չորս հարյուր միլիոն դրամագլուխ ունեինք Ամերիկայում և Անգլիայում, — մեջ մտավ Ֆեյլդմանը, — թող այժմ էլ ասեն, թե հրեան գձուծ է, հի՛, հի՛, հի՛…

Մենք կստիպենք ձեզ հարգել մեզ, կստիպենք, հի՛, հի՛, հի՛…

— Կաց, Ֆեյլդման, — փոխեց եղանակը Այզելմանը, — ես բոլորն ասացի: Ա՛հ, ներեցեք, պարոն, սիրտս լիքն էր: Գիտեմ, դուք այն քրիստոնյաներից չեք, որոնց հետ խոսելն երկյուղալի է: Այնպես չէ՞, Ֆեյլդման, հայերը մեր բարեկամներն են, մենք պատմական եղբայրներ ենք: Ազրինցևը գոչեց նա, նորից տաքանալով, — հիշում եմ այսօրվա պես այն վիրավորանքը, որ դու ինձ հասցրիր: Պարոն, լսա՞ծ եք Ուռուսով իշխանների մասին: Նշանավոր մարդիկ են: Մի օր նրանցից մեկին ծախեցի մի օձիք և մի զույգ թևեր հազար երկու հարյուր ռուբլով: Նա

Ագրինցևի կթան կովն էր, իմ ձեռքն ընկավ, որովհետև Ագրինցևը չէր կարողացել լավ շոյել նորին իշխանության սիրտը: Բայց օհ, այդ հազար երկու հարյուր ռուբլին ինձ որքա՛ն տանջանքներ տվեց: Պատմեմ տեսեք: Հենց նույն օրերը ես ընտրվել էի տեղական ժողովարանի անգամ: Երեկո էր. ես կնոջս և մի երկու ծանոթներիս հետ՝ ընթրում էի սեղանատանը: Մեզանից ոչ հեռու, մի ուրիշ սեղանի մոտ նստած էր Ագրինցևն իր ծանոթների հետ: Նա հարբած էր և բարձր ձայնով պարսավում էր հրեաներին, այսպես են, այնպես են: Սովորական զրպարտություններ: Մեր սեղանի մոտ կար մի տաքարյուն փաստաբան: Չհամբերեց մարդը, բողոքեց: Եվ նրա ու Ագրինցևի մեջ վեճ բացվեց:

— Քեզ ով է խոսեցնում, որ մեջ ես ընկնում, — գոռաց Ագրինցևը:

— Դուք պարոն, — ասաց սեղանակիցս,-ի՞նչ իրավունքով եք զրպարտում մեզ:

— Լռի՛ր, քոսոտ ջհուդ, լռի՛ր:

Մենք վրդովվեցինք, Ագրինցևը դարձավ ինձ.

— Աա, Այզելման, դու էլ այստե՞ղ ես, ժողովարանի անդամ ես ընտրվել: Շնորհավորում եմ: Բայց հեռո՛ւ, հեռո՛ւ նստիր մեզանից, հոտ է փչում:

— Հետաքրքրական է իմանալ, — ավելացրեց Ագրինցևի ընկերներից մեկը, — որ նույնպես հարբած էր, — հրեուհիները երբևէ մաքրո՞ւմ են իրենց եղունգները:

Կինս գունատվեց: Նա կուշաթափվեր, եթե ես նրան ժամանակին չտանեի դահլիճ, երբ մենակ վերադարձա սեղանատուն, տեսա, որ վեճը սուր կերպարանք է ստացել: Ագրինցևը ոտքի էր կանգնել շիշը ձեռքին և սպասում էր հարձակվել սեղանակիցներիս վրա: Ես միջամտեցի: Եվ ահա այդ միջոցին, պարոն Ագրինցևն ինձ ապտակեց: Օօ, այսօր էլ երեսս այրվում է այդ հրապարակական վիրավորանքից, Լսո՞ւմ եք, պարոն, նա ապտակեց ինձ հարյուր մարդկանց և մի այդչափ էլ կանանց ներկայությամբ:

— Եվ դուք չպատասխանեցի՞ք, — հարցրի ես հարևանիս:

— Ա՛խ, պարոն: Ինչպե՞ս պատասխանեի, — գոչեց նա, դարձյալ ոտքի ելնելով, — եթե շունը կծում է, մի՞թե այդ նշանակում է, որ մարդն էլ պիտի կծի, ես, իհարկե բողոքեցի հասարակությանը, դիմեցի դատարանին. Փաստաբանը լրագիրներում տպեց նամակ: Եվ վերջ ի վերջո ես ինքս ստիպվեցի վերջ տալ վեճին, վախենալով հետևանքներից:

Հրեան մի քանի վայրկյան լռեց իր հուզմունքը զսպելու համար, ապա շարունակեց.:

— Ագրինցևը քանի գնում, այնքան ավելի կատաղում էր: Արդեն ես քշում էի նրան ասպարեզից: Օ՛օ, Շմուլ Մոզեր, Շմուլ Մոզեր, դու այժմ սնանկ ես, անցյալ պասկեքին կոպեկ չունեիր, որ մորդ համար մացա գնեիր: Բայց համոզված եմ, որ մի օր դու կդառնաս Մորգան կամ Շվար և ամբողջ հարավային Ռուսիայի առուտուրը ձեռքումդ կունենաս, Օօ՛ Շմուլ Մոզեր, Շմուլ Մոզեր, դու վաճառականության Սողոմոնն ես. Դու էիր, որ շարունակ հորդորում էիր ինձ ընդարձակել մեր գործերը: «Տես ասում էիր, ես այդ անիծյալ քրիստոնյային պիտի մերկացնեմ և փողոցները ձգեմ: Նա անարգում է իմ ազգը, ընտանիքը, հավատը, իմ բոլոր սրբությունները: Ես նրան պիտի կործանեմ»:

Եվ կործանում էինք, պար՛ոն, կործանում էինք այդ Սերգեյ Պախոմովիչ Ագրինցևին: Օօ՛, այնպես արագ, որ ես ինքս էլ զարմանում էի: Նա ատամները կրճտում էր և երկար փառահեղ միրուքը փետտում: Մենք նրան հարկադրել էինք արդեն ապրանքը ապառիկ բաց թողնել: Բայց ամեն մարդու բան չէ, պարոն, ապառիկ ծախելը: Ողորմելին չգիտեր, որ շատ անգամ գոռոզ արտաքինի և շքեղ հագուստի տակ թաքնված է ինքը չքավորությունը: Եվ տալիս էր այդպիսիներին ու կորցնում էր անիրավը...

Այնուհետև մենք նրան ստիպեցինք ապրանքի գինը իջեցնել 20 տոկոսով: Այս էլ մի մեծ հարված էր նրա համար, որովհետև մենք գիտեինք ապրանքն ավելի էժան գնել և ավելի էժան տեղափոխել, մի խոսքով, առաջին անգամ նա կորցրեց տասնհինգ հազար և այնուհետև սկսեց խելքն էլ կորցնել: Իսկ ծախսերը չէր պակսեցնում: Եվ ինչպե՞ս էր ծախսում, աստված իմ: Սեփական կառք ուներ, Մոսկվայից բերել տված, որ սև մարմարիոնի պես էր փայլում արեգակի տակ: Նժույգներ ուներ, որոնցից ամեն մեկն արժեր հազար հինգ-հարյուր ռուբլի: Եվ խմում էր. սիրում էր ուրիշներին էլ հրավիրել: Մի երեկո կլուբում երաժիշտներին և ծառաներին հարբեցրեց կոնյակով: Իսկ կինը, տեր աստված, կինը, մի սաժեն բարձրություն ուներ, մի արշին լայնություն, փոքրիկ նեղ աչքերով, կատարյալ մոնղոլուհի: Շատ էր սիրում մեծամեծներին: Ամիսը մի կամ երկու անգամ երեկույթներ էր սարքում: Ինքը նահանգապետի կինը չէր մերժում նրա հրավերը: Դե, իհարկե, այդպիսի մի բարձրաստիճան հյուրին խոմ չէր կարելի տապակած ձկով կամ երշիկով հյուրասիրել: Շմուլ Մոզերը, ձեռքերը միմյանց քսելով, հրճվանքով կրկնում էր՝ բարեկամդ անդունդն է գլորվում... Եվ գլորվում էր:

Նույն ժամանակներն ես օր ու գիշեր հանգիստ չունեի: Որքան հաջող են գնում հրեայի գործերը, այնքան նա քիչ է քնում, Զարթնում էի, պարոն, վեց ժամին, յոթին արդեն մագազինումս էի: Կողպում էինք տասներկու ժամին: Իսկ Ագրինցևը փաշա էր. գալիս էր մագազին տասնմեկից ոչ առաջ և երեկոյան ութ ժամին արդեն թղթախաղի սեղանի մոտ էր: Միրուքներ պահելը վաղուց գիտեինք: Դեռ մի Փոքրիկ սկանդալ էլ պատահեց, որը ծածկելու համար նա կաշառեց ոստիկանապետին: Գործակատարների հաշիվները չէր քննում: Եվ գողանում էին անիրավները:

— Ես գնում եմ, Այզելման, — ընդհատեց հարևանիս խոսքը Ֆեյլդմանը, երբ կառախումբը կանգ առավ:

Ծերուկը բեռնավորվեց իր բազմաթիվ կապոցներով և մեզ գլուխ տալով չքացավ:

— Այժմ, — շարունակեց հարևանս, — ես մոտենում եմ պատմությանս կորիզին: Լավ լսեցեք, պարոն, տեսեք ձեր քրիստոնյաներն ինչպես են վրեժ առնում մեզնից: Ագրինցևն այժմ հարբում էր շուտ-շուտ: Ոչինչ, այդ սովորական բան է Ռուսիայում, չէ՞ որ նա տարենը մի քանի անգամ Մոսկվա էր գնում: Լսում էի նրա գոռոցները գործակատարների վրա: Եվ ի՞նչ խոսքեր, աստված իմ: Երբեմն մինչև անգամ ծեծում էր խեղճերին: Բայց պետք է խոստովանել, հետո փող էր բաշխում նրանց:

Մի օր ճաշից հետո, Ագրինցևը հանկարծ մտավ մեր խանութը: Առաջին անգամն էր պատիվ անում մեզ: Նկատեցի իսկույն, որ բարեկամս բավական թրջված է և մի քիչ օրորվում է: Գործակատարներիս աչքով նշան արի զգույշ մնալ: Իսկ Շմլոխ Մոզերին խնդրեցի բնավ չխոսել: Շատ թունավոր լեզու ունի անպիտանը: Բարեբախտաբար, օրվա այն միջոցին էր, երբ գնորդներ չեն լինում:

Ագրինցևը, ներս մտնելով, կանգ առավ դռների մոտ, ձեռքերը գրեց պանթալոնի գրպանները, հետո փորը դուրս ցցեց և արտասանեց.

— Զալինկին Զուխտո՛ւմ:

Իբր թե ծաղրում էր մեր աղավաղած եբրայերենը, որով երբեք չէինք պարծենում: Ես պատասխանեցի».

— Милостиво просим!

— Այզելման, ուզում եմ խոզաբունդ տեսնել:

— Համեցեք, — ասացի ես քաղաքավարի: — բնավ չվշտանալով նրա վիրավորական խոսքից: — Շնորհ արեք ներս գալու:

— Օ՜օ, էլեկտրական լո՞ւյս: Ո՞ր ժամանակից:

— Արդեն մի քանի ամիս է:

— Այդ ի՞նչ իրավունքով:

— Ինչպես թե ի՞նչ իրավունքով, Սերգեյ Պախոմովիչ:

— Հարցնում եմ, ո՞վ է քեզ իրավունք տվել:

— Փողը և իմ ցանկությունը, — պատասխանեցի ես: Ագրինցևը ծիծաղեց:

— Աա՜, ուրեմն դու փող էլ ունես, ցանկություն էլ: Իսկ ես կարծում էի, որ միայն գողացած ապրանք ունիս:

— Ինչպե՞ս թե գողացած ապրանք, — գոչեցի ես, — իմ խանութում այդպիսի բան չկա:

— Ուրեմն ո՞րտեղ ես թաքցնում իմ ապրանքը, աաա՜, դու չես սովորեցնում գործակատարներին, որ մաշկերս գողանան և քեզ ծախեն, աա՞:

Այդ մի այնպիսի անամոթ զրպարտություն էր, որին չէի կարող դիմանալ: Ուստի տաքացա և Ագրինցևին անվանեցի ստախոս:

— Աա՛, Իսրայելի շուն, — գոռաց նա այնպես, որ հարևաններս հավաքվեցին, — աա՛, սատկած կատու, խոզի փորոտիք, ես քո ատամները կջարդեմ, տո՛ւր ապրանքս, տո՛ւր, ասում եմ:

Հարևաններս միջամտեցին և աշխատեցին խաղաղեցնել նրա զայրույթը: Ամենքը հավատացրին նրան, որ «Այզելման և Մոզեր» առևտրական տունն երբեք չի ստորացնիլ իրան գողացած ապրանք գնելու չափ:

Ագրինցևը սթափվեց մի փոքր: Ես լուռ էի, որովհետև նախանգապետը նրա կողմն էր, իսկ ես մի հրեա: Սկսվեց մի ուրիշ տեսարան: Ագրինցևը կամեցավ ծխել և լուցկի պահանջեց:

Ես ունեի մի գործակատար: Վիտալի Ռաբինովիչ էր անունը: Ոսկի էր այդ երիտասարդը, մագաղինիս հոգին, աջ թևս: Խելոք էր նա, պարոն, ընդունակ, եռանդուն: Միշտ կարդում էր ընտիր գրքեր: Խեղճ մոր միակ զավակն էր: Ա՜խ, ես նրան սիրում էի հարազատ որդուս չափ: Կորա՛վ թշվառը, իր անձը զոհեց ինձ, անպիտանիս: Ա՜խ, ներեցեք, ես չեմ կարող նրան հիշել առանց արտասուքի:

Հրեայի խոշոր աչքերից դուրս ցայտեցին երկու կաթիլ և գլորվեցին այտերի վրա: Նա ոտքի կանգնեց՝ իր խորին հուզմունքը զսպելու համար:

Անցան մի քանի լուռ և ծանր րոպեներ: Հրեան սրբեց աչքերը, զսպեց իրան և նորից նստեց:

— ներեցեք, — ասաց նա, — ես շատ էլ թույլ մարդ չեմ, բայց այս մեկ կորուստը ինձ համար ծանր էր: Ռաբինովիչը չուներ հալածանքներ քաշած հրեայի փորձառությունը և սառնությունը: Նա դեռ չէր զրկվել ինքնասիրության կրքից, ինչպես մեզանից շատերը: Հպարտ էր, սիրում էր իր ցեղակիցների ոտնատակ եղող պատիվը: Դժբախտաբար հենց նա առաջ եկավ և լուցկի տվեց: Վառելով իր թանկագին սիգարը, Ագրինցևը նայեց ոտքից մինչև գլուխ Ռաբինովիչին արհամարհական հայացքով և ասաց.

— Դու է՞լ ջհուդ ես:

— Ոչ, պարոն, — պատասխանեց Ռաբինովիչը, գլուխը հպարտ բարձրացնելով, -ես հրեա եմ:

— Այդ միևնույն աղբն է:

— Ներեցեք, պարոն, միևնույնը չէ: Ջհուդներ կան բոլոր ազգերի մեջ, իսկ մենք հրեաներ ենք: Վերջապես, բավական է, պարոն, հեռացեք, ես իմ տիրոջ պես չեմ կարող տանել ձեր վիրավորանքները:

— Աա՞, ի՞նչ, — պոռաց նորից Ագրինցևը, — չե՞ս կարող տանել: Աա, ուրեմն դու հեղափոխական ես: Ախ դո՛ւ զարշելի, հոտած:

— Պարոն, — չկարողացավ իրեն զսպել Ռաբինովիչը, — զարշելին դուք եք և անարգ հոտը ձեր բերանից է գալիս: Փորձեցեք շարունակել ձեր հայհոյանքը, և ես ցույց կտամ ձեզ…

Այս ասելով, Ռաբինովիչը ձեռը տարավ գրպանը: Շմուլ Մոզերը բռնեց նրա թևից և տարավ մագազինի խորքը: Ես կարծում էի, որ Ագրինցևը կհարձակվի նրա վրա և տեղն ու տեղը կխեղդի նրան: Բայց այդ չպատահեց: Հետո միայն իմացա, որ այդ մարդկանց խրոխտությունը իրենց քաջությանը չի համապատասխանում: Նրանք քաջ են միայն խեղճերի համար: Ռաբինովիչի ատրճանակը սանձահարեց նրա լրբությունը: Այնուամենայնիվ, վերջին խոսքը նա ասաց, դառնալով ինձ:

— Ես, ինչպես իմ տերության հավատարիմ հպատակ և ուղղափառ քրիստոնյա, պարտքս կհամարեմ հայտնել ում հարկն է:

— Ի՞նչ հայտնել, պարոն, — հարցրեց Շմուլ Մոզերը:

— Այն, որ ձեր այս խոզաբունը լիքն է հեղափոխականներով: Աա՛, անպիտաններ, ուրեմն հայր Վլադիմիրը զուր չի ասում, թե դուք խորշում եք ուղղափառներից, Դուք «գոյ» եք անվանում մեզ, ձեր թալմուդը մեզ պիղծ է կոչում: Աա՛, մենք պի՞ղծ ենք: Եթե պիղծ ենք, ապա ինչո՞ւ համար եք ձեր պասեքին գողանում մեր երեխաներին, սիրտը ծակում և արյունը քամում, որ ձեր մացա-ին խառնեք, աա՞, ասացե՛ք:

Ո՞վ կարող էր այդ խելացնորին համոզել, որ այդ բոլորը զրպարտություն է: Նա գոռում էր ու պնդում ասածը: Վերջապես, հարևաններս ազատեցին մեզ նրանից:

Հետևյալ օրը խուզարկեցին ոչ միայն Ռաբինովիչին, այլև ինձ, Շմուլ Մոզերին, բոլոր գործակատարներիս թե՛ տանը և թե՛ մագազինում: Իհարկե, ոչինչ չգտան: Բայց այդ բանը բավական վնաս տվեց մեզ: Քաղաքական ահաբեկությունը այն ժամանակ մեծ էր, մարդիկ վախենում էին իրենց ստվերից: Ոչ միայն գնողներս պակասեցին, այլև բանկերում սկսեցին մեզ վրա ծուռ աչքով նայել…

Շմուլ Մազերն ինձ մխիթարում էր:

— Մի՛ վախենար, մեր բանը շուտ կդրստվի, բայց Ագրինցևի գործերը շատ վատ են, քանի որ այդպիսի միջոցների է դիմում:

Նա իրավունք ուներ, շուտով այդ երևաց: Հիմարությունն առհասարակ ինքն է իր համար փոս փորում: Ագրինցևը, տեսնելով, ուր մեզ չբանտարկեցին, լուր տարածեց, թե մենք կաշառել ենք ոստիկանությանը: Կաշառելը, պարոն, հրեաների քաղաքացիական պարտականություններից մեկն է: Բայց քաղաքական գործերում մենք զգույշ ենք…

Լուրը հասավ ոստիկանապետին, հետո նահանգապետին:

Երկուսն էլ դադարեցին այցելել Ագրինցևի տունը, մինչև անգամ ընդհատեցին նրա հետ ամեն մի ծանոթություն: Այս մի մեծ հարված էր Ագրինցևի համար: Լսեցի, որ նա մի քանի անգամ գնում է նահանգապետին բացատրություն տալու, չի ընդունում: Մեջ է ընկնում պատվարժան ավագ քահանա Վլադիմիրը, և հազիվ կարողանում է ոստիկանապետին միայն հաշտեցնել «պատրիոտ» Ագրինցևի հետ: Այդ հայր Վլադիմիրն էլ մի պատիժ էր տեղական հրեաների համար: Ամեն կիրակի իր քարոզներով գրգռում էր ռուս ամբոխին մեր դեմ: Եվ հաջողություն ունեցավ:

Ագրինցևը դիմեց մի ուրիշ միջոցի, իր գործակատարների բերանով տարածեց, թե ես ու Շմուլ Մոզերը լրտեսներ ենք: Մի օր ինձ մոտ եկան երկու անծանոթ երիտասարդներ և բացատրություն պահանջեցին: Մեջ ընկավ Ռաբինովիչը և նրանց բավարարություն տվեց: Իհարկե, մենք կարողացանք մաքրել մեր անունը, բայց չէ որ այս տեսակ զրպարտություններն անհետևանք չեն մնում, գտնվեցին թեթևամիտներ, որ մեզնից երես դարձրին:

Բայց այդ մեր գործին վնաս չբերեց: Վերադարձան մեր բոլոր հին գնորդները, երբ հասկացան, որ մենք կրկնակի զրպարտված ենք:

Նույն միջոցին Ագրինցևի գործերը քայքայվել էին այնպես, որ մեծ խելք էր հարկավոր նրանց ուղղելու համար: Այնինչ Ագրինցևը զրկվել էր իր մեծ գլխում ամփոփված փոքրիկ ուղեղի մնացորդից էլ: Դուրս եկավ, որ այդ մարդը պարտքերի մեջ խրված է ավելի, քան մենք կարող էինք սպասել: Մի օր նրա մուրհակը բողոքի ենթարկվեց: Դա ողբերգության սկիզբն էր. շարունակությունը շուտով տեսանք: Մարդը կորցնում էր իր վարկը արագ-արագ: Ֆաբրիկաներն արդեն կրճատել էին նրա կրեդիտը, իսկ մեկը միանգամայն մերժել էր: Այս բոլորը մենք շատ լավ գիտեինք և նպաստում էինք: Աշնան սկզբին նա նոր ապրանք չստացավ, իսկ հինը ամառվա ընթացքում կերվել էր ցեցից:

Ագրինցևն անզոր էր կանգնել անկման կես ճանապարհին: Հարբում էր նա այժմ բույակի պես: Մագազինը փոխեց կնոջ անունով, որովհետև ինքն արդեն սնանկ էր ճանաչված:

Կառքերն ու ձիերը ծախվեցին: Կինը ամաչում էր տնից դուրս գալ կամ հյուրեր ընդունել:

Ագրինցևն երբեմն կանգնում էր իր անցյալ փառքի դռների առջև և ձեռքով ինչ-որ սպառնալիքներ ուղարկում դեպի մեր կողմը: Ես դեռ վախենում էի նրանից, և այժմ ավելի քան առաջ: Հուսահատությունը սարսափելի է, պարոն: Ահա ինչու չէի կարողանում խղճալ այդ մարդուն:

Խղճա՞լ, ոչ, նա շատ էր անարգել մեզ: Մի օր Շմուլ Մոզերն ասաց.

— Այզելման, մենք արդեք, վարձատրված ենք:

— Ի՞նչ ես ուզում ասել, — հարցրի ես:

— Ագրինցևը խանութը փակում է վաղը:

— Տեսնում եմ: Հետո՞:

— Նա կորած է: Անցյալ շաբաթ մեր սինագոգը շուն գցողների մեջ տեսել են և՛ Ագրինցևին:

Այդ արդեն ես չգիտեի:

Անցավ կես տարի ևս: Ագրինցևը չքացել էր ասպարեզից: Բայց մենք նրան չէինք մոռացել, և ինչպե՞ս կարող էինք մոռանալ մի մարդու, որ դեռ մի քանի տարի առաջ առաջնակարգ քաղաքացիների շրջանումն էր: Իսկ ա՞յժմ... այժմ, ով գիտե, ո՞ւր: Մի օր, հարգելի պարոն, պատահեց հետևյալը: Մաղմուազել և դուք, պատանի պարոններ, լավ լսեցեք, զվարճալի է: Որքան շատ են տանջվում ծնողները, այնքան պիտի խելոքանան զավակները: Հենց այս է պատճառը, որ հրեան ծեր է և խոհեմ օրորոցից սկսած:

Այո, պարոն, պատահեց այն, որ ես ամբարտավանությունը ցեխի մեջ տեսա:

Նստած էի մագազինումս: Շմուլն ու գործակատարների, մի մասը գնացել էին ճաշելու: Հանկարծ դռների առջև հայտնվեց մի մարդկային կերպարանք: Այնքան այլանդակ էր նա, որ ես առաջին րոպեին չճանաչեցի: Կարծեցի թափառական մուրացկաններից է, որոնց դեմքը հարատև սովը այնքան աղավաղում է:

Հարգելի պարոն, ես եղել եմ Եվրոպայի համարյա բոլոր երկրներում, ճանաչում եմ Ռուսիայում կենող բոլոր ազգությունները և կարող եմ ասել, որ ոչ մի ազգ այնքան շուտ չի հաշտվում ճակատագրի հարվածների հետ, որքան ռուսը: Երեկվա հարուստը այսօր կառապան է, և այս նրա համար, կարծես, սովորական բան է: Երեկ նա շամպայն էր խմում, այսոր, փույթ չէ, սիվուխա կխմի: «Ոչինչ» — ասում է նա և շուտով ամեն բան մոռանում:

Դուք արդեն գուշակեցիք, որ հյուրս Ագրինցևն էր: Հագնված էր նա այնպես, ինչպես, տեսած կլինեք, հագնվում է օղիի գերի ռուս փոքրիկ չինովնիկը, երբ պաշտոն չունի և թափառում է դատարանների առջև, սրան ու նրան իր ծառայությունն առաջարկելով: Այն տարբերությամբ, որ չինովնիկի անցյալից մնացել է «ֆուրաշկայի» կոկարդն ու կարմիր ժապավենը, իսկ Անգրինցևի հարստությունից՝ մի մուշտակ, հնամաշ, օձիքի մազերը թափված, փեշերն ու կուրծքը կեղտի բծերով ծածկված:

Նա հարբած չէր այդ օրը: Դեմքը լուրջ էր, եթե կարող է այդ լուրջ լինել, ինչ ասեմ, մի մեծ կապույտ-կարմրագույն ուռուցք:

— Բարով, Այզելման, — ասաց նա օղիի քայքայված ձայնով, որի մեջ, սակայն, դարձյալ զգացվում էր արհամարհանք դեպի ինձ:

— Պատիվ ունեմ, Սերգեյ Պախոմովիչ, — պատասխանեցի ես առանց հեգնության, այնպես, որ կարծես, ոչինչ փոփոխություն չէր պատահել նրա ճակատագրի մեջ: Ես մինչև անգամ չզլացա ոտքի կանգնել այդ փողոցային շրջմոլիկի համար:

— Այզելմ՛ան, ես եկել եմ քեզ մի բան առաջարկելու:

Ասաց պարոնը և ձգվեց աթոռի վրա, ոտներն երկարացնելով և ձեռքերը խոթելով պանթալոնի գրպանը:

— Հրամայեցեք:

— Առաջինը՝ արի հաշտվենք: Այսինքն՝ դու ինձանից ներումն խնդրիր, և ես կներեմ: Աստված վկա, կներեմ:

Լսո՞ւմ եք, պարոն, դեռ նա պիտի նրանից ներումն խնդրի, դեռ նա պիտի ինձ ներեր:

Գործակատարներս, քիթ-քթի տալով, սկսեցին ծիծաղել:

— Նո՛ւ, խնդրի՛ր, — կրկնեց նա, — ուղղափառ ռուսը չար չէ: Որքան էլ կատաղի, սիրտը բարի է, ախ պահել չգիտե: Ես անցյալը մոռանում եմ, դու էլ մոռացիր, աա՞...

— Սերգեյ Պախոմովիչ, ես ձեր դեմ ոխ չունիմ, կարող եք հանգիստ լինել, — ստեցի ես մի փոքր:

— Աա՛, այդպե՞ս, շատ լավ, շատ լավ: Ուրեմն, ես քեզ ներում եմ: Թողնենք այդ: Դատարկ բան է: Չարժե խոսել անցյալի մասին: Մեր կյանքը գետ է, երբեք ետ չի դառնում, մեր հոգին էլ այսպես պիտք է լինի: Աա, դու ուզում ես ասել, որ քեզ մի քանի անգամ հայհոյել եմ: Ի՛նչ կա. այժմ դու կարող ես ինձ հայհոյել: Կլսեմ: Դրանից իմ հոր ոսկորները գերեզմանում տրեպակա չեն պարիլ: Այզելման ես եկել եմ առաջարկելու ահա թե ինչ. արի ընկերանանք և միասին տանենք մեր գործը: Աա՛, ի՞նչ կասես:

— Ընկերանա՛նք, դու և ե՞ս, Սերգեյ Պախամովիչ:

— Այո , հենց ես ու դու, ի՞նչ կա:

Մարդը կատակ չէր անում, ես էլ լուրջ խոսեցի:

— Բայց ես մի պիղծ ջհուդ եմ, Սերգեյ Պախոմովիչ, մի կեղտոտ և հոտած անհավատ: Եվ ինչպե՞ս դուք, ուղղափառ քրիստոնյա, կարող եք ձեզ ստորացնել, ընկերանալով ինձ հետ:

— Դե, լա՛վ, մի ծաղրիր ինքդ քեզ, լավ չէ, ազգային պատվի զգացում ունեցիր:

— Բայց ի՞նչ կասի հայր Վլադիմիրը, եթե ես ունենամ ազգային պատվի զգացում: Նա չի" գժվի, երբ մեր խանութի ճակատին կկարդա միասին գրված «Ագրինցե և Այզելման»: Աա՞, նա ձեզ կանիծի, այդ բարեպաշտ քրիստոնյա հայրը…

— Հայր Վլադիմիրին ես ուղարկեցի սատանաներին, այլևս նա իմ տուն չի գալիս:

— Հասկանում եմ, այլևս փորը չի կարող կշտացնել ձեր տանը: Խելոք մարդ է, ուրեմն...

Ագրենցևը հասկացավ իմ վիրավորանքը և կուլ տվեց:

— Հը՛, սաա, — շարունակեց նա, — ե՞րբ ենք պայմանագիրը ստորագրում: Ասում ես պիղծ ջհուդ ես: Ես էլ այդ մասին շատ եմ մտածել, բայց և այնպես վճռել եմ ընկերանալ: Ի՞նչ անենք, ջհուդներն էլ ինձ նման մարդիկ են: Իսկապես ես նրանց դեմ ոչինչ չունիմ: Կարող են իրենց սինագոգում որքան քեֆներն է «ալելույա» կանչել: Ջհուդ ես, ես է, հենց այն պատճառով եմ ուզում ընկերանալ քեզ հետ, որ ջհուդ ես:

Օօ՛, ջհուդները դևեր են վաճառականության մեջ: Նրանց հետ ոչ ոք չի կարող մրցել: Աա՛, ի՞նչ կասես, շնորհակալ չե՞ս, որ քեզ այսքան պատիվ եմ անում:

Ռաբինովիչը մոտեցավ և ականջիս շշնջաց.

— Թողեք այդ խրտվիլակին շպրտեմ փողոց: Նա դարձյալ մեզ անարգում է:

Բայց ես ուզում էի Ագրինցևի հետ խոսել. այժմ նա ինձ հաճույք էր պատճառում:

— Օ՜օ, — ասացի ես, հազիվ զսպելով ծիծաղս, — շատ և շատ շնորհակալ եմ: Լա՛վ, ընկերանանք: Ո՞ւր է ձեր դրամագլուխը:

— Ինչպես թե դրամագլուխը:

— Այո , ո՞րն է ձեր դրամագլուխը:

— Իմ դրամագլուխն է անունս և ազգանունս:

— Հետո՞:

— Հետո այն, որ ես ուղղափառ քրիստոնյա եմ: Ինձ հետ ընկերանալով, դուք կարող եք բոլորովին հանգիստ լինել, որ ոչ մի քրիստոնյա ձեզ չի վիրավորիլ: Մի խոսքով, ես Սերգեյ Պախումովիչ Ագրինցևն եմ:

Այս անգամ արդեն ծիծաղս չկարողացա զսպել:

— Այզելման, — վիրավորվեց Ագրինցևը և ոտքի թռավ, — դու ինձ չես հավատո՞ւմ: Զգուշացիր, Այզելման, ես դեռ առյուծ եմ:

— Պետք էր ճշմարտությունն ասել, և ես ասացի, չվախենալով նրա կատաղությունից: Ժամանակն էր, որ ես վրեժս առնեի իմ թշնամուց, որ այնքան անարգել, այնքան հալածել էր ինձ:

Ես ասացի, վաճառականությունը կանոններ ունի, որոնց մոռացողը չարաչար պատժվում է: Մի մարդ, որ իր կոպտության, գոռոզության և շռայլության շնորհիվ կորցրել է ամեն ինչ, չի կարող նույնիսկ խոսել վարկի մասին:

— Դուք ոչ միայն փողով եք սնանկ, Ագրինցև, — շարունակեցի ես, — այլև խելքով: Երբ դուք հարբում էիք և մեզ հրեաներիս հրապարակորեն անարգում, մտածո՞ւմ էիք, արդյոք, որ մի օր պիտի այդպես ստորանաք իմ առջև: Ո՛ւր է այժմ ձեր անցյալը: Կարողություն չեմ ասում, այլ գոռոզու՛թյուն: Ո՞ւր են ձեր ուղղափառ հավատակիցները. ինչո՞ւ Մոսկվայի քրիստոնյա ֆաբրիկանտները ավելի առաջ բողոքեցին ձեր մուրհակները, քան Վարշավայի հրեաները: Եթե դուք մարդ լինեիք, ես ձեզ չէի կործանիլ մինչև այդ աստիճան: Ցույց կտայի ձեր փրկության ճանապարհը: Ախ, Սերգեյ Պախոմովիչ, Սերգեյ Պախոմովիչ, մի՞թե այժմ էլ խելքի չեք եկել, մի՞թե այժմ էլ ուզում եք ինձ ծաղրել: Բայց չէ՞ որ դուք եք արժանի ծաղրի: Ոչ, ոչ, պարոն, ոչ ծաղրի, այլ ցավակցության: Նայեցեք ձեզ ոտքից մինչև գլուխ, ինչ օրի եք հասել: Զգո՞ւմ եք, արդյո՞ք, որ կորած եք հավիտյան:

Կարող եք երևակայել, պարոն, այն մարդը, որ կարելի է ասել, կյանքում չգիտեր ինչ ասել է արտասուք, հանկարծ արտասվեց, ինչպես մի ողորմելի կին: Այստեղ ես նրան խղճացի, բայց միայն մի քանի րոպե:

Կարո՞ղ էի մոռանալ հենց միայն այն օրը, երբ նրա կինը անպատվել էր կնոջս, գլխարկ պատրաստող ֆրանսուհու մոտ, անվանելով նրան... Օ՛օ, ես պատրաստ էի այդ ամբարտավան քրիստոնյային կոշկիս կրունկով խփել և զգել ցեխի ամենաթանձր տեղը: Թող նա այնտեղ խեղդվեր, ավելի լավ վիճակի արժանի չէ՞ր:

— Շարունակեցեք, Սերգեյ Պախոմովիչ, շարունակեցեք, — ասացի ես կծու հեգնությամբ, — արտասուքը մաքրում է մեր հոգին կեղտերից: Անշուշտ հայր Վլադիմիրը ձեզ ասած կլինի, որ զղջալը քրիստոնեի պարտավորություններից մեկն է:

Բայց, ավա՛ղ, նա չէր զղջում:

— Դու ծաղրում ես ինձ, անհավատ, — գոչեց նա, արտասուքն արագ սրբելով և ոտքի կանգնելով, — ես քեզ ցույց կտամ:

Ես հանդարտ ձայնով պատասխանեցի.

— Ո՛չ, Սերգեյ Պախոմովիչ, ո՛չ, ես այլևս ձեզանից երկյուղ չունիմ: Դուք անզոր եք: Լսեցե՛ք, դուք այժմ փող չու՛նիք, վարկ չունիք, խելք չունիք, իսկ պատվի մասին չխոսենք: Դուք ընկած եք, ով քրիստոնյա, այնպես, ինչպես միայն ձեր նմաններն են ընդունակ ընկնելու: Եվ որովհետև ձեր ուղղափառ քրիստոնյաները ձեզ չեն օգնում, ե՛ս կօգնեմ: Լսեցեք, ես ձեզ կընդունեմ ինձ մոտ դռնապան... Կնշանակեմ ամսական քսանուհինգ ռուբլի ռոճիկ, որ ինձ պահպանեք խուլիգաններից: Ուտելիքդ էլ կտամ: Մի վախենաք, ես ձեզ սոխով և ապխտած ձկով չեմ կերակրիլ: Այն ես կշարունակիմ ուտել: Ես ձեզ կտամ ձեր բորշչը, կվասը և սիվուխան:

Հարվածս զորեղ էր: Ագրինցևը վայրկենաբար գունատվեց: Նրա ուռած երեսն ավելի այլանդակվեց: Երկյուղալի էր նա: Բռունցքները սեղմելով հարձակվեց վրաս, բայց նույն վայրկյանին երկու առողջ երիտասարդական ձեռքեր բռնեցին նրան ետևից, Ռաբինովիչն էր, որ ուզում էր դուրս վռնդել այդ կեղտն իմ խանութից: Ես դարձյալ թույլ տվեցի:

Ներս մտավ Շմուլ Մոզերն, և մի վայրկյանում բոլորը հասկացավ:

Ագրինցևն ուշքի եկավ, սթափվեց: Այն ժամանակ կատարվեց ուրիշ տեսարան: Նա մոտեցավ ինձ, այս անգամ ընկճված ու խեղճացած:

— Ասա՛, — գոչեց նա տարօրինակ ձայնով, — ասա՛ ինչից եք ստեղծված դուք, ջհուդներդ: Ասա՛, ինչի՛ց, մի՞թե միևնույն նյութից, որից ես և ուրիշները: Ասա՛ ինչից են շինված քո գլուխն ու քո լեզուն, քո աչքերը, քո ձեռքերը, ոտքերը: Ինչո՞ւ քո լեզուն ավելի լավ է խոսում, ինչո՞ւ դու ինձանից լավ ես տեսնում, ինձանից լավ լսում, ինչո՞ւ կիսիս չափ չկաս — տասն իմ չափ եռանդ ունիս: ինչո՞ւ դու ոտքով ավելի արագ էիր կատարում գործերդ, քան ես կառքով, ինչո՞ւ դու կարողանում էիր առավոտներն ինձանից ավելի վաղ զարթնել, գիշերները ինձանից ուշ քնել, ինչո՞ւ դու գիտեիր գուշակել, թե մի տարի հետո, որ ապրանքն է թանկանալու, որն է էժանանալու, Ինչո՞ւ դու բոլոր վաճառականների գործերին տեղյակ էիր, իսկ ես իմ հաշիվներին էլ վերահասու չէի, ասա, ի՞նչ կա քո աչքերի մեջ, որ այդպես լավ են տեսնում: Ասա, որ ես դուրս գցեմ եղունգներովս: Ասա, ի՞նչ կա քո ականջների մեջ, որ այնպես լավ են լսում հեռվից: Ասա Այզելման, ինչո՞ւ դուք հրեաներդ անհաղթելի եք: Ինչո՞ւ ձեզ ոչ ծեծն է ցավ պատճառում, ոչ հալածանքը հուսահատեցնում, ոչ անարգանքն ընկճում, Ասա՛, պատասխանիր, ես չեմ բարկանում, տեսնում ես, այլ խնդրում եմ...

Տարօրինակ հարցեր են, այնպես չէ: Ես կամեցա ինչ-որ ասել, բայց Շմուլ Մոզերն ինձ առաջեց,

— Ես կպատասխանեմ, — ասաց նա հանդարտ ձայնով և մոտեցավ Ագրինցևին, — Ասում եք ինչ նյութից է ստեղծված հրեան: — Միևնույն նյութից, միևնույն աստծու ձեռքով: Հող է այդ նյութը և հող պիտի դառնա, թե ձեր ավետարանով և թե մեր թալմուդով: Բայց դուք, ով քրիստոնյաներ, այնքան հունցել, այրել, ծեծել, կռել եք մեզ, որ դարձել ենք պողպատ: Հազար ինը հարյուր տարի է, դուք հրեայի դարբինն եք, և պետք է ասած, երևելի վարպետ եք ձեր գործում: Դուք եք, որ սրել եք հրեայի լեզուն, նրբացրել եք նրա տեսանելիքը և լսելիքը: Հարցնում եք, ինչո՞ւ ենք մենք ձեզանից ավելի շուտ զարթնում, ձեզանից ուշ քնում: Ինչո՞ւ, որովհետև առավոտները ձեր կազակների ձիերի տրոփյունն է մեզ զարթեցնում, իսկ գիշերները ոստիկանների ջվցներն է խափանում մեր քունը: Մենք այդ տրոփյունն ու այդ շվաքները ձեզանից լավ ենք լսում, որովհետև ձեր լսելիքը դեռ կոպիտ է: Ոչ, այդ չէ միայն, մենք ստիպված ենք քիչ քնել բնավ չքնել որովհետև քնում են միայն տեր ու պահապան ունեցողները, իսկ մեր գլխին հավիտյան կախված է բռնության սուրը: Մենք վազում ենք-ձեր կառքը մեզ չի հասնում, որովհետև մենք հալածվողներ ենք: Իսկ հալածվողների ոտները փետուրից են: Ախ, կար ժամանակ, երբ մենք էլ ձեզ նման գոռոզ էինք և անբարտավան, անցա՛վ, կործանվեց ամեն ինչ, ցրվեց մեր բույնը, դարձյալ ձեր ձեռքով, ով քրիստոսի աշակերտներ: Եվ մենք ցրվեցինք աշխարհի բոլոր կողմերը: Դժոխք է մեզ համար տիեզերքը, և այդ դժոխքի ամենաասոսկալի վայրն է մեզ վիճակվել... Ռուսիան: Ի՞նչ եք ուզում իմանալ, ինչո՞ւ: մենք հաջող ենք վաճառականության մեջ. Բարի քրիստոնյա, ի՞նչ կլիներ մեր դրությունը, եթե այդքան էլ չունենայինք: Չէ՞ որ մեր միակ ապավենը ճարպկությունն է, Միակ միջոցը գոյության: Ա՞յն էլ ուզում եք խլել: Խլեցե՛ք, մենք ուրիշը կգտնենք: Զարմանում եք, թե ինչպես մենք ձեզ այդ օրին հասցրինք: Շատ, պարզ է: Մենք ուզում ենք ապրել, իսկ դուք արդեն ապրում էիք: Մենք բախտ էինք որոնում, իսկ դուք արդեն անեիք այն: Մենք դժգոհ էինք մեր վիճակից, իսկ դուք գոհ — ահա ձեր դժբախտության հիմքը: Ձեր խելքը և եռանդը նիրհում էր ձեր անբարտավանության մեջ, իսկ մենք արթուն էինք և պիտի կռվեինք:

Այսպիսի հանգամանքներում դժվար էր ձեզ թավալել գետին ու խեղդեր Ոչ: Եվ մենք թավալեցինք ու խեղդեցինք ձեզ: Ի՞նչ եք ուզում այժմ մեզանից: Ընկերանա՞լ: Շատ բարի, համեցեք ընկերանանք: Բայց ամեն մի ընկերություն հիմնվում է իրավունքների հավասարության վրա: Տվե՛ցեք ձեր իրավունքները մեզ էլ, կամ վերցրեք հազարավոր շղթաները մեր ձեռքերից ու ոտքերից, և մենք կարող ենք ընկերանալ: Վերջապես, մեր վարք ու բարքերի մեջ կա ահագին անդունդ, նախ լեցրեք այն -հետո: Դուք, պարոն Ագրինցև, ծնված եք գռռալու, հայհոյելու, հարբելու, ծեծելու, կռարատելու և մատնելու համար: Ախ, ի՞նչ երևելի ոստիկան կլինեիք դուք, եթե ժամանակին հասկանայիք: Նայեցե՛ք ձեր այդ խոշոր բազուկները, կարծես, ստեղծված են մեզ խեղճերիս բռնելու և բանտ դնելու համար: Եվ դուք ուզում էիք, որ մենք չկարողանանք հաղթել ձեզ վաճառականության մեջ: Ի՞նչ կոպիտ մոլորություն: Մեր հայրերը և մեր նախահայրերը, մեր հարյուրավոր սերունդները առևտրի մեջ են մաշել իրենց խելքը:

Ագրինցևը, այդ անհամբեր և ոչ ոքի հակաճառությանը չընդդիմացող մարդը, լուռ լսում էր Շմուլ Մոզերի թունավոր խոսքերը: Երբ ընկերս ավարտեց, նա նայեց շուրջը նախանձի և չարության սուր հայացքով: Ապա մոտեցավ ինձ մի քանի քայլ և ասաց.

— Այդ շան ձագին ես չեմ պատասխանիլ: Իմ հաշիվը քեզ հետ է: Ահա ինչ կասեմ քեզ, Այզելման. տեսնում եմ այս դանակը: Սա քեզ համար է...

Նա գրպանից հանեց մի մեծ դանակ, ցույց տվեց և նորից դրեց գրպանը: Աստված իմ. այս վայրկյանիս էլ աչքերիս առջև փայլում է նրա դեղնագույն կոթը:

— Անցան ամիսներ: Այդ միջոցներին հրեաների դրությունը սոսկալի էր: Ինչ-որ անհայտ չար ոգիներ գործում էին եռանդով: Պատրաստվում էր այն դժոխային անցքը, որի մասին գիտեք, պարոն, և որը հետո պիտի կրկնվեր ավելի զորեղ կերպով:

Մենք հիմար չէինք, գուշակում էինք: Երբեմն ժողովներ էինք անում, խորհրդակցում, բայց ի՞նչ կարող էինք անել: Մեր թշնամին պարզ էր ով է. նա զորեղ էր, իսկ մենք՝ տկար: Պետք է դիմեինք իր իսկ օգնությանը և մեր դրությունն այս անգամ հիշեցնում էր առասպելական մկներին:

Նահանգապետը մերոնցից մի քանիսին ասել էր.

— Հրեաները երազումն էլ վտանգ են տեսնում: Բայց ոչ մի երկրում այնքան նրանք բախտավոր ու ապահով չեն, որքան Ռուսաստանում: Նրանք իրենք են ուրիշներին հալածում ու ճնշում: Նրանք խռովարարներ են:

Եվ այլն, և այլն — պատմական խոսքեր, որ վաղը, մյուս օրը բեմերից պիտի արտասանվի իբրև ծաղր և ամոթ:

Մի երեկո խանութիս առջև նկատեցի Ագրինցևին, մի խումբ

կասկածելի մարդկանցով շրջապատված՝ նա ինչ-որ խորհրդակցություն ուներ նրանց հետ: Երբեք քաղաքի կենտրոնական փողոցներում այդպիսի դեմքեր չէի տեսել: Դա մարդկության այն տականքն էր, որ թափառում է մթին խորշերում, կեղտոտ անկյուններում:

Ես մոտեցա դռներին և պարզ լսեցի այս խոսքերը.

— Այս ամենահարուստ մագազիններից մեկն է մեր քաղաքում: Մի ահագին սնդուկ կա ոսկով լի: Բոլորը ձերը կլինի: Բայց տիրոջը ձեռք չտաք, նա իմն է...

Աչքերս մթնեցին, ոտքերս դողացին: Եթե Ագրինցևը նկատեր իմ սարսափը, պիտի խնդար չարությամբ: Ես հեռացա խանութիս խորքը և հայտնեցի բոլորը Շմուլ Մոզերին: Խորհուրդ կազմեցին գործակատարների հետ: Ես այն կարծիքին էի, որ պետք է մեր կանանց ու երեխաներին հեռացնենք Օդեսայից, իսկ ինքներս մնանք մեր կայքը պաշտպանելու: Այսպես էլ արինք: Ես իմ ընտանիքին ուղարկեցի Քիշինյով՝ կնոջս ծնողների մոտ, իսկ Շմուլ Մոզերն իր մորը՝ Բենդեր: Նա շատ էլ չէր հավատում համառ լուրերին և ոչ էլ այդ պարզ սպառնալիքներին: Արդեն հրեաները շատ են հալածվել, ավելի տանջել նրանց չի կարելի: Խեղճ մարդ, չգիտեր, որ այլ էր մեր կարծիքը, այդ էր որոշումներ արձակողների տրամադրությունը...

Պարոն, ես ձեզ չեմ ձանձրացնիլ, պատմելով այդ աղետալի օրերի անցքը: Դուք բավական տեղյակ եք, թեև շատ բան չգիտեք:

Եկան այդ օրերը հենց այն ժամանակ, երբ մեր գործերը ամենափառավոր դրության մեջ էին: Երկնային ահեղ դատավոր, Մովսիսի, Ահարոնի աստված, կգա՞, արդյոք, մի օր, որ դու պատմես մեր դահիճներին: Ոչ այնպես, ինչպես այժմ օտարների ձեռքով, երկրից դուրս, այլ հենց այստեղ, իրենց հողի վրա, իրենց արյունակիցների ձեռքով: Պարոն, քրիստոնյա պարոն, ես հավատում եմ նախախնամությանը և համոզված եմ, որ այդ օրը հեռու չէ... նա արդեն մոտենում է ահռելի կերպարանքով:

Արշավանքն սկսվեց ուրիշ փողոցներից և միայն երկրորդ օրը հասավ մեզ: Այն միջոցին, երբ մեր հարևան հրեաների խանութները կողոպտում էին, երբ տներից դուրս ձգվող մանկական անկողինների բուրդն ու փետուրը քամու բերանումն էին, կանանց և երեխաների աղաղակներն ու հեծկլտանքը լցրել էին օդը-մենք փակված էինք մեր խանութում: Ես էի, Շմուլ Մոզերն ու Ռաբինովիչը. տասնչորս գործակատարներիցս միայն նա էր մնացել, այդ ազնիվ երիտասարդը: Բոլորը գնացել էին պաշտպանելու իրենց մերձավորներին: Ռաբինովի՛չ, ինչպե՞ս կարող եմ սառնարյուն հիշել քեզ, անվեհեր տղա, որ այնպես զոհվեցիր ինձ...

Եվ մենք երեքս պիտի պաշտպանեինք հազարավոր խուժանի դեմ հարյուր քսան հազարի– ապրանք՝ քսանուհինգ տարվա դառն աշխատանքիս արդյունքը:

Շմուլ Մոզերն ասաց.

— Այզելման, թողնենք ամեն ինչ ճակատագրի կամքին: Ես կյանքս գերադասում եմ կայքից:

— Իսկ իմ կյանքը– կայքիս մեջ է, — ասացի ես:

Ռաբինովիչը բոլորովին ուրիշ կարծիք ուներ:

Նա ասում էր, որ ամեն մի հրեա պիտի սովորի զենքով պաշտպանել իր կյանքը և ինչքը:

Ահա մոտեցան խռպոտ– բղավող ձայները, Լսվեց քաղցած և կիսամերկ խուժանի դիվային քրքիջը: Ես ու Շմուլը սարսափից կուչ եկանք պատի տակ: Ռաբինովիչը հանեց գրպանից մի ատրճանակ և պահեց ձեռքում:

Մոտ մի ժամ տևեցին աղմուկը, կողոպուտը, կոտորածը մեր փողոցում: Բայց մեր դռները դեռ անշարժ էին: Հետո մի քանի րոպե տիրեց չարագուշակ լռություն: Լսում էինք միայն բազմաթիվ քայլերի ձայներ: Շմուլ Մոզերը կարծեց, որ մենք փրկվեցինք: Ես մոտեցա դռներին, նայեցի նրանց արանքով դուրս: Միրտս ասում էր, որ այնտեղ պատրաստվում էր մեր դեմ մի վատ բան: Եվ ահա ինչ տեսա, փողոցի մեջտեղում կանգնած էր Ագրինցևը, ձեռքում մի շիշ օղի: Նա գոռաց.

— Անիծվածնե՛ր, ո՞ւր եք փախչում: Զորքի՞ց եք վախենում: Շարունակեցե՛ք, ոչ ոք ձեզ չի խանգարիլ: Այս կողմն եկեք, ո՞ւր եք վազում, ավանակներ:

Հետո շարունակեց.

— Ահա՛, լակեցեք այս շիշն էլ: Չորրորդն է, վերջին հինգ ռուբլիս եմ ծախսել: Լակեցե՛ք: Քա՛շ եղեք: Խփեցե՛ք, կոտրեցե՛ք դռները: Սնդուկը ոսկով լիքն է: Այստեղ, մի հեռանաք, ապուշներ: Լսո՞ւմ եք: Էէ, ի՞նչ շքեղ ցուցանակ ունի: Մտեք ներս, տեսեք: Ամենքիդ մի բան կհասնի: Բայց ձեռք չտաք այն մեկին, մորուքավորին: Կբռնեք և ինձ կհանձնեք: Նո՛ւ, սկսեցեք, շան զավակներ: Մեկ, երկու, երեք, հուռա, կեցցե...

Խուժանը կրկնեց «հուռա» և «կեցցե»…

Շմուլ Մոզերը գոռաց.

— Այզելման, մազազինը կորած է, գոնե մեր գլուխներն ազատենք: Բայց այլևս ուշ էր: Դռները դղրդացին և խորտակվելով ընկան մայթերի վրա: Աչքերիս առջև բացվեց մի տեսարան, որ եթե երազումս տեսնեի, արյունս պիտի սառչեր երակներիս մեջ: Բայց հուսահատությունը ինձ տվել էր տարօրինակ քաջություն, ես չվախեցա: Մոտ հարյուր սրիկաներ Ագրինցևի ղեկավարությամբ ներս խուժեցին, փայտերով, կացիններով զինված: Կային և կանայք ու պատանիներ:

Ես փորձեցի կաշառել խուժանին փողով, որ մազազինս չկողոպտեն: Բայց ո՞վ էր լսում: Այդտեղ միայն Ագրինցևի ձայնն էր ազդու: Սրիկաներն ինձ հրեցին ներս, և այդ պահին լսվեց ատրճանակների ձայն: Խուժանը մի վայրկյան ետ մղվեց գոռալով.

— Ռումբ, ռումբ…

Բայց ռումբ չկար: Դա Ռաբինովիչի ատրճանակն էր, որ սրիկաներից մեկին թավալեց դռների մեջ:

Առաջ բռնեցին Շմուլ Մոզերին: Բռնողը մի հաղթանդամ կին էր Մեհերայի ահռելի կերպարանքով: Նա գոռում էր.

— Ես քեզ պիտի կենդանի այրեմ:

Եվ ձգեց ընկերոջս ամբոխի ձեռքը: Բայց Շմուլ Մոզերին մահ չէր վիճակված: Նրան քաշքշեցին, ծեծեցին, ոտնատակ արին, բայց և այնպես ազատվեց: Կապկի ճարպկությամբ դուրս պրծավ տասնյակ ձեռքերից, պատառոտված հագուստով, ջարդված կողերով և փախավ մազազինի ետևի դռներով, թողնելով հատակի վրա արյան հետք:

Շրջապատեցին Ռաբինովիչին: Նա դատարկել էր արդեն ատրճանակը և դարձյալ մեկին սպանել և երկուսին վիրավորել: Զենքը խլեցին ձեռքից, և մեկը սկսեց նրա կոթով զարնել թշվառի բաց գլխին: Այս բոլորը տևեց մի քանի րոպե միայն: Խուժանն արդեն կողոպտում էր ունեցածս: Ես տեսա ազնիվ գործակատարիս այլանդակված դիակը փողոց շպրտվելիս: Նրա գանգը երկու կտոր էին արել կացնի հարվածով: Թշվառ մայր… նա այժմ թափառում է փողոցներում ցնորված…

— Ա՜ա, վերջապես, դու իմ ձեռքումն ես, — լսեցի ես Ագրինցևի ձայնը այն ժամանակ, երբ մի թեթև հույս կար ամբոխի ձեռքից ազատվելու, — ո՞ւր ես ուզում փախչել:

Նրա հուժկու ձեռքերն ինձ սեղմեցին պատին: Ի՞նչ թաքցնեմ, պարոն, ես նրան խոստացա բոլորը, ինչ-որ ունեի, միայն թե կյանքս ինձ թողներ: Ես ստորացա այդ սինլքորի առջև, որովհետև աչքիս առջև կանգնած էին զավակներս, որոնք պիտի մնային անխնամ:

— Մի՛ վախենար, — գոչեց Ագրինցեը, — ես քեզ չեմ սպանիլ: Ընդհակառակը, դու պետք է ապրես, որ միշտ հիշես Ագրինցևին: Է՜յ, թավալեցեք այս քոստին գետին...

Սրիկաներից երկուսն օգնեցին նրան և ինձ թավալեցին: Գրպանումս ունեի մի մեծ դանակ, այդ էր իմ միակ զենքը ամբողջ կյանքումս: Այժմ ուրիշ է, այժմ ես ատրճանակ ունիմ և պիտի հրացան էլ ձեռք բերեմ: Ես նշան արի թշնամու սիրտը, բայց վիրավորեցի միայն նրա թևը, կարծես նա ցավ չզգաց, ճիչ անգամ չարձակեց:

— Այզելման, — գոռաց նա ծնկները սեղմելով կրծքիս և կոկորդս բռնած, — ընկերդ ասաց, թե զաք ինձ թավալեցիք և խեղդեցիք: Բայց այդպես չեն թավալում մեր օրենքով, այլ այսպես: Դե՛հ, հանի՛ր լեզուդ...

Զուր էի ճիգ անում ազատվել նրա ձեռքերից: Նա թքեց երեսիս և մի քանի անգամ ապտակեց: Սրիկաները ոտքերով զարկում էին կողերիս: Հասկանալի էր Ագրինցևի միտքը: Ես երեսիվայր շուռ եկա:

— Է, չե՞ս ուզում, որ աչքերդ հանեմ, լեզուդ կտրեմ, — ասաց նա, — ոչինչ: Թող այդպես չինի: Այսքանն էլ բավական է, ես ուզում եմ միայն քեզ վրա մի նշան թողնել...

Նույն վայրկյանին գլխիս վրա փայլեց դանակի դեղին կոթը: Զգացի սուր ցավ և հետո երեսիս վրա տաքություն: Արյունս էր, որ խառնվելով հողի հետ, փակեց աչքերս: Ես լսեցի.

— Է՛յ, սրիկաներ, ես միայն այս ականջն եմ վերցնում Այգելմանի հարստությունից: Մնացյալը ձեզ լինի: Բաժանեցեք…

Այստեղ ես ուշաթափվեցի...

Հրեան կանգ առավ: Օ՛օ, որքան ատելություն, վրիժառության կրակ և անզորության կսկիծ կային նրա խելացի աչքերի մեջ: Մի քանի վայրկյան տիրեց լռություն:

Պետք է զորեղ կամքի տեր լիներ Աիարոն Այգելմանը: Տեսնելով, որ իր պատմվածքը մեզ վրա գործեց ճնշող տպավորություն, շտապեց զսպել իր որսի ալեկոծությունը:

Եվ, դառնալով աղջկաս, նա դարձյալ ժպտաց սիրալիր և ասաց.

— Մաղմուազել այժմ մի ականջս ուղղափառ քրիստոնյա է, իսկ մյուսը՝ Հրեա...

Մենք հասանք Վարշավա...

# ԵՂԲԱՅՐԱՍՊԱՆԸ

— Բարի լույս, եղբայրս, ինձ ձեռաց երեք ռուբլի փող է հարկավոր: Տուր:

Այս ասելով, Միսակը կանգնեց փողոցում, պատի տակ և իր կեղտոտ ձեռը անմիջապես պարզեց Արամին: Երևի նա միանգամայն հավատացած էր, որ առանց այլնայլի ուզածն իսկույն պիտի ստանա, ինչպես ստացել էր ամեն շաբաթ տասնումեկ տարի շարունակ:

Մինչդեռ Արամն այն օրը ոչ միայն տրամադիր չէր եղբորը փող տալու, այլև հաստատապես վճռել էր մի անգամ ընդմիշտ ազատվել նրա անամոթ մուրացկանությունից, ուր վաղուց արդեն ձանձրացրել էր նրանք Այսպես էր պահանջում նրանից իր կինը հանուն հինգ փոքրիկ զավակների, որոնց կերակրելն ու հագցնելը դյուրին բան չէր մի հասարակ արհեստավորի համար: Կար և մի ուրիշ, ավելի նշանավոր պատճառ, որ ստիպում էր Արամին կտրել ամեն կապ իր հարազատ եղբոր հետ: Եվ այս պատճառն այսօր նրան թվում էր այնքան ստիպողական, որ դեռ առավոտ թեյի միջոցին ինքն իրեն մտածում էր, թե ինչպես է, որ մինչև այժմ նա դեռ հարաբերություն ունի իր եղբոր հետ կամ նույնիսկ թույլ է տալիս իրեն հետ խոսելու:

Նա մինչև անգամ երեսը չդարձրեց Միսակին, լսելով նրա խռպոտ ձայնը: Կանգնած իր արհեստանոցի դռների առջև նայում էր հեռու: Այնտեղ, փողոցի ծայրում, մի լայն հրապարակում տիրում էր մի տեսակ իրարանցում, որ վերրջին ամիսները դարձել էր սովորական: Ոստիկանների մի ահագին խումբ զավթապահների օգնությամբ ցրում էր ամբոխը, որ բոլոր մերձակա փողոցներից դիմում էր դեպի հրապարակ:

— Իսկի չարժե մտիկ անել, — ասաց Միսակը ձեռը շարժելով օդի մեջ, — դատարկ բան է: — Քարվանսարայի ծույլ գործակատարները գործադուլ են արել:

— Էլի՞:

— Էլի, — շարունակեց Միսակը, կանգնելով եղբոր առջև, — ստիպում են խանութները փակել: Իսկ ոստիկանները պահանջում են բաց անել: Խեղճ վաճառականները հա, հա, հա, երկու կրակի մեջ են: Դես են նայում՝ հարված են ստանում, դեն են նայում՝ ապտակ: Մի պառավ կնիկ աչքերիս առջև ընկավ ձիերի ոտների տակ և լավ ճխլտվեց:

— Ինչո՞ւ:

— Որդին գործակատար է, ապստամբվողներից մեկն է: Մայրն ուզում էր նրան ազատել ոստիկաններից: Ինձ էլ մի քանի հարվածներ հասան:

— Հետո՞, ի՞նչ պատահեց այն պառավ կնոջը, — հարցրեց Արամը, հակառակ իր կամքի, երեսը դարձնելով եղբորը:

— Ազատվեց, Եվ գիտե՞ս ում շնորհիվ, այ, քո հարազատ եղբոր, Միսակ Առաքելովիչ Դաբաղյանի: Այո, գնդակի արագությամբ ընկա ձիերի մեջ, դես հրեցի, դեն հրեցի, վերցրի գետնի վրա փռված պառավին և դուրս բերեցի ամբոխի միջից: Հենց այդ ժամանակ ինձ հասան մտրակի հարվածները: Ախ, ինչպես են զարկում, ինչպես, աստված ազատի: Արամ, Արամ, շատ վատ ժամանակներում ենք ապրում: Մարդու կյանքը բոլորովին ապահով չէ: Եթե խելք ունես, իսկի գլուխդ բնիցդ դուրս մի հանիր: Հասկանո՞ւմ ես ինչ եմ ասում: Եթե չես հասկանում, վայ քո գլխին, վայ քո կնոջը, երեխաներին ու արհեստանոցին: Ես շատ մոտիկ բարեկամ մարդու մի քանի անգամ զգուշացրի, ուշադրություն չդարձրեց: Այժմ նա կամրջի գլխի պալատումն է: Գիտե՞ս ինչ եմ ասում, եղբայր պատվական: Փորձանք եկավ գլխին, ինքն է մեղավոր: Առհասարակ այդ գործում փորձանքի մեջ ընկնողները բոլորն էլ իրանք են մեղավոր: Այո, ժամանակները վատացել են, շատ են կատաղել: Տուր շուտով երեք ռուբլի:

Մինչ Միսակը բարբառում էր, Արամը ուշադիր դիտում էր նրա կարմիր-կապտագույն թորշոմած դեմքը: Այդ անբնական փքված այտերը, թերթերունքներից զրկված կոպերը, արյունալի պլզած աչքերը, թարախով լի բշտիկներով ծածկված քիթն ու ճակատը կրում էին ոչ միայն ոգելից ըմպելիքների կործանիչ ազդեցությունը, այլև մի սոսկալի մարմնավոր ախտի զզվելի դրոշմը: Դա անգործ, արբշիռ շրջմոլիկի մի տիպար էր, փողոցի սեփականություն: Մեկն այն թշվառներից, որոնց անողոք ճակատագիրը քաշում է դեպի կյանքի ստոր խորշերը, որպեսզի այնտեղ ոչնչացնի նրանց անհետք, ինչպես անբնական անասունների:

Արամը շաբաթը մեկ անգամ տեսնում էր այդ եղկելի կերպարանքը իր արհեստանոցի դռների առջև կանգնած սովորական տուրքին սպասելիս: Տեսնում էր նրա օր-օրի վրա վայր ու վայր ընկնելը և ցավում էր ու վշտանում, որպես կարող է վշտանալ միևնույն արգանդից ծնված եղբայրը: Նա վաղուց էր իր եղբորը համարում կորած և վաղուց էր դադարել համոզել նրան հետ դառնալ դեպի անդունդ տանող ճանապարհից, մի անգամ առմիշտ համոզվելով, որ ոչ մի խրատ և ոչ մի քարոզ չի կարող փրկել նրան: Հարբեցողությունը, սուտը, անամոթությունը, խաբեությունը, ծուլությունը այդ մարդու մեջ գտել էին հավիտենական բույն: Վերջին ժամանակները նա սկսել էր մինչև անգամ գողություն անել, թեև այնքան զգույշ, որ դեռ ոստիկանության ձեռքը չէր ընկել, կամ գուցե ընկել էր և դուրս պրծել սովորական ճանապարհով: Այս բոլոր ախտերը հայտնի էին Արամին, և նա դեռ եղբայր էր համարում նրան, դեռ օգնում էր նրան... կարեկցությունից դրդված:

Իսկ այժմ... Այժմ պատահել էր մի բան, որի հետ չէին կարող հաշտվել Արամի զգացումները: Նա նայեց եղբոր կարմրած աչքերին, որոնց իմաստն այսօր առաջին անգամ թվաց նրան այնչափ կասկածելի և հրող, ու զգաց դեպի նա նոր տեսակի ատելություն: Ատելություն, որ խառն էր սուր զզվանքի հետ: Այն մարդը, որ մինչև այժմ նրա մեջ զարթացրել էր միայն ամոթի, կարեկցության և վշտի զգայում, այսօր թվաց նրան այնպիսի վի արարած, որին համենայն դեպս կարեկցել չէր կարելի: Եվ տպավորությունն այնքան խորն էր, որ Արամը հանկարծակի ցնցվեց:

— Այո, եղբայր, — շարունակեց Միսակը, տեսնելով, որ իր խոսակցությանը այսօր, հակառակ սովորականին, գրավում է եղբոր ուշադրությունը, — ես շատերին եմ ասում, իսկ քեզ պարտավոր եմ ասել, որովհետև հարազատ եղբայրդ եմ, այն էլ մեծ եղբայրդ, լսիր, լավ լսիր:

Նա մի քայլ ևս առաջ դրեց և բերանը բոլորովին մոտեցրեց եղբոր ականջին:

— Այստեղ քո կազմարանում դու ունիս մի քանի արհեստավորներ: Ջահել տղերք են, տաք գլուխներ, չեն հասկանում ինչ են անում: Ահա նրանք կարող են քեզ փորձանքի մեջ գցել, վկա է աստված: Սուս, մեր մեջ մնա, նրանց ոչինչ չասես: Կարող են ինձ մյուս աշխարհին ուղարկել:

— Ամենքից վտանգավորները կազմարարներն են, որովհետև նրանք գիրք շատ են կարդում: Հըմ, ճշմարիտ չեմ ասում: Լավ մտածիր:

Հենց մեկը դու: Օ, օ, ես գիտեմ, թե ինչեր ես կարդացել և այժմ գլուխդ ինչով է լցված…

— Հետո, հետո– ընդհատեց հանկարծ Արամը, որ մինչև այդ ժամանակ լուռ էր և զննող հայացքով նայում էր եղբորը, — շարունակիր:

— Ուրիշ ոչինչ, ես ասացի բոլորը:

— Ինչո՞վ է լիքը գլուխս, հըմ, ինչո՞վ:

— Թքիր, ես քեզ հետ կռվելու չեմ եկել այստեղ: Թողնենք: Վախենում եմ: Մեկէլ տեսար կնիկդ եկավ, երեսիս թքեց, վզակոթիս տվեց և դուրս արավ տնից: Հա, հա, հա, տնից դուրս արավ: Ինչպես, քանի որ տունդ իսկի մի անգամ էլ ոտ չեմ դրել: Չես թողել, որ ներս մտնեմ: Կնիկդ ինձ ատելով ատում է: Ինձ, կոլեժսկի ռեգիստրատորիս: Ո՞վ: — Մի կալատոգի աղջիկ: Մի նեղանար, եղբայր, կնիկդ քեզ շատ է փոխել: Առաջ դու ավելի բարի էիր: Նա զզվում է ինձանից: Ինչո՞ւ: Որովհետև պիջակս յուղոտ է, պատառոտված, շապիկիս վրա գինու բծեր կան, օձիքս սևացած է, կոշիկներս ծակ, վարտիքիս ծայրերը գզգզված՝ գլխիս կեղտոտ մազերիս պես: Իսկ քիթս, նրա ասելով, փտած բադրջանի է նման: Հոտ է գալիս ինձանից, ինչպես խոզից կամ շնից: Խի, խի, խի… Տերը նրա հետ: Կալատոգի աղջիկս իրան կոմսուհի է համարում: Մի նեղանար, եղբայր, ես ճշմարիտ եմ ասում՝:

— Իմ կնիկը բոլորովին այդ բաների համար չէ, որ քեզ ատում է, Միսակ, — արտասանեց Արամը այնպիսի հուզումով, որից նրա ձայնը դողաց, — իմ, կնիկը քեզ շատ բաներ է ներել, էլի կների, եթե դու չլինեիր...

Նա կանգ առավ, շրթունքները սեղմելով ատամներով:

— Եթե ես ի՞նչ լինեի, ասա, ասա, ինչո՞ւ կիսատ թողեցիր: Էհե բարեկամ, դու ինձ հիմար չկարծես, հասկանում եմ ինչ էիր ուզում ասել: Ես հարբեցող եմ, անգործ, անպիտան, փչացած…

Միսակը նայեց եղբորը իր կարմրած, հիվանդոտ աչքերով և տարօրինակ ժպտաց:

— Ախ, եղբայր, եղբայր պատվական, — խոսեց նա մի քանի վայրկյան լռելուց հետո, — նայում եմ քեզ և ուրախանում: Ինչ ահագին տարբերություն կա քո և իմ մեջ, Դու օրինավոր մարդ ես. երևելի կազմարար, հա, հա, հա, կրթված կազմարար, իսկ ես... թյու, ահա թե ինչ եմ, ցեխ, աղբ,« հա, հա, հա, ինտելիգենտ մարդկանց հետ ես նստում ու վեր կենում: Լրագիրներում հոդվածներ են գրում արհեստավորների ու բանվորների գրության մասին: Հա, հա, հա, այդ շատ հետաքրքրական է, շատ հետաքրքրական: Պաշտպանում ես գործավորներին, հայհոյում ես բուրժուաներին և ձրիակերներին: Ցանկալի է իմանալ քո կարծիքով ես ո՞ր դասակարգին եմ պատկանում — բուրժուա՞, թե՞ բանվոր: Հետո դու ուրիշ՝ դահա-դահա շատ բաներ ես անում: Եվ, որ ամենագլխավորն է, կառքով ես ման գալիս ընտանիքիդ հետ: Գիտե՞ս, կառքով ման գալը քիչ բան չէ՞ եթե կառապանը քեզ տանելիս շուտ-շուտ հետ չի նայում: Մի անգամ ես կառք նստեցի քեֆիս համար և կառապանը ամեն վայրկյան հետ էր նայում: Նա կարծում էր, որ ես քշել պիտի տամ և տեղ հասած թաքուն պիտի ծլկվեմ կառքից, որպեսզի վարձը չվճարեմ: Դեմքս կասկածելի էր նրա համար: Իսկ դու կասկածելի չես, գիտեմ: Օ, օ, ես գիրք չեմ կարդում, բայց գիտեմ կարդալ մարդկանց հոգիները նրանց ճակատների վրա:

Ուզո՞ւմ ես ասեմ, թե կնիկդ ինչու համար է ինձանից զզվում այժմ, թե դու ինչու համար ես այսօր այդպես կասկածով և խոր-խոր մտիկ անում ինձ: Դու մի բան ես ուզում իմանալ, զուր մի պլզիլ աչքերդ...

Այդ միջոցին երկու ոստիկաններ մի կապույտ շապիկափոր երիտասարդի, աջ ու ձախ թևերից բռնած, բանում էին դիմացի մայթով:

Հանկարծ Միսակը կտրեց իր, ըստ երևույթի, անկապ խոսքերի թելը, նայեց նրանց և ապա դեպի երկինք որպես թե անփույթ: Ինչ-որ մի նենգ և բազմախորհուրդ բան ժպիտի պես աղավաղեց նրա առանց այն էլ այլանդակված դեմքը:

Արամի զննող հայացքից չխուսափեց այդ վայրկենական տեսարանը:

Երկար ժամանակ Արամը աչքերով հետևում էր ոստիկաններին և ձերբակալվածներին, սպասում էր, որ մեկն ու մեկը նրանցից հետ կդարձնի երեսը և կնայի ուրիշ ոչ ոքի, եթե ոչ միայն Միսակին, բայց ոչ մեկը չնայեց: Նրանք անհետացան փողոցի ծայրում: Միսակը հասկացավ եղբոր միտքը, հազաց խռպոտ ձայնով, թքեց մայթի վրա և շարունակեց,

— Պետք է ասած, որ ես քեզանից շնորհակալ եմ, եղբայր պատվական: Մեր ժամանակներում եղբայրություն ասած բանը չկա: Իսկ դու վատ եղբայր չես: Դու մեկ-մեկ ինձ գրպանի ծախս ես տալիս: Հենց դրա համար է, որ քեզ սիրում եմ և ուզում եմ պաշտպանել ամեն կերպ: Եղբայր պատվական, ուշադրություն դարձրու քո աշակերտների վրա: Նրանք՝ ինչ գործ ունեն ուսանողների հետ, մի թողնիր, որ ոչ մի ուսանող կամ բանվոր, կամ անծանոթ ոտք դնի քո արհեստանոցն առանց գործի, հենց այնպես: Հասկացիր պետք է որ հասկանաս, հիմար խոմ չես:

— Հասկանում եմ, այո, հասկանում եմ, — արտասանեց Արամը եռանդով ու ջերմագին: Եվ նրա ձայնը դարձյալ դողաց,

— Շատ ուրախ եմ, շատ ուրախ եմ, ապա թե ոչ, քիչ էր մնում վախենայի քեզ համար, էհ, այժմ թողնենք այդ և դառնանք ուրիշ կողմ: Գրողը տանի, այսօր ես սոխակի պես եմ բարբառում, լեզուս խիստ է բացվել: Գիտե՞ս ինչ, դու շատ էլ մի պարծենար քո խելքով: Եթե դու գրել գիտես, ես խոսել գիտեմ: Ես մի ժամանակ դատարաններում փոքրիկ գործեր էի պաշտպանում: Մասնավոր փաստաբան էի, գրողը տանի ինձ: Ահա թե ինչ էի ուզում ասել, եղբայրիկս, ես քեզ համար շատ բան եմ արել: Օ՛, օ, ես չլինեի, այսօր դու, ով գիտե, քաղցած պիտի զկռտայիր:

Հիշում եմ այսօրվա պես, դու տասներկու տարեկան էիր, երբ մեր հայրը, Տեր-Առաքելը մեռավ: Այն ժամանակ ես կոնստիտորիայում գրագիր էի ամսական քսանուերկու ռուբլով: Վերցրի քեզ իմ թևերի տակ ինչպես մայր, որովհետև մեր մայրը քեզ ծնելիս էր մեռել, Ես էի, որ քեզ տվեցի Մյուլմանին աշակերտ: Ամենաառաջին կազմարարին: Իմ խաթրու նա քեզ արհեստ սովորեցրեց երեք տարում: Երկու ամսվա ռոճիկս միացրի քո խնայած գումարին, քեզ համար արհեստանոց բաց արի: Այժմ դու ամենալավ կազմարարներից մեկն ես իմ շնորհիվ, այո, իմ շնորհիվ: Այսօր դու ապրում ես մարդու պես, իսկ ես շան նման կյանքս քարշ եմ փողոցներում և մի օր անտեր, անօգնական կսատկեմ մի աղբանոցում:

— Եվ ո՞վ է մեղավոր, որ դու այդպես ես, — գոչեց Արամը:

— Ի՞նչ, ո՞վ է մեղավոր: Դու չգիտե՞ս, որ հարցնում ես, Մոռացե՞լ ես կնոջս: Ախ, այն զարշելի արարածին: Աստծուն է հայտնի, որ ես նրան սիրում էի: Ինչ արավ նա ինձ: Ախ, մինչև այն սարսափելի օրը ես օրինավոր մարդ էի, օղու հոտը չէի իմանում: Այն օրից ես սկսեցի ընկնել ու ընկնել և հասա, ահա, այս դրության: Ես միայն մի բանում եմ մեղավոր, այն է, որ այդ րոպեին հենց անկողնի մեջ երկուսին միասին շանսատակ չարի: Էհ, եղբայր, ինչո՞ւ ինձ հիշեցրիր այդ պատմությունը: Թքիր:

— Բավական է, լռիր, — արտասանեց Արամը խուլ ձայնով, — դու արդեն սպանել ես թե մեկին և թե մյուսին:

— Ի՞նչ ես հիմար-հիմար խոսում, — վրդովվեց Միսակը, եթե միայն կարող է վրդովվել մի մարդ, որ կորցրել է ամեն մի զգացում:

— Ես գիտեմ ինչ եմ ասում, գիտեմ:

— Դեհ, բավական է ինչքան խոսեցինք, — հանկարծ հանդարտվեց Միսակը, — խնդիրն այն է, որ այսօր ես ոչինչ եմ, զրո, սողուն, խլեզ, ճիճու, գորտ, ինչ կամենաս, միայն ոչ մարդ: Դու կարծում ես, որ ես չգիտեմ, որ դու ինձ չես սիրում: Ինձ ոչ ոք բանի տեղ չի դնում: Բայց թող հայտնի լինի ամենքին, որ ես էլ թքել եմ բոլորի վրա...

— Այդ հո գիտեմ, գիտեմ, — ընդհատեց Արամը դառն հեգնությամբ:

— Գիտես, ավելի վատ քեզ համար: Իմացիր ուրեմն, որ ես այժմ ատում եմ մինչև անգամ իմ հոր գերեզմանը: Ինչո՞ւ նա ինձ աշխարհ զցեց: Այո, այո այնքան ճշմարիտ է, որքան և այն, որ կազմարարներից սոսնձի հոտն ինձ սկսում է արդեն զզվեցնել: Գլխիս ցավից էլ այստեղ կանգնել չեմ կարող: Տուր ինձ երեք ռուբլին: Ես չգիտեմ այսօր քեզ ինչ է պատահել, որ այդպես ուշացնում ես: Առաջ, որ գալիս էի ստանալու, շտապում էիր շուտով տուրքդ ձեռքս դնել և ինձ ճանապարհ զցել: Տուր, շուտ արա, այսօր դեռ կոկորդս չեմ թրջել: Ուզում եմ մի երկու բաժակ ներս ուղարկել, հետո մտնել ամբոխի մեջ: Տես, այն կողմ նայիր, դու խոմ մեկին տեսար թիկնապահներով քոռ Մաթոսի բաղնիքը գնալիս: Այժմ երկուսին էլ տանում են: Այ, մտիկ արա, մեկը ուսանող է, մյուսը ատաղձագործ... Հա, Հա, հա, — ծիծաղեց արբշիռը բարձրաձայն մի այնպիսի անախորժ ծիծաղով, որից Արամը ցնցվեց ոտից մինչև գլուխ:

Պատահեց մի բան, որին Միսակը չէր կարող սպասել: Արամի աչքերը լցվեցին արյունով: Նա գունատվեց, հետո կարմրեց, հետո կապտեց և հանկարծ, կատվի արագությամբ, հարձակվեց եղբոր վրա և, բռնելով նրա օձիքից, գոռաց.

— Լռիր, լռիր, գարշելի, ապա թե ոչ՝ խելքս կորցնում եմ: Միսակը մի կերպ ազատվեց եղբոր ձեռքից, մի քայլ հետ կանգնեց վախեցած:

— Ի՞նչ պատահեց քեզ, դու իսկ որ խելքդ կորցրիր, — ասաց նա շնչասպառ:

— Արի ներս, փողոցում նայողներ կան, արի ներս, ես քեզ հետ գործ ունեմ, — գոչեց Արամը և բռնելով եղբոր ձեռքից ուժով քաշեց, տարավ արհեստանոց:

Այնտեղ ոչ ոք չկար: Օրը կիրակի էր, Արամի արհեստավորներն ու աշակերտներն ազատ էին. Առաջին սենյակը, ուր տարավ Արամը եղբորը, ներկայացնում էր կեսընդունարան և կեսարհեստանոց: Նա քաշեց եղբորը մի մութ անկյան և, սեղմելով նրան պատին, մի ձեռքով բռնեց նրա օձիքը և ասաց.

— Այսօր դատի օր է, դու պետք է ինձ հաշիվ տաս:

— Բաց թող օձիքս, թաց թող, ասում եմ: Դու գժվել ես: Ինչի՞ մասին ես ինձանից հաշիվ պահանջում: Մեր հայրը ժառանգություն չի թողել:

— Թողել է, անիրավ, թողել է, — մռնչաց Արամը, ավելի սեղմելով նրան պատին, — մի մաքուր անուն: Դու ապականել ես այն: Հենց այս մասին պիտի հաշիվ տաս: Եվ այսօր, անպատճառ այսօր: Ասա այս րոպեին, ո՞ւր է իմ նախկին աշակերտը, այն խելոք, աշխատասեր Հակոբը, որ իր շրջանի պարծանքն էր, ո՞ւր է:

— Բանտում:

— Ինչո՞ւ, անիրավ, ասա, ի՞նչ մեղքի համար:

— Աստված գիտ՞է, ես ի՞նչ իմանամ, ես պրոկուրո՞ր եմ:

— Դո՞ւ չգիտես: Օ, օ, դու շատ բան գիտես: Մատնիչ... Տիրեց մի քանի վայրկյան լռություն:

Երկու եղբայր նայում էին միմյանց աչքերին, մեկը համարձակ դատավորի սոսկալի հայացքով, մյուսը ընկճված, բայց լիրբ և անպատկառ:

— Մատնիչ, — կրկնեց Արամը, — խոստովանիր բոլորը, քանի որ լեզուդ բերանումդ է: Սողուն, ես բոլորը ներել եմ քեզ, բոլորը, բայց այդ մեկը, օ, օ, ոչ, անկարելի է ներել: Դու գերեզման հասցրիր մեր հորը քո խայտառակ կյանքով, ներեցի: Դու ծեծով ու տանջանքով կնոջդ ստիպեցիր դավաճանել քեզ, ասացի այդ քո գործն է: Դու մտար գողերի ու սրիկաների շրջանը, ես քեզ խղճացի: Եվ միշտ օգնում էի: Դու զրպարտել ես ինձ, իմ կնոջն անգամ, գոռալով այս ու այն տեղ, թե մենք գրկել ենք քեզ: Ես համբերեցի: Ես քո բոլոր խայտառակությունները տարել եմ համբերությամբ: Բայց այդ մեկ ախտդ ես ներել չեմ կարող, իրավունք չունեմ ներելու, որովհետև թքում են երեխիս ամեն կողմից: Ես երկար ժամանակ չէի հավատում տարածված լուրին: Չէի ուզում հավատալ: Անտանելի է, դառն: Օ, օ, քանի անքուն գիշերներ եմ անցկացրել քո պատճառով: Այժմ արդեն ապացուցված է, որ դու այն ես, ինչ-որ անվանում են քեզ: Ես անհերքելի փաստեր ունեմ, ահա, այնտեղ, սեղանի մեջ: Դու մոտ քառասուն մարդ ես... Ասա. ինչո՞ւ համար, ո՞վ է քեզ ստիպում:

— Համոզմունքս, — հազիվ կարողացավ արտասանել Միսակը:

— Ուրեմն խոստովանո՞ւմ ես: Եվ գետինը չի՞ պատռվում քեզ ներս կլանելու: Համոզմունք, միթե քեզ նման մի սողուն կարո՞ղ է համոզմունք ունենալ, լսիր, — շարունակեց Արամը, հազիվ շունչ քաշելով և եղբոր օձիքը բաց թողնելով, — ես պահանջում եմ քեզանից, ահա, ինչ: Ես կկանչեմ այստեղ բոլորին, որոնք խոսում են քո մասին: Դու պետք է նրանց առջև խոստովանես, թե ով ես դու: Դու մեղավոր դաս ծնկաչոք և ահա դրանով ինքդ վերջ կտաս քո գարշելի կյանքին:

Վերջին խոսքերն արտասանելիս նա սենյակի անկյունում դրած գրասեղանի արկղից հանեց մի ատրճանակ և դրեց սեղանի վրա:

— Հի, հի, հի, — ծիծաղեց Միսակը բարձրաձայն, — ինչ վախկոտ մարդ ես գտել: Ես գիտեմ, որ իմ կյանքի դատավճիռը տրված է արդեն, Բայց ես ոչ ոքից չեմ վախենում, լսո՞ւմ ես, ոչ ոքից... Դիր իր տեղն ատրճանակդ և հանգիստ թող ինձ, ապա թե ոչ, գիտես, ես քեզ էլ…

— Օհ, երանի միայն իմ վերաբերմամբ լինեիր ստոր և զազրելի, բայց դու քանի անմեղների ես տանջանքների ենթարկել:

— Ասա, կկատարե՞ս իմ պահանջը, թե չէ:

Միսակը նայելով նրան լկտի հայացքով, քայլերն ուղղեց դեպի դռները:

— Մնաս բարով, դու քոնն արա, ես էլ իմը կանեմ, Արամը կտրեց նրա ճանապարհը, նորից փակեց դռները և եղբորն այնպես հրեց դեպի սենյակ, որ նա, հինգ քայլ հետ գնալով, ընկավ գրասեղանի վրա: Նրա մի ձեռը դիպավ ատրճանակին: Նա բնազդաբար խլեց զենքը, ուղղվեց: Այդ րոպեին նրա քայքայված դեմքը սոսկալի էր,

— Կռվենք, ուրեմն, — բղավեց նա ատրճանակը բարձրացնելով:

Այնտեղ, հակառակ անկյունում, փոքրիկ, կեղտոտ նստարանի վրա դրած էր մի մեծ և սուր դանակ, որպիսին գործ են ածում կազմարարները:

Արամը խլեց դանակը:

Նրա աչքերը մթնել էին, արյունը գլխովն էր գնում: Նա ոչինչ չէր զգում և մտածում այլևս, բացի մի բանից, որ իր առջև կանգնած է մի վնասակար սողուն, որին պիտի ոչնչացնել:

Միսակն զգաց, որ դրությունը վտանգավոր է: Եվ վճռեց պաշտպանվել: Սակայն հազիվ նա մի շարժումն էր արել, երբ զգաց իր կրծքի վրա պողպատի սառնությունը: Լսվեց մի խուլ դղրդյուն, և նա ընկավ հատակի վրա:

— Այդպես, ուրեմն դու հանաք չէիր անում, — արտասանեց մատնիչը, գալարվելով հատակի վրա, — ախ, ինչ վատ ձեռք ունես:

Արամն արյունոտ դանակը ձեռքին՝ մի քանի վայրկյան գազանային աչքերով դիտում էր արածը: Նա զգաց, որ հարվածը մահացու է, դանակը ցցվել է ուղիղ եղբոր սրտի մեջ: Գցեց դանակը մի կողմ և նստելով նստարանի վրա, աչքերը ձեռքերով ծածկեց:

— Կանչիր այստեղ վկաներ: Ես կասեմ, որ ինքս ինձ սպանեցի: Եղբայրասպան: Կանչիր: Երեխաներ ունես, Կանչիր, խեղճ ես...

Վիրավորվածն սկսեց խռխռալ և ձգվել: Արամը ցնցվելով, ոտքի կանգնեց և մի քայլ մոտենալով եղբորը, բռնեց տեղն ու տեղը ու արտասանեց.

— Ի՞նչ արի... Եղբորս: — Միսակը մի վայրկյան աչքերը բաց արավ:

— Սաս բոլորին, որ ես մարդկանց ատում էի, որովհետև ինձանից զզվում էին ամենքը: Բայց ոչ մի կոպեկ չեմ վերցրել արածներիս համար:

Եվ երեսը դարձնելով պատի կողմը, լռեց հավիտյան…

# ՀԵՐՈՍԻ ՎԵՐԱԴԱՐՁԸ

Ազգերի ահռելի պատերազմը տակնուվրա արավ Մագդալինա Մաքայանի կյանքը: Ապրել էր նա մինչև այդ ժամանակ անդորր, անգույն, անարյուն, բայց երջանիկ կյանքով: Սիրել էր նա իր ամուսնուն այնպես, ինչպես սիրում է կինը տղամարդուն: Սիրվել էր, արդյոք նրանից: Ինքներդ դատեցեք: Տասնևութ տարեկան մի շատ սովորական, շատ պարզ աղջիկ էր, ոչ հիմար և ոչ էլ շատ խելոք, երբ ամուսնացավ «պողպորուչիկ» Աբգար Մաքայանի հետ: Ամուսնացավ առանց երկար մտածելու և երկար տատանվելու, որովհետև արդեն մանուկ հասակից լսել էր, որ երբ ոչ հարուստ մի ընտանիքի աղջիկ դպրոցն ավարտում է, երբ գիտե քիչ թե շատ նվագել դաշնամուր, պարել, զվարճախոսել, պետք է ամուսնանա, եթե չի ուզում իր ծնողների համար ավելորդ բեռ դառնալ:

Այսպես թե այնպես, Մագդալինան իրեն անբախտ, չէր զգում,

ինչպես չի կարող անբախտ զգալ իրեն մի հավ, որ ունի առատ կուտ և տաք բույն: Նա նույնիսկ երջանիկ համարեց իրեն այն պահից, երբ ունեցավ առաջին զավակը և երկու տարի չանցած՝ երկրորդը — մեկը տղա, մյուսը աղջիկ: Եվ իր ամբողջ էությամբ անբաժան նվիրվեց նրանց: Այնպես, ինչպես կարող է նվիրվել միայն այն էակը, որ կյանքի խորհուրդը պարփակել է ընտանեկան սահմանափակ շրջանակի մեջ: Նա մոռացավ ամենքին և ամեն ինչ, որ կապ չուներ իր զավակների ճակատագրի հետ: Նրա դաշնամուրի կափարիչն օրերով և շաբաթներով չէր բարձրանում: Հագնվում էր անփույթ, առանց որևէ ուշադրություն դարձնելու իր արտաքինի վրա: Նույնիսկ ամուսինը դարձավ նրա աչքում մի տեսակ շնչավոր մեքենա, որ ստեղծված է գործելու միայն և միմիայն երեխաների համար և ուր չի կարող նրանցից դուրս ունենալ ոչ հոգս, ոչ ցանկություն:

— Գիտե՞ս, Աբգար, — ասում էր նա մայրական անզուսպ և կույր զգացման բուռն գրգռման պահերին, գրկելով մի ձեռով մեծ, մյուսով փոքր զավակին, — եթե տերը մի արասցե, սրանց մի բան պատահի, ես առանց մի վայրկյան տատանվելու, ինձ կսպանեմ:

— Լավ, հիմար-հիմար մի դուրս տա, — կրկնում էր Աբգարը, հանգիստ ժպտալով այն լայն, պայծառ ժպիտով, որ միայն անկեղծ և բարեսիրտ մարդկանց է պարգևված և որ մի առանձին գրավչություն է տալիս նրանց դեմքերին, արքան նս տգեղ, արքան նս այլանդակ լինեն նրանք:

Այսպես ապրեց Մագդալինան ինը տարի, միշտ հանգիստ, միշտ անվրդով, ինչպես մի անգամ արդեն իր ուղին հարթած դաշտային գետակ:

Մի օր Աբգարը տուն եկավ հուզված և թուրն ուսից վար դնելով, ասաց.

— Ա՛հ, վերջապես:

— Ի՞նչ է պատահել, — հարցրեց Մագդալինան, որ այդ ժամանակ զբաղված էր փոքր երեխայի հագուստը փոխելով:

— Զորաժողով է հայտարարված:

— Զորաժողո՞վ, — արտասանեց Մագդալինան անգիտակցաբար, առանց նայելու ամուսնու երեսին:

— Այո, սիրելիս: Եվ շատ հավանական է, որ մեր գունդն էլ ուղարկեն, հետևաբար և ինձ:

Ո՞ւր պիտի ուղարկեն, — հարցրեց Մագդալինան, տակավին լավ չմբռնելով հաղորդված լուրի ամբողջ լրջությունը: — Ի՞նչ ես ուզում ասել:

— Ուզում եմ ասել, որ պատերազմ է լինելու:

— Պատերա՞զմ:

Մագդալինան բաց թողեց երեխային և իր խոշոր, սևորակ աչքերը, որ այնքան գեղեցիկ էին և այնքան միամիտ, հառեց ամուսնու երեսին:

Այն միտքը, թե Աբգարը պիտի գնա պատերազմի դաշտ, թվաց նրան այնքան տարօրինակ, որ նա կարծեց, թե ամուսինը մի չար կատակ է անում: Նա հարցրեց.

— Այդ ի՞նչ է նշանակում:

— Այդ նշանակում է, սիրելիս, որ ես կամ մի քանի ամսից հետո կվերադառնամ, կամ երբեք չեմ վերադառնա: Ես չէի ուզում հանկարծակի հայտնել, բայց քանի որ այնքան քաջ եղար, որ առաջին լուրը լսեցիր առանց ուշաթափվելու, կասեմ, արդեն բաշված է մեզ ուղարկել:

— Ո՞ւր,

— Հայտնի չէ:

— Ե՞րբ:

— Տասն օրից հետո:

Մագդալինան գլուխը թեքեց կրծքին, տխուր հառաչեց և մի փոքր անցած, շարունակեց.

— Իսկ երեխանե՞րը:

— Իսկ երեխաները կշարունակեն պատերազմել քեզ հետ, — հեգնեց Աբգարը նույն զվարթ եղանակով:

— Դու կատա՞կ ես անում, բայց իմ հոգին միանգամայն տակնուվրա եղավ: Չէ՞ որ դու կարող ես վիրավորվել:

— Կարող է պատահել:

— Նույնիսկ սպանվել:

— Այդ էլ մի անսպասելի բան չէ՞:

— Հետո՞:

— Հետո ի՞նչ: Դու կլինես երիտասարդ, հետաքրքրական այրի: Երևակայում եմ, ինչպես սազ կգա քեզ սգազգեստը: Կարող եմ այժմվանից երաշխավորել, որ դու կունենաս բազմաթիվ երկրպագուներ...

Եվ Աբգարը բարձրաձայն ծիծաղեց, ցույց տալով հաստ շրթունքների տակից սպիտակ, մաքուր, առողջ ատամների շարքերը:

—Լռիր, — գոչեց Մագդալինան անկեղծ վրդովվելով, — ինձ անհանգստացնում է երեխաների վիճակը:

Աբգարը բացատրեց, թե երեխաները կպահվեն ավելի լավ, քան մինչև այժմ: Պատերազմի ժամանակ զինվորականների ռոճիկներն ավելացվում են: Մագդալինան կստանա Աբգարի այժմյան ամսականը, իսկ ավելացումը նրան բավական է պատերազմի վայրում վազ ծախսելու համայք մեծ պետքեր չկան: Այնուհետև, չէ՞ որ նրա հայրական երկու զույգ կիսախարխուլ խանութների վարձքն էլ կա Մագդալինայի համար:

— Ես այդ մասին չեմ մտածում, — ընդհատեց Մագդալինան, — այլ…

— Այլ ինչ՞:

— Ես երևակայել չեմ կարող, թե ինչպես կարելի է առանց քեզ ապրել: Երեխաներն առանց իրենց հոր... ոչ, ոչ, դու ամեն բան կատակ ես դարձնում: Լավ մտածիր: Նրանք կարող են քո կարոտից հիվանդանալ, կարող են մինչև անգամ…

— Լավ, մի երկարացնի, — ընդհատեց Աբգարը, — երեխաներն առհասարակ շատ հեշտ են ընտելանամ իրենց վիճակի փոփոխությանը, անցյալի հիշատակը նրանց համար վառոդի ծուխ է, կար և վայրկյան չանցած՝ չքացավ:

Եվ նա շարունակեց համոզել Մագդալինային հաշտվել հանգամանքների հետ: Կան մարդու համար պարտականություններ, որոնց կատարելը բարձր է, քան ամեն մի երջանկություն, քան նույն ինքը կյանքը: Նա շատ ուրախ է, որ, վերջապես, թշնամու երեսս պիտի տեսնե: Լինել զինվորական ամբողջ 15 տարի և վառոդի հոտ չզգալ, ամոթալի է: Իսկական զինվորականը նա է, որ հոգին պատերազմի դաշտումն է ավանդում: Գոնե նրա զավակներն ապագայում պարծանքով կասեն, որ իրենց հայրը մեռավ ինչպես մարդ և ոչ թե սատկեց ինչպես պառավ աքաղաղ հավաբնում:

Մագդալինան հոգու խորքում մի առ մի հերքեց Աբգարի բոլոր առարկությունները, այնքան վայրենի էր նրա համար սպանելու կամ սպանվելու գաղափարը: Բայց չհակաճառեց: Նա զգաց, որ ներկա դեպքում հակաճառությունը կլինի ապարդյուն և ոչ պատվաբեր մի տակավին երիտասարդ զինվորականի կնոջ համար:

Հետևյալ առավոտից նա սկսեց զբաղվել Աբգարի ճերմակեղենը կարգի բերելով: Հետզհետե նա հաշտվեց պատերազմի անհրաժեշտության մտքի հետ, որ այնքան ջերմեռանդ պաշտպանում էր Աբգարը, և այլևս դադարեց բողոքել ճակատագրի դեմ:

***

Ուղևորության օրը Մագդալինան երեխաների հետ գնաց երկաթուղու կայարանը Աբգարին ճանապարհ դնելու: Նա կարողացավ կատարել ամուսնու խիստ պատվերը՝ հրաժեշտի պահին ոչ միայն լաց չլինել կամ տխուր դեմք-ցույց չտալ, այլև աշխատել երևալ ուրախ ու զվարթ...

— Դու գիտես, որ ես մի քիչ հայրենասեր եմ, — ասաց Աբգարը կեսլուրջ և կեսկատակով, — չեմ ուզում, որ օտարները կարծեն, թե հայ կինը պակաս քաջ է, քան մյուս ազգերի կանայք:

Եվ նա հիացավ Մագդալինայի սառնասրտությամբ, երբ հասավ հրաժեշտի վերջին րոպեն:

Բայց երբ Մագդալինան տուն վերադարձավ, երբ աղախինը

սամովարը ներս բերեց, երբ երեխաները, կարծես բնազդաբար գուշակելով իրենց մոր հոգեկան, դրությունը՝ լուռ նստեցին սեղանի քով, երբ այլևս չերևաց Աբգարի միշտ պայծառ, միշտ կենսախինդ, միշտ ժպտուն դեմքը, երբ չլսվեց նրա քիչ խուլ, բայց մեղմ, համակրելի բարիտոնը, մի անսովոր, ծանր վիշտ համակեց նրա հոգին: Թվաց նրան, որ այն, ինչ որ եղել է ինը տարի շարունակ, անցավ, գնաց անվերադառնալի, որ մի ինչ-որ աներևույթ զորություն մի ուժգին հարվածով կտրեց նրա գոյության սովորական ընթացքը, որ այնքան սահուն էր, այնքան անաղմուկ և երջանիկ իր անգունության մեջ: Թվաց նրան, օր այդ օրից առմիշտ անհետացավ խաղաղության հովանավոր հրեշտակն այս համեստ, անդորր կացարանից, ուր ոչ մի երկպառակություն տեղի չէր ունեցել, ոչ մի կծու, վիրավորական խոսք չէր արտասանվել ինը տարվա ընթացքում:

Անհետացավ, և նրա տեղը եկավ նստեց մի անկոչ հյուր: դաժան, անողոք, զարհուրելի ստվերը պատերազմ կոչված հրեշի՝ պատերազմ տարված զինվորականի որբացյալ ընտանիքում: Մի սոսկալի մղձավանջ, որ իր լռությամբ իսկ պիտի թունավորի նրա կյանքը և խափանե այդ փոքրիկ, այդ անմեղ էակների բախտը, որ այնքան ապահով, այնքան անձեռնմխելի էր թվում մինչև այժմ:

Եվ նա չկարողանալով իրեն զսպել, թողեց երեխաներին, անցավ սեղանատնից ննջարան, ընկավ երեսն ի վար անկողնակալի վրա և սկսեց դառն հեկեկալ, գլուխը թաղելով բարձի մեջ, որպեսզի ձայնը չհասնի երեխաներին: Հեկեկալ այնպես, ինչպես հեկեկում էր մանուկ հասակում, երբ խլում էին նրանից իր սիրած խաղալիքը:

***

— Մամա, լաց մի լինիր, բավական է: — Լսեց նա հանկարծ և անմիջապես գլուխը բարձրացրեց, աչքերը սրբեց, աշխատելով թաքցնել իր վիշտը:

Նրա առջև կանգնած էր վեց տարեկան Գարիկը: Գեր, առողջ, զվարթ, ժպտուն՝ կատարելապես իր հայրը:

Մայրը գրկեց նրա գլուխը, սեղմեց կրծքին և ջերմագին համբուրեց արագ-արագ արտասանելով.

— Ոչինչ, բալիկս, ոչինչ: Ես լաց չէի լինում: Ընդհակառակը, ծիծաղում էի: Գիտես ինչո՞ւ: Միտս եկավ այն փոքրահասակ, նիհար կոզակը մեծ մորուքով, մեծ փափախով, որ աշխատում էր իր ընկերների պես մեծ երևալ: Հիշո՞ւմ ես՝ ինչպես նրա երկար դաշույնը փաթաթվում էր ոտքերին:

Բայց զգաուն մանուկը չհավատաց մոր կեղծիքին և չծիծաղեց:

— Մամա, պապան ո՞րտեղ գնաց, — հարցրեց նա, ձեռիկը դնելով մոր հերարձակ գլխի վրա:
— Չգիտեմ:
— Ինչո՞ւ գնաց:
— Չգիտեմ:
— Հա, հասկանում եմ, դու ինձանից թաքցնում ես: Ասում ես, երեխա է, թող չիմանա:
— Լավ, մի մտածի, պապան շուտով կվերադառնա:
— Չէ, մամա, նա շուտով չի վերադառնա: Եթե ուզում ես իմանալ, նա կարող է իսկի էլ չվերադառնալ, գիտե՞ս, իսկի էլ... Մագդալինան ցնցվեց սարսափից: Մանկան խոսքերը նրան թվացին ինչ-որ նախազգուշակում:
— Սուս, լեզուդ կկտրեմ, — գոչեց նա, ձեռքով փակելով Գարիկի բերանը:
Կարծես դրանով ուզում էր առաջն առնել մի դժբախտության, որի նախազգացումն ինքն էլ ուներ հոգու խորքում: Բայց մանուկը չզսպեց իրեն:
— Մամա, — շարունակեց նա, — դու կարծում ես ես հիմա՞ր եմ, ոչինչ չգիտե՞մ: Դենշչիկը ինձ բոլորն ասել է:
— Ի՞նչ է ասել քեզ այդ հիմարը:
— Իսկի էլ հիմար չէ Գերմոգենը: Նա ինձանից խելոք է: Նա ասում էր, որ պապան գնում է գերմանացիների հետ կռվելու: Կայսրն է հրամայել: Ասել է՝ կոտորեցեք այդ երշիկ ուտողներին, շատ են երես առել: Օ՜, իմ պապան քաջ է, ոչ ոքից չի վախենա: Նա այդ գերմանացիների գլուխները կկտրե իր թրով: Դու մի անհանգստանա, կտեսնես:
Այո, իհարկե, պապան քաջ է, ես նրա մասին չեմ վախենում, — քաջալերեց Մագդալինան փոքրիկին:

***

Հյուսիսային նահանգական մի քաղաքից ստացվեց հետևյալ հեռագիրը.
«Հասա ողջ-առողջ: Գնում ենք ավելի հեռու: Համբուրում եմ: Գրիր իմ թողած հասցեով: Աբգար»:
Այս հեռագրին հաջորդեց առաջին նամակը, որին հետևեց երկրորդը, ապա երրորդը, և այնուհետև Աբգարը լռեց...

***

Այդ պահից սահա սկսվեցին Մագդալինայի իսկական

տանջանքները: Մեկը մյուսից չար կասկածներ և ենթադրություններ պաշարեցին նրան որպես թունավոր սողուններ: Մեկը մյուսից զարհուրելի տեսիլներ պատկերացան նրա առջև որպես գերեզմանային ուրվականներ:

Հանուն զավակների հանգստության նա հերոսական ճիգեր էր գործ դնում իր հոգու տառապանքները թաքցնելու համար. Մերթ այդ հաջողվում էր նրան, բայց հաճախ՝ ոչ: Եվ քիչ անգամ չէր արտասվել նա, նույնիսկ երեխաների ներկայությամբ:

Ամեն օր պոստ ստացվելու ժամանակին նստում էր լուսամուտի առջև, նայում էր դեպի բակը, սրտի բաբախումով սպասում նամակի: Գալիս էր պոստաբերը, անցնում էր դեպի հարևանները, և նրա հարցին շարունակ պատասխանում էր սառնարյուն.

— Չկա, տիկին:

Ամեն առավոտ՝ նա աղախնին ուղարկում էր հեռագրեր ու լրագրեր գնելու, կարդում էր ծայրեծայր բոլորը, ինչ որ պատերազմին էր վերաբերում, հուսալով գտնել որևէ տեղեկություն, եթե ոչ Աբգարի, գոնե այն գնդի մասին, որին նա պատկանում էր: Եվ ոչ մի լուր: Նա գիտեր, որ պատերազմը մեծ է, անօրինակ, որ միլիոնների բանակներ են դուրս եկել իրարու դեմ, որ մի ինչ-որ գունդ մի բուռ ջուր է վիթխարի հեղեղի մեջ. նա գիտեր, որ մարդիկ սպանվում, վիրավորվում, գերի են վերցվում տասնյակ հազարներով, բայց և այնպես չէր դադարում հուսալ ծովի ավազում գտնել այն միակ հատիկը, որ ամենից փայլունն էր նրա համար, ամենից գնահատելին:

Լրագիրներ կարդալով, հարկավ, այժմ նա գիտեր՝ որտեղից է առաջացել այդ դժոխային ողբերգությունը, եվ այն էակը, որի անարատ բերանը մինչև այդ ժամանակ չէր արտասանել մի կոշտ բառ անգամ, այժմ կծու դարձվածքներով անիծում էր նրան, որին անիծում էին անխտիր ամենքը — Վիլհելմ Հոհենցոլլերնին: Մի անծանոթ մարդու, որի մասին նա մինչև պատերազմ ոչ մի գաղափար չուներ, վասնզի երբեք չէր հետաքրքրվել քաղաքականությամբ, անիծում էր ոչ միայն նրան, այլև նրա զավակներին, կնոջը, ցեղը, ազգը, երկիրը և այն օդը, որ նա շնչում է:

Նրա ատելությունը դեպի Գերմանիան և գերմանացիներն այնտեղ հասավ, որ սկսեց թշնամաբար նայել և այն զաղթական գերմանուհուն, որ ինը տարի անընդհատ ամեն օր կաթ էր բերում նրա համար: Եվ այսպես, չարությունը ճանապարհ գտավ դեպի մի սիրտ, որ երբեք ոչ ոքի դեմ ոխ և ատելություն չէր ունեցել: Նա գիշեր-ցերեկ աղերսում էր աստծուն լինել անողոք վրիժառու դեպի մի ազգ, որին չէր ճանաչել ոչ լավ և ոչ վատ կողմից:

Այդպես անցկացրեց Մագդալինան պատերազմի առաջին ամիսը: Այնուհետև փոքր առ փոքր մեղմացավ նրա հոգեկան փոթորիկը, և սովորական առողջ բանականությունը, որից զուրկ չէր, տակավ առ տակավ տիրացավ իր սրբազան իրավունքներին: Վրեժի, ատելության և անզոր չարության քաոսի մեջ նա կարողացավ գտնել արդարամիտ դատողության թելը և բռնեց նրա ծայրից տկար ձեռքերով: Ոչ այնքան գիտակցաբար, որքան բնազդաբար:

Նա մտածեց, որ անմտություն և խղճի դեմ դավաճանություն է մեկ մարդու կամ մի քանիսի հանցանքը տարածել մի ամբողջ ազգի վրա: Չէ՞որ մարդկային անհուն բազմության ճակատագիրն ամենուրեք գտնվում է մի բուռ անհատների ձեռքերում: Չէ՞ որ երբ իշխաններն ու զորավարները հրամայում են, ծառաներն ու թույլերը ստիպված են կատարել նրանց հրամանը, որքան էլ անմիտ, որքան էլ անհեթեթ լինի այդ հրամանը:

Ամեն օր նա դողդոջուն ձեռքերով բաց անելով տեղական լրագիրը՝ նախ և առաջ աչքի էր անցկացնում սպանվածների և վիրավորվածների անվերջ ցուցակները: Երբ հասնում էր Մ. տառին, մի պահ կանգ էր առնում, նրա ձեռքերը թուլանում էին ու լրագիրը բաց թողնում ծնկների վրա, նրա տառապող սիրտը սկսում էր այնպես ուժգին բաբախել, որ կարծես, ձգտում էր դուրս սպրդել կրծքի տակից, ինչպես նոր ձերբակալված թռչունը վանդակից:

Մի առավոտ աղախինը, որ երեխաներին տարել էր իրենց տատի մոտ և նոր վերադարձել էր խոհանոց, հանկարծ լսեց մի բարձր ու սուր ճիչ:

Նա իսկույն վազեց սեղանատուն, որտեղից լսվեց ճիչը:

Այնտեղ, լուսամուտի առջև առավոտյան արեգակի մեղմ ճառագայթների տակ, օրվա լրագիրը ձեռքում ձգված էր Մագդալինան անշնչացած: Չարիքը գուշակելով՝ շփոթված աղախինը վազեց պատշգամբ և բարձրաձայն օգնություն կանչեց: Ապա, վերադառնալով, չոքեց տիրուհու մոտ:

Եկան մի քանի հարևան կանայք, և աղախինը նրանց օգնությամբ ուշքի բերեց Մագդալինային ու նստեցրեց թախտի վրա: Նա գունատ էր ինչպես ճերմակ կտավ: Նրա կապտած շրթունքները կպել էին ատամներին և դողդողում էին:

— Ի՞նչ պատահեց, — գոչեցին հարևան կանայք, արդեն լրագրից գուշակելով, թե ինչ կարող է պատահած լինել:

— Նրան սպանել են, — հազիվ կարողացավ արտասանել Մագդալինան և նորից ուշաթափվեց:

Երբ նորից ուշքի բերեցին նրան, սկսեց դառնագին հեկեկալ, արտասանելով.

— Ես նախազգում էի, գիտեի, որ նա սպանվելու է:

Ոչ ոք չխանգարեց նրա հեկեկանքը, զգալով, որ նման դեպքերում մխիթարական խոսքերն անզոր են: Աղախինը վազեց դժբախտ լուրը Մագդալինայի ծնողներին հայտնելու: Պատվեր ստանալով երեխաներին ոչինչ չասել և չբերել տուն:

Եկան ծնողները: Մայրն իր հեկեկանքը խառնեց դստեր հեկեկանքին: Իսկ հայրն ասաց, թե լրագիրների ցուցակին հավատալ չի կարելի, թե հարկավոր է շտաբում տեղեկանալ: Եվ ինքը շտապեց տեղեկանալու:

Կես ժամ անցած նա բերեց դժբախտ լուրի հաստատությունը: Այո, շտաբում ստացված ցուցակի մեջ կա մի պորուչիկ Աբգար Մաքսյան անունով. Սպանված է նա անկասկած Լեմբերգի մոտ տեղի ունեցած ճակատամարտերից մեկում...

Մագդալինան պահանջեց, որ հեռագրվի այն զորաբանակի հրամանատարին, որին պատկանում էր Աբգարի գունդը: Երեք օր անցած ստացվեց հետևյալ հեռագիրը: «Տեղեկացեք կովկասյան շտաբում»: Այլևս կասկած չմնաց:

Մագդալինան պահանջեց, որ Աբգարի դիակը գտնվի և Կովկաս բերվի: Պահանջը համարվեց անիրագործելի: Ասացին, որ պորուչիկը սպանված է երկու շաբաթ առաջ, որ անտարակույս նրան թաղել են հենց սպանման օրը, որ զուր կլինի ամեն ջանք նրա դիակը գտնելու և այլն, և այլն...

Մագդալինան համոզվեց, որ, արդարև իր պահանջն անիրագործելի է: Նա բավականացավ սովորական հոգեհանգստով, հետևելով ուրիշների օրինակին:

Այլևս նա դադարեց հետաքրքրվել պատերազմով: Այլևս հեռագրերն ու լրագրերը կորցրին նրա աչքում իրենց նշանակությունը: Միակ կենդանի կապը, որ կար նրա և սոսկալի արհավիրքի միջև, կտրվեց: Չկա այդ կապը, չկա և արհավիրքը: Իսկ համայնական վիշտ կրելու համար նրա սիրտը տեղ չունի իր մեջ, այնքան խոշոր է անձնականը:

Եվ խորասուզվելով ինքն իր մեջ, նա չգիտեր՝ ինչ է կատարվում դրսի աշխարհում, չէր էլ ուզում իմանալ: Միակ բանը, որ նրան զբաղեցնում էր, բացի վշտից, երեխաների վիճակն էր: Հարկավոր էր նրանց ապահովության մասին հոգալ: Երբ նրա հայրը գնաց ուր հարկն է տեղեկանալու, թե ինչ կարգադրություն կա սպանված օֆիցերների որբացյալ ընտանիքների վերաբերմամբ, պատասխան ստացավ, թե տակավին ոչ մի կարգադրություն չկա և թե բարձրագույն իշխանությունը անշուշտ որևէ հրաման կարձակե շուտով...

Մագդալինան չբողոքեց: Նա արեց այն, ինչ որ կարող էր անել, կրճատեց իր ծախքերը մինչև մինիմում:

Ով որ նրան ասաց, թե պատերազմում սպանվածների մերձավորները որոշել են սգազգեստ չհագնել հասարակության տրամադրության վրա չներգործելու համար, նա վրդովվեց, ասելով, թե ոչ ոքի վգին չի ուզում փաթաթել իր վիշտը, և թող ոչ ոք էլ չխանգարի նրան իր վիշտը կրելու այնպես, ինչպես ինքն է կամենում: Եվ իր խոսքին հավատարիմ մնալով, նա դադարեց տնից դուրս գալ ծանոթներին չհանդիպելու համար: Նա դադարեց այցելել նույնիսկ իր ծնողներին և քույրերին, որոնց կարեկցությունը նրան ավելի զրգռում էր, քան սփոփում: Նա չէր ուզում անգամ ոչ ոքի ընդունել և չէր թաքցնում իր դժկամությունը, երբ մերձավորներն այցելում էին նրան:

Նա մեծացնել տվեց Աբգարի ամենահաջող լուսանկարը, որ նկարված էր դեռ ամուսնությունից առաջ, դրեց սև շրջանակի մեջ և կախեց պատի վրա, Աբգարի գրասեղանի վերև: Եվ դա եղավ նրա ամենասիրելի ընկերն ու խոսակիցը, երեխաներից թաքուն նա նստում էր այդ լուսանկարի առջև երբեմն ժամերով, նայում էր նայում, հառաչում, արտասվում մեղմիկ, դարձյալ նայում: Մերթ ընդ մերթ նկարն այնքան կենդանանում էր, որ, կարծես, շունչ էր առնում և ձգտում էր դուրս գալ շրջանակից: Այդպիսի րոպեներին Մագդալինայի հոգու խորքից բարձրանում էր կասկածի, թե հուսո նման մի բան և պաշարում նրան: Թվում էր նրան, որ ինքը և ամենքը մոլորության մեջ են, որ կատարում են հանցանքի հավասար մի սխալ, կարծելով, թե Աբգարը մեռած է, որ խելառություն էր այդպես շուտ, առանց ստուգելու հավատալ նրա սպանմանը: Բայց անցնում էին րոպեները և ցնորքը չքանում էր՝ տեղի տալով կատարված իրողությանը...

***

Մի անգամ — պատահեց այս հոգեհանգստից մի ամիս ու կես անցած: Մագդալինան ննջարանում կրտսեր երեխայի համար շապիկ էր կարում, երբ Գարիկը սովորական աղմուկով հանկարծ ներս վազեց՝ գոչելով.

— Մամա, այնտեղ մի մարդ ուզում է քեզ տեսնել

— Ո՞վ է:

— Չհարցրի:

Մագդալինան կարը դրեց մի կողմ, հանդարտ վեր կացավ և դուրս եկավ սենյակից:

Պատշգամբի վրա կանգնած էր մի անծանոթ «Կարմիր խաչի» հողագույն համազգեստով, աջ թևի վրա խաչի նշանը:

— Ի՞նչ եք կամենում, — հարցրեց Մագդալինան:

— Տիկին, դոկտոր Վարազդանովը ձեզ խնդրում է շնորհ բերել իր մոտ:

— Ո՞վ է դոկտոր Վարազդանովը:

— Հիվանդանոցի կառավարիչը:

— Ի՞նչ գործ ունի նա ինձ հետ:

— Չգիտեմ, — պատասխանեց անծանոթը, երեսը մի կողմ դարձնելով և նկատելու աստիճան շփոթվելով:

— Ասացեք դոկտորին, որ ես ժամանակ չունեմ տնից դուրս գալու, մանավանդ որ ծանոթ չեմ նրա հետ:

— Բայց, տիկին, գործը շատ կարևոր է: Մագդալինան նայեց նրա երեսին խոր հայացքով, զգալով ինչ-որ տարօրինակ կասկած:

— Ինչպես երևում է, դուք գիտեք՝ ինչու համար է ինձ կանչում դոկտորը, — ասաց դրական եղանակով: — Ինչու եք թաքցնում, ասացեք:

— Տիկին, գուցե գիտեմ, բայց ինձ իրավունք չէ արված ասելու: Եկեք և ինքներդ տեսեք: Ես արդեն կառք եմ բերել ձեզ համար: Կես ժամում նա մեզ կհասցնի հիվանդանոց:

— Շատ լավ, — արտասանեց Մագդալինան և շտապով հագնվեց ու դուրս եկավ անծանոթի հետ:

Ճանապարհին նա այլես ոչ մի հարց չտվեց, վախենալով լսել մի վատ բան...

***

Կես ժամ անց քաղաքի ծայրում կառքը կանգ առավ մի մեծ շինության առջև, որ բաղկացած էր մի քանի մասերից:

Կարմիր խաչ կրողը նրան ընդարձակ բակով առաջնորդեց դեպի մեկը այդ մասերից և հրամայեց ներս մտնել:

Ընդունարանում, ուր նստած էին մի քանի կանայք տխուր դեմքերով, ձեռներում ունենալով զանազան կապոցներ, նրան դիմավորեց մի բարձրահասակ մարդ շատ նիհար դեմքով և ալեխառն մորուքով:

— Ներեցեք, տիկին, — ասաց նա, որ ինքը դոկտոր Վարազդանովն էր, — որ ես ձեզ նեղություն պատճառեցի, բայց այդ իմ կամքով չէր, այլ...

Դոկտորը մի վայրկյան կանգ առավ, տատանվեց, ապա իր չոր-չոր ու երկայն մատներով ուղղելով ակնոցը՝ ավելացրեց.

— Նախքան մյուս սենյակ անցնելը, պատրաստվեցեք լսելու մի շատ ուրախ լուր... Ձեր ամուսինը, որին սպանված էիք համարում, կենդանի է:

— Կենդանի՞ է, — կրկնեց Մագդալինան իր լսողությանը չհավատալով...

— Այո, տիկին, կենդանի է և գտնվում է հարևան սենյակում:

— Բայց, դոկտոր, դուք այդ ուրախ լուրն այնքան էլ ուրախ եղանակով չեք հաղորդում ինձ...

— Մենք, բժիշկներս, պարտավոր ենք նման դեպքերում թաքցնել և՛ մեր ուրախությունը, և՛ մեր տխրությունը, — խույս տվեց ուղիղ պատասխանից դոկտոր Վարազդանովը:

— Ես ուզում եմ նրան տեսնել իսկույն նեթ, — գոչեց Մագդալինան, քայլերն ուղղելով դեպի դռները:

— Մի րոպե, — արգելեց բժիշկը, բռնելով նրա թևը: Նա գնաց

հարևան սենյակը, դռները ծածկով յուր ետեվից: Մի րոպե չանցած, վերադառնալով, ասաց.

— Այժմ կարող եք գնալ: Միայն խոսք տվեք, տիկին, որ ինչ էլ որ տեսնեք, պիտի զսպեք ձեզ և աշխատեք չսաստկացնել ձեր ամուսնու հուզմունքը: Տալի՞ս եք ազնիվ խոսք:

— Տալիս եմ, — ասաց Մագդալինան դրական եղանակով, իրավ որ զսպելով իրեն:

Դոկտորը դռները բաց անելով, ասաց.

— Մտեք:

***

Սենյակը, ուր մտավ Մագդալինան, բավական ընդարձակ էր և խիստ լուսավոր: Երկու լուսամուտներից մեկի առջև, ձյունի նման ճերմակ պատի տակ, դրված էր մի մաքուր անկողնակալ:

Ներս մտնելով, Մագդալինան մի վայրկյան նայեց աջ ու ձախ, առաջին պահ ոչինչ չնկատելով լուսո առատության պատճառով: Գթության քույրը, որ լուռ կանգնած էր լուսամուտի առջև, գլխի նշանով ցույց տվեց նրան անկողնակալը:

Մագդալինան մոտեցավ: Այնտեղ պառկած էր Աբգարը, ճերմակ վերմակով ծածկված մինչև կոկորդը: Նա լուռ ժպտում էր այն վայրկյանից, երբ Մագդալինային տեսավ: Եթե չլիներ այդ բնորոշ ժպիտը, որ երևան հանեց նրա գեղեցիկ ատամների շարքերը, հազիվ թե Մագդալինան առաջին պահի նրան Աբգարի տեղն ընդուներ, այնքան կերպարանափոխվել էր պորուչիկը: Նրա մարուքը բավական երկարացել էր և տեղ-տեղ ճերմակել: Նրա մի ժամանակվա լիք-լիք զվարթ դեմքը նիհարել էր, գունատվել և ծածկվել խոր խորշերով:

Հիշելով դոկտոր Վարազդանովին տված խոսքը, Մագդալինան ճիգն արավ և կարողացավ զսպել այն սուր ճիչը, որ պատրաստ էր դուրս ժայթքելու ամիսուկեսվա տառապանքներից հագնած կրծքից:

Նա միայն արտասանեց.

— Աբգա՛ր:

Եվ, թեքվեթվ, համբուրվեց նրա հետ:

— Նստիր, — ասաց Աբգարը առաջվա խռպոտ բարիտոնով, որ սակայն մի փոքր վայրենացած թվաց Մագդալինային:

Գթության քույրն աթոռ մոտեցրեց և ինքը շտապեց դուրս գալ սենյակից: Մագդալինան նստեց:

— Դեհ, պատմիր, այդ ի՞նչ սոսկալի թյուրիմացություն էր, — արտասանեց նա հուզված ձայնով, հազիվ կարողանալով երևալ արի:

— Ես քեզ սպանված էի համարում:

— Գիտեմ, դու մինչև անգամ հոգեհանգիստ ես կատարել և սգազգեստ հագել: Բայց նախ և առաջ ասա՝ երեխաներն առո՞ղջ են:

— Իմ սպանման լուրը, — ասաց Աբգարը, մի քանի վայրկյան լռելուց հետո, — այն հասարակ սխալներից է, որ շատ սովորական են պատերազմի, մանավանդ այդպիսի պատերազմի ժամանակ:

— Իսկ դու, որ գիտեիր, թե ի՞նչ վիշտ կարող է ինձ պատճառել քո մահվան լուրը, ինչո՞ւ չհերքեցիր:

— Ես իմացա այն ժամանակ, երբ հերքելն ուշ էր, որովհետև իմ հերքումից առաջ ես կարող էի այստեղ գալ:

— Բայց ինչո՞ւ վերջին ժամանակները նամակ չէիր գրում:

— Չէի կարող գրել, որովհետև շարունակ կռիվների մեջ էի:

— Դու ծա՛նր ես վիրավորված:

Աբգարը տատանվեց իսկույն պատասխանել: Հայացքը հեռացնելով Մագդալինայից՝ նա արտասանեց.

— Իմ վերքերն արդեն բուժվել են:

— Բոլորովի՞ն...

— Բոլորովին, — պատասխանեց Աբգարը ծանր հառաչանքով, և նրա աչքերը լցվեցին արցունքով:

— Բայց ինչո՞ւ համար ես այստեղ պառկած: Ինչո՞ւ ուղղակի տուն չես եկել: Աբգար, դու արտասվում ես, ի՞նչ գաղտնիք ունես, ասա:

— Ոչինչ, ոչինչ, — պատասխանես Աբգարը, աշխատելով ժպտալ արցունքի միջից:

— Ոչ, ոչ, ասա: Կա մի բան, որ ինձանից թաքցնում ես: Ես զգում եմ այդ: Դու ինձ խաբել չես կարող: Ասա, ես ուզում եմ իմանալ ինչ էլ որ լինի, հասկանո՞ւմ ես, ինչ էլ որ լինի:

— Խոսք տուր ինձ, որ դու կզսպես քեզ, եթե հայտնեմ:

— Տալիս եմ:

— Խոսք տուր ինձ, որ չես զզվի ինձանից, ինչ որ էլ տեսնես:

— Լռիր, դու վիրավորում ես քեզ և ինձ:

— Բաց արա մի փոքր կուրծքս:

Մագդալինան զգուշությամբ մի փոքր հեռացրեց Աբգարի կրծքից վերմակի ծայրը: Հողագույն կիսելի վրա երևաց մի սպիտակ խաչ:

— Այդ ինչ է, — հարցրեց Մագդալինան:

— Ս. Գևորգի շքանշանը:

— Դու շքանշա՞ն ես ստացել, — ասաց Մագդալինան ուրախանալով, — դրա համար ես քեզ միայն համբուրել կարող եմ:

Եվ, թեքվելով, երկու անգամ համբուրեց Աբգարին, որ աղերսական հայացքով նայում էր նրան:

— Պատմիր:

— Մի փոքր էլ ցած քաշիր վերմակը, և կլսես իմ պատմությունը:

Մագդալինան վերմակն ավելի ցած բերեց, նայեց, նույն վայրկյանին մի սուր և երկարատև ճիչ դուրս թռավ նրա կրծքից:

Նրա գլուխը անզորացած ընկավ Աբգարի կրծքի վրա:

Կիտելի թևերն ուսերից ցած էին ընկած դատարկ, ինչպես լաթի կտորներ...

Երբ ներս վազեց գթության քույրը և Մագդալինային ուշքի բերեց, Աբգարը հեկեկում էր փոքրիկ մանկան պես:

# ՄԱՐՋԱՆԸ

Ես հիշում եմ այդ զարմանալի կնոջը, ինչպես այսօրվա օրը:

Մանուկ էի, ճշմարիտ է հազիվ տասներեք տարեկան, բայց չէ որ որքան մանուկ է մեր հիշողությունը, այնքան խորն են տպավորվում նրա մեջ խոշոր անցքերը: Մանավանդ այնպիսի մի բացառիկ, գրեթե եզակի մի եղելություն, որպիսին է այն, ինչ որ պիտի պատմեմ:

Իսկն ասած՝ Մարջանը մի հասարակ կին էր, անկիրթ, անգրագետ և աղքատ ծնողների անկիրթ և անգրագետ զավակ: Մեկը գռեհիկ ժողովրդի այն թշվառ էակներից, որոնք ծնվելով խավարի, կարիքի և ասիական բռնակալության գրկում մինչև մահ մնում են խավար, որպես մութ անտառների խորքերում աճող խոնավ բույսեր, որ երբեք չեն տեսնում արևի լույս:

Բայց քմահաճ ճակատագիրը, որ սիրում է երբեմն տարօրինակ խաղեր խաղալ, այնպես էր սահմանել, որ անհայտ ծնողների այդ անհայտ զավակը դառնա մի ամբողջ քաղաքի և նրա ընդարձակ շրջակայքի սարսափի և համակրանքի, անեծքի և հիացմունքի, ատելության և սիրո առարկան:

Եթե կամենաք՝ մի հերոսուհի, որի շուրջը կարճ միջոցում ստեղծվել էին կատարյալ առասպելներ: Որի անունով մայրերը սարսափեցնում էին իրենց անհնազանդ երեխաներին, կանայք սպառնում էին իրենց ամուսիններին և աղջիկները վախեցնում իրենց ծնողներին: Մի կին, որի կարճատև կյանքը առեղծված էր ինձ համար այն ժամանակ և առեղծված է այժմ, քառասուն տարի անցնելուց հետո:

Արդարև, ինչո՞ւ այդ երիտասարդ կինը, որի գեղեցկությունը հիացնում էր ամենքին, ցերեկները կին էր, ինչպես իր շրջանի և իր դիրքի բոլոր կանայք, համեստ, ամոթխած, տնարար, աշխատասեր, իսկ գիշերները՝ տղամարդ: Եվ ի՞նչ տղամարդ: Կատարյալ մի ավազակապետ, զինված մինչև կոկորդը, սև յափունջին ուսերին, սպիտակ երկայն ամազ շուլլահին գլխին և հրացանը ձեռքին: Շրջապատված իր նման զինված մի քանի մարդերով, որոնք միշտ խոնարհվում էին նրա առջև երկյուղով, պատկառանքով և ակնածությամբ:

Աստված իմ, ինչե՞ր չէին պատմում նրա անցյալի մասին: Իբրև թե Մարջանն իրոք հայուհի չէ և ոչ քրիստոնյա, իբր թե նրա մայրը, որ շատ գեղեցիկ կին է եղել երիտասարդ հասակում, մի օր ընկել է լեզգիների ձեռքը, սրան տարել են Դաղստան և նվիրել Իմամ Շամիլին, և ահա Մարջանն այդ արկածի պտուղն է: Ասում էին նաև, որ Մարջանն իսկապես կանացի արգանդի բերք չէ, այլ, ով գիտե մի չար դևի և մի կատաղած բորենու խառնության արդյունք, որին մի գիշեր մի աներևույթ ձեռք գցել է նրա հիվանդ մոր անկողինը:

Պատմում էին նաև... Բայց ո՞ր մեկն ասեմ: Սակայն այս բոլոր առասպելների մեջ կա մեկը, որ այսօր ինձ հավանական է թվում:

Ահա ինչ: Տասնևյոթ տարեկան հասակում Մարջանը լուսամուտից, կտուրից թե դռների արանքից տեսնում է տեղական տաքարյուն, կռվասեր երիտասարդներից մեկին շատ հավանում: Այնուհետև գիշեր-ցերեկ այդ երիտասարդի կերպարանքը հալածում է դեռահաս աղջկան, օր-օրի վրա ավելի ու ավելի գրգռելով նրա վառվռուն երևակայությունը: Վերջապես նա որոշում է երիտասարդի ուշադրությունը գրավել և հաջողվում է իր բարեհամբույր ժպիտներով ոչ միայն գրավել, այլև հափշտակել:

Տեղի են ունենում գաղտնի տեսակցություններ գիշերները հարևան կտուրների վրա: Ծնողներն այդ բանին անտեղյակ Մարջանին նշանում են Մարտիրոս անունով մի շրջիկ առնտրականի հետ, որ հաճախ բացակայում էր քաղաքից: Մարջանը շատ է հակառակում, շատ է դիմադրում, ծնողները համառում են: Վերջապես նա համարձակվում է հայտնել, թե սիրում է մի ուրիշին և արդեն նրան է պատկանում: Ոչինչ չի օգնում:

Մարջանին տալիս են Մարտիրոսին: Բացի բուն, նշանակությամբ «տալիս են», վասնզի հարսնացուն առաջին անգամ եկեղեցու սեղանի առջև երեսքողի տակից տեսնելով Մարտիրոսի շեկ մազերը, ցցված դեմքը, ճաղատ գլուխը, զգալով նրա կոշտ ու կոպիտ ձեռքի խոնավությունը՝ փորձում է փախչել: Նրան բռնում են ու ուժով հանձնում փեսային: Պսակադրությունը կատարվում է, և մյուս օրն իսկ Մարջանն ասում է իր մորը.

— Շատ լավ, դուք ինձ անբախտացրիք, չոլախով կուտեք ձեր եփած փլավը:

Մայրը վախեցած հարցնում է,

— Ի՞նչ պիտի անես:

Մարջանը պատասխանում է.

— Ես պիտի բոլոր ինձ նման անբախտների վրեժը առնեմ ձեզ նման ծնողներից: Ես պիտի ցույց տամ, որ աղջիկը ձի չէ, ոչխար չէ, այծ չէ, որ ում ուզենաք ծախեք և ով ուզենա առնի: Ամենից առաջ այդ քաչալ Մարտիրոսը կզգա իմ ուժը:

Սակայն մի ամբողջ տարի, թե ավելի, Մարջանը ոչինչ չի ձեռնարկում: Ծնողները հանգստանամ են, կարծելով, որ նա արդեն հաշտվել է իր վիճակի հետ, բայց մի երեկո, երբ Մարտիրոսն առևտրական գործերով գնացած է լինում Գեբրենտ, Մարջանը հագնում է տղամարդու հագուստ, զինվում է վաղուց արդեն ձեռք բերված զենքով և դուրս է գալիս փողոց: Նա գնում է իր սիրածին փնտրելու և գտնում է քաղաքի զինետներից մեկում:

— Դավիթ, եթե ինձ սիրում ես առաջվա պես, այսուհետև ես քոնն եմ:

Երիտասարդն ուրախանում է, զարմանում և հարցնում.

— Ուրեմն ինչպե՞ս:

— Էէ մի՛ հարցնի, քոնն եմ, պրծավ գնաց:

— Մարդ՞դ:

— Կորել է ինձ համար:

— Ծնողնե՞րդ:

— Ով ինձ արգելե քոնը լինել, գլուխը սխտորի պես կթռցնեմ, այ սրանով, կամ փորը ծխով կլցնեմ, այ սրանով:

Եվ այդ ասելիս Մարջանը ետ է քաշում յափունջիի փեշերը ու ձեռով զարկում նախ փոքրիկ դաշույնին, ապա ատրճանակին:

— Ո՞վ է տվել քեզ այդ զենքը:

— Ես ինքս եմ առել:

— Ուրեմն մենք այսուհետև ավազակներ ենք, — գոչում է Դավիթը, հիանալով Մարջանի հանդգնությունից:

— Հասկացիր՝ ինչպես ուզում ես:

— Շատ լավ, քանի որ դու կնիկ տեղովդ այդքան քաջ ես, ես էլ գդակս ցեխի մեջ չեմ գցի: Դու իմն ես, ես էլ քոնը:

— Մինչ ե՞րբ:

— Մինչև գերեզման:

— Երդվի՛ր:

— Երդվում եմ քո արևով:

— Տես, իմ արևը հիմա թանկ արժե: Եթե մի օր ինձ մոռանաս, կտոր-կտոր կանեմ քեզ և շներին կշպրտեմ:

— Արա, եթե մոռանամ:

— Մի բան էլ ասեմ:

— Ասա:

— Ինչ որ անեմ, չպիտի հակառակես:
— Լավ:
— Ոչ էլ քո ընկերները:
— Օհ էէ իմ՞ ընկերները:
— Ամենքդ պիտի օգնեք ինձ:
— Ամենքս:
Շատ լավ: Հիմա կարող ես ինձ մի պինդ գրկել ու մի լավ համբուրել: Գիտեմ, որ կարոտել ես: Այդպես: Մեկ էլ: Այդպես: Հողս քաշալ Մարտիրոսի գլխին: Գինի բերել տուր:
Ահա այդ խորհրդավոր գիշերից սկսվում են Մարջանի արկածները:
Նախ և առաջ նա մի գիշեր, Դավթի օգնությամբ, հարձակվում է այն միջնորդ կնոջ տան վրա, որ առաջին խնամախոսն էր եղել Մարջանին Մարտիրոսի հետ նշանելու համար: Բռնում է կնոջն իր մարդու հետ, քաշում, տանում է հավաբուն: Այնտեղ մարդու ոտքերն ու ձեռքերը կապում է, հետո միջնորդ կնոջ մազերը մի քանի անգամ քաշքշելուց հետո փաթաթում է մարդու ոտքերին ու ասում.
— Դե, եթե լավ բան է, որ կնիկը մարդու եհիրը լինի, մինչև լույս լզիր մարդուդ ոտների տակը:
Այնուհետև նա մի գիշեր գողանում է անկողնուց իր հորը: Աչքերը կապում է թաշկինակով, տանում է գինետուն և իր ընկերներին հրամայում, որ նրան մի լավ արբեցնեն: Խեղճ մարդը շուրջը նայելով՝ սարսափում է այդ զինված երիտասարդներից: Բայց շուտով նրան մինչև անզգայություն արբեցնում են ու լուսաբացին տանում - հանձնում իր կնոջը:
Մյուս օրը Մարջանը հետևյալ լուրն է ուղարկում իր մորը.
— Ասա մարդուդ, եթե իմ սիրելի քրոջը՝ Մարթային տա չսիրած մարդու, ավելի վատ օյին կբերեմ նրա գլխին:
Մի ուրիշ անգամ իր խմբի հետ մտնում է մի այրի ու ծեր խանութպանի տուն ու գոռում.
— Անիրավ: Դու աստված չունե՞ս, որ ուզում ես պսակվել մի աղջկա հետ, որ քեզանից քառասուն տարով ջահել է:
Եվ բռնելով խանութպանին՝ քաշ է տալիս առաստաղից գլուխն ի վեր: Ամբողջ գիշեր և ամբողջ օր մարդը մնում է այդ դրության մեջ, մինչև որ հարևանները գալիս են ու ազատում նրան: Նույն օրն իսկ նա հրաժարվում է իր հարսնացուից: Եվ նույն օրը հարսնացուն վազում է Մարջանի մոտ և ուրախության ու շնորհակալության արցունքն աչքերին՝ համբուրում է նրա ձեռքերը:
Ասում էին, որ Մարջանը կողոպուտով չի պարապում: Եվ ոչ ոք չէր վիճում այդ մասին: Պատմում էին, որ մի օր նրա ընկերներից մեկը ակնարկում է, թե վատ չէր լինի մի քիչ «կթել» հարուստներին, Մարջանը կատաղում է ու գոռում.

— Գողություն անողները վախկոտներն են: Մեր սուրը չպիտի ապականենք փողի համար:

Ասում էին նաև, որ Մարջանը միայն Դավթի համար է դավաճանում իր օրինական մարդուն: Այդ մասին էլ ոչ ոք չէր վիճում: Ամբողջ քաղաքն էր խոսում, որ մի անգամ մի հարուստ և երիտասարդ կալվածատեր, հույսը դնելով իր բազմաթիվ ծառաների վրա, հանդգնում է Մարջանին մի ստոր առաջարկություն անել: Մարջանը չի կատաղում, չի վրդովվում անգամ: Նա միայն ասում է.

— Խոսքդ միտդ պահիր:

Երեք օր անցած նա մի երեկո, նախքան ընկերներին հայտնելը, մեն-մենակ դիմում է դեպի կալվածատիրոջ տունը և դռները ծեծում: Դուրս է գալիս ծառաներից մեկը: Մարջանը հրամայում է նրան դուրս կանչել իր տիրոջը, ասելով, որ ինքը անհամբեր սպասում է նրան: Կալվածատերն ուրախ-ուրախ դուրս է գալիս փողոց, կարծելով, որ Մարջանը եկել է նրան իր մոտ հրավիրելու:

Մարջանը առանց մի խոսք ասելու դուրս է բերում յափունջիի տակից մի մտրակ և սկսում է նրանով ծեծել կալվածատիրոջը, զարկելով երեսին, գլխին ու ուսերին: Անմիջապես վազում են ծառաները իրենց տիրոջ գոռոցների վրա, Մարջանը մտրակը դնելով արծաթյա քամարի տակ, մերկացնում է դաշույնը, երկուսին վիրավորում: Մնացյալները իմանալով նրա ով լինելը, փախչում են սարսափահար:

Այդ դեպքից հետո խայտառակված կալվածատերը տնից դուրս չի գալիս:

Բնական է հետաքրքրվել, թե ինչպես էր վերաբերվում Մարտիրոսը իր օրինական կողակցի այդ արարքներին, որ հիմնիվեր քանդում էին տեղական ավանդությունները և մի տեսակ անիշխանություն ձգում կանանց շրջանը:

Մեր տունն այցելող կանայք, որոնց թվում կային և Մարջանի-ազգականներից, ասում էին, որ Մարտիրոսի կյանքը կյանք չէ, այլ դժոխք, որ խեղճ մարդը, տապակվում է իր եղի մեջ:

— Աննամուս է, աննամուս է, — գոռաց մի անգամ հայրս, որ չէր կարող երևակայել, թե ինչպես մի տղամարդ դիմանում է այդքան խայտառակությունների և դաշույնը չի խրում անառակ կնոջ սրտի մեջ:

— Էէ՛, — ասաց մի պառավ կին, հինգ անգամ իրարու վրա իր լայն պնչերով ներս քաշելով քթախոտի փոշին, — մեկտեղ որ վախ կա, նամուսն ի՞նչ անի:

Այսպես թե այնպես քաղաքը Մարտիրոսին և՛ ծաղրում էր, և՛ արհամարհում, և՛ մասամբ կարեկցում:

Ես մերթ ընդ մերթ տեսնում էի նրան, երբ քաղաքումն էի: Նրա հողային տափարակ կտուրով տնակը, որ բաղկացած էր երկու անշուք սենյակներից, կիսախարխուլ խոհանոցը թոնրատնից և հավաբնից, գտնվում էր մեր ուսումնարանի դեմուդեմ, երկայն, նեղ և հազար ու մի աղտեղություններով լի ձորի մյուս կողմը, որ չգիտեմ, ինչ անունով փողոց անունն էր կրում:

Դա միջահասակ մի մարդ էր մոտ քառասունհինգ տարեկան, բավական ճերմակ քունքերով և շեկ, գրեթե կարմիր բեղերով: Նրա պարզ գույնի աչքերը, կլոր փափախի տակից, նայում էին շուրջը մի տեսակ կասկածով, նախանձով և չկամությամբ: Անձամբ նրա դեմքն ինձ թվում էր այնքան անախորժ, որ հանդիպելիս անգիտակցաբար երեսս դարձնում էի նրանից: Նա ինքն էլ խուսափում էր մարդկանցից, նույնիսկ մեր՝ մանուկներիս հայացքներից: Եվ ես կարծում էի, որ մենք նրան պակաս ամոթ չենք ներշնչում, քան մեր մեծերը: Կարող եմ ասել նույնիսկ, որ նա մեզանից վախենում էր անգամ: Թե ինչու, այժմ եմ հասկանում: Ոչինչ այնքան սարսափելի չէ ընդհանուրի ծաղրին ու ծիծաղին արժանացած մարդու համար, որքան մանուկների հալածանքը փողոցներում: Եվ վայ նրան, ով այդ հալածանքի առարկան է դարձել մի անգամ: Նրա ճակատագիրն արդեն որոշված է, նա կամ պիտի փախչի ուրիշ երկիր, կամ փակվի իր տանն առմիշտ:

Ես գիտեմ դեպքեր, երբ մարդիկ մանուկների փողոցային հալածանքից զզված՝ սպանություններ են գործել կամ խելագարվել:

Այնքան իսկապես չար են և անգութ այդ փոքրիկ արարածները, որոնց մենք սովոր ենք անմեղ համարել:

Մենք Մարտիրոսին չէինք հալածում, ոչ այն պատճառով, որ մենք իբր թե ուրիշ մանուկներից բարի էինք կամ խելոք: Ոչ, մեր մեջ կային սրիկաներ, որ քարերով ձիավորների էին ստիպում փախչել, քիթ ու պռունկը ջարդոտելուց հետո: Բանն այն է, որ մեզ համար Մարտիրոսի զրությունը միանգամայն հասկանալի էր, անօրինակ: Մենք չգիտեինք՝ պետք է աղրել նրան, որ այնպիսի «անպատկառ» կին ունի, ինչպես ասում էին մեր մայրերը, թե՞ պետք է համարել նրան մի վերին աստիճանի հեզահամբույր և խեղճ քրիստոնյա: Չգիտեինք նույնիսկ՝ հարկավոր է Մարջանին ատել, թե՞ սիրել, ճշմարիտ է մեր մայրերը նրան անվանում էին «անպատկառ», «աննամուս», մինչև անգամ «անառակ» և այլն, և այլն, բայց զգում էինք, որ նրանք իրոք նախանձում էին նրան, որ ինքն իր ուժով իր համար ազատություն է ձեռք բերել: Ես ինքս շատ անգամ եմ լսել մեր հարևան կանանցից իրարու մեջ խոսելիս.

— Ապրի Մարջանի, ինչպես որ ապրում է: Նա կյանք է վայելում, աշխարհի բերանը պատռում: Մենք ի՞նչ ենք, տան հավեր, կատուներ ու շներ, որ մի փոր հացի համար օրը մինչև երեկո կնձկնձում ենք:

Ես տեսնում էի Մարջանին գրեթե ամեն օր մեր ուսումնարանի պատշգամբից: Տեսնում էի նրան մերթ հավերին կուտ տալիս, մերթ բակն ավլելիս, մերթ տնակի կտուրը ձյունից մաքրելիս: Նա ծառա կամ աղախին չուներ, ուստի տան բոլոր աշխատանքները կատարում էր ինքը, ինչպես իր շրջանի բոլոր կանայք:

Ցերեկվա այդ սովորական կինը մութն ընկնելուց հետո դառնում էր քաղաքի ահն ու սարսափը:

Տեսել եմ նրան երեկոները մի քանի անգամ, բավական բարձրահասակ էր նա, ուռած կրծքով, թղթի պես ճերմակ կոկորդով, սաթի պես սև, խոշոր աչքերով, որոնց մի քիչ ուռած կոպերը նրա կանացի գեղեցկությանը տալիս էին առնական հպարտություն: Ինչպե՞ս էր սազում սպիտակ շուլլահին նրա սևաթույր թանձր ու գանգուր մազերին, որոնց անհնազանդ գիսակները արձակվում էին նրա լիք-լիք վարդագույն այտերի վրա: Ինչպե՞ս էր սազում նրա հաստլիկ, հեշտասեր շրթունքներին ու գեղեցիկ փղոսկրյա ատամներին:

Հիշում եմ, մի երեկո ես հորաքրոջս մեր տնից իր տունն ուղեկցելուց հետո՝ լապտերը ձեռքիս վերադառնում էի վախվախելով: Մարջանը կանգնած էր մեր փողոցի անկյունում, շրջապատված իր ընկերներով. Գլուխը բարձր պահած, մի ոտն ուղիղ, մյուսը թեք դրած, ձախ ձեռը հենած հրացանի խողովակին, աջը դաշույնի դաստակին, նա լսում էր իր ընկերներից մեկի ինչ-որ պատմությունը:

Մանկական հետաքրքրությունը, որ համեստությունն ու երկյուղը մոռացնելու չափ զորեղ է, գրգեց ինձ մոտենալ Մարջանին, նրա կերպարանքն ավելի լավ տեսնելու համար: Ես համարձակվեցի մինչև անգամ լապտերս բարձրացնել գլխիցս վեր և նրա լույսը ձգել Մարջանի երեսի վրա: Սկզբում ես ոչ ոքի ուշադրությունը չգրավեցի: Բայց երբ լապտերիս լույսը խտղտեց Մարջանի աչքերը, նա ծիծաղելով ասաց.

— Տղա, այդ ի՞նչ ես անում:

Նրա ձայնը կրծքային էր, կես-առնական, խրոխտ, բայց ոչ կոպիտ և ոչ երկյուղալի:

Այնուամենայնիվ ես վախեցա և, հայդա, փախա:

— Բռնեցեք ավազակին, — գոչեց Մարջանն ավելի բարձր ծիծաղելով:

Ոտքերս երկյուղից թուլացան, և, ինձ բռնելով, տարեցին Մարջանի մոտ:

— Աղա, դու ո՞ւմ տղեն ես, — հարցրեց նա, մի քիչ թեքվելով դեպի ինձ:

Ես կակազելով ասացի հորս անունը:

— Հաա՛, ճանաչում եմ հորդ: Նա լավ մարդ է: Բայց ասա նրան, որ մորդ լավ պահե: Գնա:

Ես մի շնչով վազեցի մինչև տուն և գոռալով ու հևալով՝ անցքը պատմեցի տատիս: Նա կատաղեց և իր ճերմակ գիսակները երկու ձեռքերով երեսից ետ քաշելով, ինչպես սովոր էր անել կատաղության պահին, գոչեց.

— Շուն շան աղջիկ, ինչպե՞ս է համարձակվել քեզ այդպիսի բան ասել: Ես կգնամ այդ լրբի մազերը կքանդեմ:

Եվ, իրավ, տատս կգնար, եթե մայրս նրան չհանգստացներ: Պետք է ասել, որ տատս ամբողջ քաղաքում միակն էր, որ բանի տեղ չէր դնում Մարջանի քաջությունները և միշտ արհամարհանքով էր խոսում նրա մասին: Նա էլ հայտնի էր իր եզակի բնույթով և անօրինակ քաջությամբ, նա էլ ուներ իր պատմությունը, որ ես մի օր կպատմեմ:

Մյուս օրը ես հպարտությամբ ասացի իմ դասընկերներին.

— Գիտե՞ք, երեկ երեկո ես Մարջանի հետ խոսեցի: Ամենքն ինձ նախանձեցին, երբ պատմեցի եղելությունը, մի քիչ ուռցնելով նրան…

Ա՛հ, այն ինչ տեսարան էր, երբ վերջին անգամ տեսա Մարջանին:

Չեմ հիշում գարուն էր, թե աշուն, բայց մեկն էր ախորժելի արեգակնային պայծառ առավոտներից, երբ կյանքը մի առանձին հրապույր էր ներշնչում:

Չգիտեմ ինչ պատճառով ես ուշացել էի տանը և շնչասպառ վազում էի ուսումնարան, որ պատժից խուսափեմ: Կարծում էի, որ առաջին դասը վաղուց է սկսվել, և մեր դաժան ուսուցիչ Մամոզովը արդեն մի քանի անգամ փորձել է իր սոսկալի քանոնի սուր կողմը ընկերներիս մեջքի վրա: Բայց որքան եղավ իմ զարմանքը, երբ դպրոց մտնելով, նստարանները դատարկ տեսա: Ոչ միայն մեր, այլ բոլոր դասարաններում: Ես վազեցի փողոց և Մարջանի տան առջև տեսա մի բավական մեծ բազմություն՝ բաղկացած մեծ մասամբ մեր դպրոցի աշակերտներից:

— Ի՞նչ է պատահել, — հարցրեցի ես առաջին պատահողին:

— Գնա ներս, կիմանաս:

Ես, ամբոխը աջ ու ձախ արմունկներովս հրելով և ինքս էլ մի քանի բռունցքի հարվածներ ստանալով, մտա ներս և ինչ տեսնեմ:

Մարջանը պառկած էր ուղիղ գետնի վրա, պատի տակ և ծանր հառաչում էր ու տնքտնքում: Նրա երեսը ծածկված էր արյունով: Նրա պսպղուն աչքերը պտտում էին իրենց շրջանակների մեջ ինչպես ածուխի երկու շիկացած կտորներ:

Նրա գլխի վերև, պատին քաշ էր արած մի լայն և երկայն դաշույն, որից թարմ արյուն էր կաթում: Սենյակի անպաստառ պատերը, հատակի վրա սփռած դեղնագույն խսիրները, շեմքը, պատուհանը, նույնիսկ բակը ծածկված էին արյան խոշոր կաթիլներով:

— Նա չի ապրի, — շշնջաց մեկը իմ ետևում մյուսի ականջին, — անաստվածը կտոր-կտոր է արել նրան:

— Շատ լավ է արել:

Վերջապես ներկա եղողների կցկտուր պատմածներից իմացա ինչ է պատահել:

Ահա եղելությունը, որ հետո պարզվեց բոլոր մանրամասներով: Նախընթաց երեկո Մարտիրոսը չգիտեմ որ քաղաքից թե գյուղից ձիով վերադառնում է և Մարջանին տանը չի տեսնում: Իհարկե նա գուշակում է, թե որտեղ է կինը և ում հետ: Գալիս են նրա քույրերը, որ վաղուց, արդեն կատաղած էին Մարջանի դեմ և մի անգամ ևս նախատում իրենց եղբորը, որ վերջ չի տալիս իր խայտառակությանը: Մեկը մինչև անգամ աննամուս է անվանում Մարտիրոսին: Առնտրական ինչ-որ անհաջողությունից հուսահատված, ճանապարհից ձանձրացած, իր անարգ վիճակից ուժասպառ մարդը՝ վերջապես վճռում է մի կերպ վերջ տալ իր խայտառակությանը, և իր տանջանքներին, և մարդկանց ծաղրին, արհամարհանքին ու զզվանքներին:

Քույրերը հեռանում են մարդուն մինչև ծայր լարելուց հետո, Մարտիրոսը սպասում է Մարջանին ամբողջ գիշերը, անքուն, անհանգիստ և ետ ու առաջ քայլելով: Մարջանը վերադառնում է լուսաբացին: Մարտիրոսը չի նախատում նրան, մի խոսք անգամ չի ասում: Սպասում է այնքան, մինչև որ Մարջանը վերցնում է իր վրայից բոլոր զենքերը և մերկանում է տղամարդու զգեստից: Այն ժամանակ մարդու և կնոջ միջև տեղի է ունենում մի կարճատև վեճ, որի միջոցին Մարջանը թքում է Մարտիրոսի երեսին: Մարտիրոսը դաշույնը մերկացնելով հարձակվում է նրա վրա: Հարկավ Մարջանը անզեն չի կարողանում դիմադրել, փախչում է բակ և այնտեղից փողոց և այնտեղ մի քանի տասնյակ հարվածներից հետո արյունաքամ ընկնում է ձորը: Մարտիրոսը վերադառնում է տուն, դաշույնը կախում պատի վրա և անձամբ գնում է ոստիկանատուն և իրեն հանձնում նրան:

Երբ ես բոլորովին մոտեցա Մարջանին, նա դեռ կենդանի էր: Հիշում եմ նրա վերջին խոսքը.

— Ախ՛ Մարտիրոս, եթե աստված կազատե կյանքս, կտեսնես ինչ կանեմ քեզ:

Բայց աստված չազատեց Մարջանի կյանքը: Նույն օրը նեթ նա ավանդեց իր հոգին, թողնելով իր ետնից մի առասպելական պատմություն, որ անցնում է սերնդից-սերունդ նրա ծննդավայրում:

# ԱԼԻՆԱ

## I

Այս անգամ իմ կովկասյան վաղեմի բարեկամ բժիշկ Տիգրան Ախուրյանը սովորականից ավելի էր տրամադրված զրույց անելու:

Սրճարանը, ուր մենք նստած էինք, լի էր հաճախորդներով, բայց մենք ունեինք մի անկյուն, որ հեռու էր աղմուկներից ու իրարանցումից: Բացի այդ, երկուսս էլ վաղուց արդեն ընտելացել էինք Փարիզի փոթորկալի կյանքին և այլևս անուշադիր էինք դեպի այն բոլոր ունայնությունները, որ այնքան շփոթեցնում ու ներվայնացնում են յուրաքանչյուր նորեկի, մանավանդ, երբ այդ նորեկը եվրոպացի չէ: Գիտեինք առանձնապես լատինական արվարձանի ներկված ու շպարված հյուրիների շինծու ժպիտների, հանդուգն քրքիջների և թափանցիկ ակնարկների իսկական արժեքը: Եվ սիրում էինք նրանց:

— Աղեքսանդր, — ասաց բժիշկը, գարեջրի դատարկ բաժակը հրելով մի կողմ, — ես այսօր տրամադիր եմ գլուխս մի փոքր տաքացնելու: Կընկերանա՞ս ինձ:

— Հաճույքով, — պատասխանեցի ես, որ նույնպես զգում էի պահանջ մշուշապատ տրամադրությունս մի քիչ զվարթացնելու:

Նա հրամայեց անցնող սպասավորին բերել մեզ համար աբսենտ:

— Ասա, խնդրեմ, դու ինչպե՞ս ես ըմբռնում սեր ասված բանը, — հարցրեց նա հանկարծ, իր հուժկու բազուկները դնելով մարմարյա սեղանի վրա և իր խոշոր ու խելացի աչքերի խուզարկու հայացքն ուղղելով ուղիղ իմ աչքերի բիբերին:

Ասում եմ հանկարծ, որովհետև հարցն ինձ համար միանգամայն անսպասելի էր: Մի մարդու կողմից, որ մեր քսանամյա ծանոթության և այնքան հաճախ հանդիպումների ընթացքում երբեք չէր խոսել սիրո մասին: Չնայելով, որ նրա կյանքը լի էր արկածներով: Երբ ընկերական շրջաններում խոսք էր բացվում կանանց վերաբերմամբ, բժիշկ Ախուրյանը լռում էր, նա թողնում էր, որ շաղակրատեն ուրիշները, որ նրանից շատ բաներ կարող էին լսել ու շատ բաներ սովորել երևի, որպես կյանքի փորձառություն ունեցող մեկը, գիտեր, որ սովորաբար այն մարդիկ են շատ խոսում կանանց մասին, որոնք քիչ են արժանացել կամ բնավ չեն արժանացել նրանք ուշադրությանը:

Չեմ հիշում ինչ պատասխանեցի բժշկի հարցին, հիշում եմ միայն, որ նա ներողամտաբար ժպտաց:

— Լսի՛ր — ասաց նա, մի քանի վայրկյան մտածելուց հետո, — այսօր ես ուզում եմ պատմել քեզ իմ կյանքից մի դեպք, որի նմանը չեմ կարծում, թե պատահած լինի ինձնից մի քիչ ավելի խելոք որևէ մեկի կյանքում: Կամենա՞ս լսել:

— Մեծ հաճույքով, — շտապեցի արտասանել ես ամենայն անկեղծությամբ, վասնզի գիտեի, որ բժիշկ Ախուրյանի պատմվածքը չի կարող լինել անհետաքրքրական, քանի որ նա յուր դիմացինին չձանձրացնելու չափ խելոք է:

Նա համեմեց աբսենտը շաքարով, խառնեց ջրի հետ, խմեց մի քանի ումպ և այսպես սկսեց իր պատմվածքը.

— Անցքը պատահել է վաղուց, այն ժամանակ, երբ ես հազիվ տասնուինը տարեկան էի, ես նոր էի ավարտել գիմնազիական դասընթացս և պատրաստվում էի ուղևորվել մայրաքաղաք համալսարան մտնելու: Գավառացի պատանի էի, մարմնապես առողջ ու կայտառ, ինչպես երկու տարեկան մի հորթ, ու բարոյապես տակավին անապական, ինչպես գառնուկ: Չնայելով, որ Թիֆլիսն ու իմ վաղաժամ փչացած դասընկերները բավական զորավոր էին ինձ ևս փչացնելու համար. Կի՛ն: Օօ՜, բնավ չէի մտածել նրա մասին: Սե՞ր կամ սիրահարությո՞ւն: Գաղափար անգամ չունեի այդ երգերի մասին:

Նախքան Կովկասից հեռանալը ես պարտավոր էի գնալ Գողթան գավառ՝ ծնողներիս հրաժեշտ տալու համար: Բայց ճակատագրի մի գաղտնի հրամանով ճամփորդությունս հետաձգեցի մինչև օգոստոսի վերջը, երևի, որպեսզի պատահեր իմ կյանքում այն, ինչ որ պատահեց: Նույն ճակատագրի թելադրությամբ էր, որ որոշեցի կացարանս փոխել: Փնտրեցի և առաջին իսկ օրը գտա մի բավական ընդարձակ, մաքուր և լուսավոր սենյակ, քաղաքի ոչ այնքան ետ ընկած փողոցներից մեկում: Տանտիրուհիս մի բարեխիտ այրի էր, ազգով ռուս: Նրա ամուսինը պետական ինչ-որ հիմնարկության մեջ աննշան պաշտոնյա էր եղել և նոր էր մեռել, թողնելով երկու որբեր:

Տեղափոխվելուս հետևյալ օրը մի բան գրավեց ուշադրությունս: Դա ոչ այնքան մեծ, երկու կամ, ճիշտն ասած, երեք հարկանի մի տուն էր, որի թե՛ վարի ու թե՛ վերի դռներն ու լուսամուտները գոց էին: Մռայլ ու տխուր էր այդ տան տպավորությունը: Չնայելով, որ ո՛չ խարխուլ էր և ո՛չ նույնիսկ այնքան հին, որքան աջ ու ձախի տները: Նրա փակ լուսամուտների փեղկերն ու ապակիները ծածկված էին փոշու թանձր շերտերով:

Այս հանգամանքը ցույց էր տալիս, որ տունը ամայի է և վաղուց: Վերին հարկի դռներին փակցված էր մի կտոր թուղթ: Ըստ երևույթին դա հայտագիր էր, թե տունը վարձով է արվում: Ասում եմ ըստ երևույթին, որովհետև անձրևներից և արեգակից նրա գրությունը շնչվել էր ու անհետացել: Այդ դռները փողոցի մակերեսից բաժանված էին միայն հինգ, թե վեց աստիճան ունեցող մի քարե սանդղքով: Օրը մեկ կամ երկու անցորդ բարձրանում էր այդ սանդղքով և փորձում կարդալ հայտագիրը: Եվ ամենքը հեռանում էին մի տեսակ տարակուսանքով: Երևի զարմանում էին, որ տանտերը նեղություն չի կրում ջնջված հայտագիրը վերանորոգելու: Միևնույն ժամանակ ես նկատում էի, որ հարևան տան ներքին հարկում արհեստանոց ունեցող կոշկակարը անխուսափելիորեն մոտենում է յուրաքանչյուրին, որ փորձել է կարդալ հայտագիրը, և խորհրդավոր դեմքով ինչ-որ շշնջում նրա ականջին: Նկատում էի, որ մարդը, կոշկակարին լսելուց հետո, մի տեսակ երկյուղած հայացք է ձգում տան վրա ու հեռանում, գլուխը երերելով:

Այդ կոշկակարը մի նիհար, փոքրահասակ մարդ էր, ալեխառը, ցանցառ մորուսով և ծխախոտի ծխից դեղնած բեղերով: Չգիտեմ նա ծո՞ւյլ էր, թե՞ գործ քիչ ուներ, օրվա մեծ մասը նստած էր իր արհեստանոցի առջև և նայում էր անցորդներին կամավոր լրտեսի զննող հայացքով: Թվում էր, որ ուրիշների կյանքը նրան ավելի է հետաքրքրում, քան իր երեք մանկահասակ զավակների վիճակը, չկային ամբողջ փողոցում ավելի աղքատ հագնված և ավելի անմաքուր երեխաներ, քան այդ մանուկները: Օրը մինչև երեկո նրանք գոռգոռում էին, լալիս, ծիծաղում և անցորդների ետևից քարեր ձգում:

— Պոլինա Նիկոլաևնա, — դարձա ես մի օր տանտիրուհուս, — այդ դիմացի տունն ո՞ւմ է պատկանում:

Այրիի դեմքը մռայլվեց, և նա, հառաչելով, արտասանեց,

— Չեմ ճանաչում, չեմ էլ տեսել: Ասում են շատ հարուստ մի իշխան է:

— Ինչո՞ւ ամայի է այդ տունը:

— Որովհետև ոչ ոք չի կարող նրան վարձել:

— Պատճա՞ռը:

— Պատճառը, որ նա անիծված է:

— Անիծվա՞ծ, — գոչեցի ես հետաքրքրությամբ:

— Այո, վեց տարի է նա դատարկ է, և ոչ մի մարդ չի համարձակվում այնտեղ ոտք դնել:

Եվ տանտիրուհիս պատմեց հետևյալը.

Ութ տարի առաջ այդ տանը բնակվելիս է եղել իր ընտանիքով մի վաճառական: Ձմեռը նրա չորս զավակներից երկուսը հիվանդացել են բկացավով ու մեռել, վաճառականը, իր կնոջն ու մյուս զավակներին, տխուր հիշողությունից ազատելու համար, տեղափոխվել է ուրիշ տուն: Եկել է մի ուրիշ ընտանիք: Այս անգամ մի հրեա ժամագործ իր կնոջ ու երկու փոքրիկների հետ: Նույն ձմեռվա վերջին այդ փոքրիկներն էլ հիվանդացել են ու մեռել: Ճիշտ այդ միջոցին մեռել է նույն տան վարի հարկում կենող մրգավաճառի միակ զավակը — ինը տարեկան մի սիրուն տղա: Թե՛ հրեան և թե՛ մրգավաճառը թողել են այդ անբախտ տունը ու տեղափոխվել ուրիշ տեղ: Վերջապես, հետևյալ աշնանը տան վերին հարկը վարձել է մի վրացի քահանա:

— Այդ այն ժամանակն էր, — շարունակեց տանտիրուհիս, — երբ մենք էլ նոր տեղափոխվել էինք այս բնակարանը: Ամուսինս դեռ կենդանի էր: Վրացի քահանան ծեր մարդ չէր, բայց այնքան նիհար էր ու այնքան վտիտ, որ կարծես, եթե փչես, վար կընկնի: Նա ուներ երեք փոքրիկներ, մեկը մյուսից հազիվ մի տարով մեծ: Արի տես, որ այդ խեղճ երեխաներն էլ հիվանդացան հաջորդ ձմեռը ու նրանք էլ մեռան՝ մեկը մյուսի ետևից, մի շաբաթվա մեջ: Ա՛հ, պարոն, երբեք չեմ մոռանալ այդ օրը: Մենք կարծում էինք, որ քահանան ու իր կինն էլ կխելագարվեն, այնքան դառն էր նրանց վիշտը: Բայց չխելագարվեցին ու չմեռան էլ: Օօ՛, չեմ մոռանալ մանավանդ այն օրը, երբ նրանք տեղափոխվում էին այդ տնից: Ես ահա, այն լուսամուտի մոտ կանգնած, մտիկ էի անում: Բոլոր հարևանները փողոց էին թափվել: Երբ տան կահ-կարասին բարձեցին սայլի վրա, վերջացրին, դուրս եկավ քահանան իր կնոջ հետ: Վշտից էր, թե կատաղությունից երկուսի էլ աչքերը վառվել էին կրակի պես: Քահանան դողդոջող ոտքերով իջավ սանդուղքից, կանգնեց փողոցի մեջտեղում, երեսը դարձրեց այդ տանը, աջ ձեռը բարձրացրեց վեր ու բարձր ձայնով արտասանեց.

«Անիծվի՛ս դու, ով չար ոգիների բույն, անիծվի քո տերը, անիծվի քո շինողը: Անիծում եմ քեզ, թող երբեք, երբեք մարդկային ձայն չլսվի քո պատերի մեջ: Թող քո տերն էլ թշվառանա, ինչպես ես թշվառացա»:

— Ասում են, — շարունակեց տանտիրուհիս, հառաչելով, — նույն ձմեռն իսկ իշխանի կինը և հինգ զավակներից երկուսը մեռան: Ահա, պարոն, այդ ժամանակից դես ամայի է այդ տունը և ոչ ոք, ոչ ոք չի ուզում նրան վարձել: Եվ ով ուզում է վարձել, չգիտենալով, որ տունն անիծված է, ահա այն կոշկակարը նախազգուշացնում է նրան, պատմելով ամեն բան:

Այժմ նա հավատացնում է ամենքին, որ իբր թե գիշերներն ինչ-որ ձայներ է լսում այդ տնից, և իբր թե այնտեղ ինչ-որ չար ոգիներ են ապաստանել... Ո՞վ գիտե...

Երբ տանտիրուհիս հեռացավ, ես զգացի մի տարօրինակ թախիծ: Այդպես, ուրեմն, այդ թշվառ տան վրա ծանրացած է անեծք: Եվ ինչո՞ւ: Գուցե միայն այն պարզ պատճառով, որ վաճառականի զավակները բկացավով մեռնելուց հետո, տգիտաբար մոռացել են տունը ախտահանության ենթարկելու, նույնն են արել և հրեա ժամագործի զավակները մեռնելուց հետո: Ես կարեկցեցի թշվառ տանը՝ որպես մի շնչավոր էակի և այդ օրից իմ սիրտը լեցվում էր դառնությամբ ամեն անգամ, երբ հայացքս ընկնում էր նրա վրա: Նրա փակ լուսամուտները թվում էին ինձ դագաղի մեջ հանգչող մեռելի կոպեր, այնքան ծանր էր տպավորությունս:

— Բայց մի օր բացվեցին այդ փակ աչքերը, և ահա ինչպես, — շարունակեց բժիշկ Ախուրյանը, խմելով աբսենտի վերջին կաթիլները: — Իրիկնադեմ էր: Ես նստած էի լուսամուտիս առջև և կարդում էի նոր լույս տեսած մի ռուսերեն վեպ: Գլուխս բարձրացնելով՝ քարե սանդղքի վրա տեսա մի բարձրահասակ մարդ: Նա աշխատում էր դեղնած թղթի կտորը կարդալ: Իհարկե, ոչինչ չկարողացավ որոշել և սանդղքից իջավ: Ես տեսա նրա դեմքը, և հետաքրքրությունս շարժվեց: Դա տարօրինակորեն դժգույն և տարօրինակորեն անշարժ ու սառը մի կերպարանք էր: Նրա ուղղագիծ, երկայնաձև քիթը խնամքով կրճատած շիկավուն և կարծես քիչ ճերմակած ընչացքը, մաքուր սափրած կզակը, նրա քայլվածքը, ձևերը և, վերջապես, անբստգյուտ եվրոպական տարազի հագուստը ոչ մի նմանություն չունեին տեղական տիպերի հետ: Երևում էր, որ օտարերկրացի է և նորեկ:

Նա նայեց սառը հայացքով աջ ու ձախ, ըստ երևույթին, փնտրելով մեկին, որից տեղեկություններ կարողանար ստանալ այդ տան մասին: Ճիշտ այդ պահին մոտեցավ նրան անխուսափելի կոշկակարը և հաղորդեց այն, ինչ որ հաղորդում էր ամենքին: Տունը վարձով է տրվում, բայց անիծված է:

Ես կարծում էի, հարկավ, որ բարձրահասակ անծանոթը անմիջապես կհեռանա անիծյալ տնից մյուսների պես: Պատահեց հակառակը, թվաց ինձ, որ նա հետաքրքրվեց կոշկակարի խոսքերով և պահանջեց մանրամասնություններ. Հետո նա, վճռական մի շարժում անելով, ինչ-որ պատվիրեց կոշկակարին, որը դժգոհ դեմքով հեռացավ. Մի քանի վայրկյան անցած բարձրահասակ մարդուն մոտեցավ մեր փողոցի գավթապահներից մեկը, որին հանձնված էր անիծյալ տան հսկողությունը: Բարձրահասակ մարդը ձեռով մի դրական շարժում արավ: Գավթապահը առաջնորդեց նրան դեպի քարե սանդուղքը, բաց արավ իր գրպանից դուրս բերած մի բանալիով անիծյալ տան վերին հարկի դռները, և երկուքն էլ մտան այնտեղ: Մի քանի րոպե անցած՝ նրանք դուրս եկան, և ես տեսա, որ բարձրահասակ մարդը տվեց գավթապահին մի բուռ թղթադրամ և ինչ-որ պատվերներ ու հեռացավ հանդարտ քայլելով:

Պարզ էր, որ նա վարձեց բնակարանը: Արդարև, հետևյալ օրը վաղ առավոտյան վերի հարկի լուսամուտները բացվեցին: Ես նկատեցի, որ գավթապահը մի ուրիշ մարդու հետ սենյակները մաքրում են: Նույն օրը իրիկնադեմին անիծյալ տան առջև կանգնեցին երկու ծանր բեռնավորված սայլեր: Կահ-կարասի էին և խոհանոցի իրեր: Բոլորն էլ նոր գնված. Սայլերը դատարկվեցին, իրերը ներս տարվեցին, իրիկնադեմին դռների առջև կանգ առավ մի փակ կառք, նրա միջից դուրս եկավ նախ բարձրահասակ տղամարդը, հետո պարզ հագնված մի կին, ապա նրանց օգնությամբ երեսը թանձր քողով ծածկված մի ուրիշ կին, որ արագ քայլերով, գրեթե վազելով բարձրացավ քարե սանդղքով և մտավ տուն:

Այս բոլորը կատարվում էր այնպիսի լռությամբ ու խորհրդավորությամբ, որ ես հետաքրքրվում էի ավելի ու ավելի:

Հաջորդ առավոտ լուսամուտները մի երկու ժամ ևս բաց մնացին, այնուհետև նորեն փակվեցին ճիշտ այնպես, ինչպես առաջ, ես նորեն սկսեցի կարեկցել անիծյալ տանը: Կարծես դա մի մեռյալ էր, որ մի վայրկյան բաց արավ իր աչքերը, նայեց շուրջը, ծանր հառաչեց և նորեն մտավ իր սավանի մեջ:

## II

Բժիշկ Ախուրյանը հառաչեց և սպասավորին հրամայեց մի-մի բաժին նս աբսենտ բերել: Եվ, մի քանի անգամ ծխախոտի ծուխը ուժգին կլանելով, շարունակեց.

— Երեկոյին տանտիրուհիս մտավ սենյակս ու ասաց:

— Դուք գիտե՞ք, որ անիծյալ տան վերին հարկը վարձել են:

— Գիտեմ: Ովքե՞ր են վարձողները:

— Չեմ կարող ասել: Կոշկակարի կինը զարմացած է: Նա ասում է, որ երբ իր ամուսինը այդ բարձրահասակ մարդուն հայտնել է, թե տունն անիծված է, նա ասել է, «Ինձ էլ իսկ և իսկ մի այդպիսի կացարան է հարկավոր»:

Եվ իսկույն վարձել է, առանց գինը սակարկելու:

— Տարօրինակ է, չէ՞, — հարցրի ես:

— Այո, շատ տարօրինակ է:

— Չե՞ք կարող, արդյոք, իմանալ, թե ով է այդ բարձրահասակ տղամարդը:

— Կոշկակարի կինը, երևի, շուտով կտեղեկանա ու ինձ էլ կասե, նա ինքն էլ շատ հետաքրքրված է:

Սպասավորը բերեց աբսենտը: Բժիշկը մի քանի վայրկյան զբաղվեց նրա պատրաստությամբ և, մի փոքր խմելով ասաց.

— Այժմ սկսվում է իմ պատմվածքը: Բայց թերևս դու արդեն իմ հառաջաբանից ձանձրացել ես:

— Օօ, ոչ, ընդհակառակը, ես պատրաստ եմ լսել քեզ թեկուզ մինչև կեսգիշեր, — գոչեցի ես ամենայն անկեղծությամբ, որովհետև իրավ որ նրա պատմվածքն ինձ հետաքրքրել էր:

Դյուրին չէ ինձ համար պատմել այդ բոլորը, բայց քանի որ սկսել եմ, պիտի ավարտեմ: Կաշխատեմ չերկարացնել: Այդպես, ուրեմն, մեռյալ բնակարանը նորեն մեռավ, մի պահ աչքերը բանալուց հետո: Ամբողջ մի շաբաթ նայում էի փակ լուսամուտներին, սպասելով, որ ահա-ահա պիտի բացվեն մեկն ու մեկը նրանցից: Ոչ մի շարժում, ոչ մի նշան: Կարծես այդ բարձրահասակ տղամարդը, այդ սևազգեստ կինը, այդ ծառաները, վերջապես այդ սայլերն ու կահ-կարասին օդերևույթ էին, որ մի վայրկյան հայտնվեցին և չքացան անհետք: Կարծես քահանայի անեծքը զգեց նրանց անդունդը:

Վերջապես մի օր, առավոտյան մոտ տասը ժամին, երբ ես հագնվում էի տնից դուրս գալու, դիմացի դռները բացվեցին և փողոց ելավ բարձրահասակ տղամարդը: Նա նայեց լուսամուտներին և, ըստ երևույթին, գոհ մնաց, որ նրանք փակ են: Հետո դարձյալ նույն զննող հայացքը ձգեց աջ ու ձախ և համր քայլերով գնաց չգիտեմ ուր:

Առաջին անգամն էր նա մի շաբաթվա ընթացքում տնից դուրս գալիս: Գոնե ես առաջին անգամն էի նրան տեսնում:

Նույն վայրկյանին, երբ ես ուզում էի սենյակից դուրս գալ, հանկարծ լուսամուտներից մեկի փեղկերը բացվեցին, և այնտեղ հայտնվեց մի երիտասարդ կին սև զգեստով, կրծքի վրա մի խոշոր դեղին վարդ: Ձեռը հենելով փեղկերից մեկի եզրին, նա ձգեց յուր հայացքը դեպի փողոց և մնաց անշարժ: Ես ակամա ցնցվեցի, նայելով այդ կնոջը, և մնացի բևեռված իմ տեղում: Միջահասակ էր նա, նազելի կազմվածքով, նրա մութ սև մազերը թանձր խուրձերով արձակված էին կիսով չափ բաց ուսերի վրա: Մի բարակ մանիշակագույն ժապավեն հարդարում էր այդ մազերը բարձր ճակատից վեր: Մի ուրիշ սևագույն ժապավեն գրկել էր նրա կարապյա սպիտակ պարանոցը: Նրա բաց գույնի խոշոր աչքերը նուրբ ունքերի տակից նայում էին դեպի անորոշ տարածություն: Նայում էին անշարժ, անթարթ, անկիրք՝ որպես արձան: Տարօրինակ էր այն աչքերի փայլը: Թվում էր, որ երբևէ ինչ-որ սարսափելի տեսիլ ահ է ազդել նրանց բիբերի վրա և այդ ահը այն ժամանակից դրոշմվել է այնտեղ առմիշտ, ինչպես լույսը՝ լուսանկարչական ապակու վրա:

Սքանչելի էր լուսամուտի շրջանակում այդ պատկերը ինձ համար, և այսօր ես կարող եմ նրան համեմատել միայն Մուռիլյոյի ստեղծագործության հետ: Ես ուրախ էի, որ կինն ինձ չի նկատում և կարող եմ անարգել հիանալ նրանով, ինչպես գեղարվեստական մի անզուգական գործով, բայց, ավաղ, տեսարանն երկար չտևեց: Կինը համր քայլերով հեռացավ լուսամուտից, ինչ-որ կանացի ձեռքեր փակեցին թե՛ ապակյա և թե՛ փայտյա փեղկերը: Անիծյալ տունը, որ պիտի օրհնվեր այդ վայրկյանից, նորեն կուրացավ:

Տեսարանը կրկնվեց և՛ հետևյալ, և՛ երրորդ, և՛ չորրորդ օրը, գրեթե նույն ժամին և միշտ բարձրահասակ տղամարդը տնից դուրս գալուց հետո: Եվ ոչ մի անգամ այդ կինը չնայեց իմ կողմը: Նրա ծովի նման ընդարձակ հայացքը միշտ ուղղված էր դեպի անորոշ տարածություն: Թվում էր, որ նրա մտքերը հեռու են, շատ հեռու ոչ միայն շրջակայքից, այլև այս աշխարհից:

Այդ պահից արդեն ես զրկվեցի հանգստությունից, քնից, ախորժակից: Ես կորցրի իմ վաղ երիտասարդական զվարթությունը, մոռացա իմ գրքերը, համալսարանը, ընկերներիս, ծնողներիս անգամ, ամենքին ու ամեն ինչ:

Միակ առարկան իմ խոհերի ու երազների դարձավ այդ խորհրդավոր էակը: Անկողնից վեր կենալով ես առավոտները վազում էի դեպի լուսամուտ, նստում այնտեղ ժամանակից շատ առաջ և հայացքս ձգում անիծյալ տան լուսամուտներին: Անիծյալ: Ո՛չ, այլևս ինձ համար նա անիծյալ չէր, այլևս ես էի, որ անիծում էի նրա անիծողին:

Մի քանի օր լուսամուտը չբացվեց: Ես տանջվում էի

կատարելապես: Ինչո՞ւ, ի՞նչ իրավունքով — չէի մտածում: Գլուխս չէր գործում: Զգում էի միայն, որ իմ վարմունքը տղայական է, անմիտ, անհաշիվ, որ ծիծաղելի է այդպես հանկարծակի հափշտակվել մի էակով, որի վայրկենական հայացքին չէի արժացանել տակավին և որի ձայնի մի հնչյունն անգամ չէի լսել: Ես նմանվում էի այն մոլեռանդ հավատացյալին, որի հոգեկան աչքերի առջև մի վայրկյան բաց էին արել վարագույրի ծայրը, ցույց տվել դրախտը և իսկույն վարագույրն իջեցրել, նա տանջվում է և կատաղում, առանց մտածելու — արժանի՞ էր, արդյոք, այդ դրախտը վայելելու:

Սքանչելի պատկերը դարձել էր ինձ համար մի անխուսափելի ու անխորտակելի ուրվական, որ հալածում էր ինձ ցերեկն արթուն, գիշերը՝ երազումս: Թվում էր ինձ, որ ես ընկել եմ մի ոսկե օղակի մեջ և զգում էի, որ այդ օղակն օր-օրի և ժամ-ժամի վրա սեղմում է ավելի ու ավելի և սեղմում կոկորդս ավելի ու ավելի:

Բժիշկը խմեց երկրորդ բաժակի և վերջին կաթիլն ու շարունակեց.

— Մարդու նախազգացումներն երբեմն այնպես ճշտորեն իրականանում են, որ կամա-ակամա ուզում ես հավատալ, թե կա մի գաղանի ուժ, որ ղեկավարում է մեր ճակատագիրը: Մի առավոտ լվացվելուց հետո, երբ երեսս սրբում էի, հանկարծ օդի մեջ մի ակնթարթ նկարվեց այդ կինը, ճիշտ այնպես, ինչպես էկրանի վրա մի պատկեր: Ես զգացի, որ իսկույն նեթ նա պիտի երևա լուսամուտի մեջ և այս անգամ պիտի նայե ինձ. շտապով հագնվեցի, նստեցի լուսամուտիս քով, առջևս դնելով մի գիրք, ինչպես անում էի միշտ: Ես չէի տեսել բարձրահասակ սղամարդի դուրս գնալը, բայց և այնպես համոզված էի, որ խորհրդավոր էակը պիտի անմիջապես երևար: Եվ իրավ, նա երևաց դարձյալ նույն հագուստով, դարձյալ դեղին վարդը կրծքի վրա: Այո՛,անգամ նա վերցրեց մի աթոռ, նստեց, աջ արմունկը դրեց լուսամուտի հատակի վրա, գլուխը հենեց ձեռի վրա և նույն անշարժ հայացքը հառեց հեռու: Ի՞նչ էր կորցրել նա այնտեղ կամ ի՞նչ էր փնտրում: Թվում էր շատ բան, թվում էր և ոչինչ, այնքան պաղ էր նրա հայացքը և այնքան, միևնույն ժամանակ, խոր:

Ես այլևս չէի աշխատում որսալ նրա հայացքը, նա ինքը պիտի նայեր ինձ: Ես այն ինքնագոհներից չէի, որոնք այնքան մեծ համարում ունեին իրենց մասին, որ երևակայում են, թե ոչ մի կին չի կարող իրենց մոտով անցնել անտարբեր: Բայց այնքան էլ տկար չէի, որ ինձ, համարեի ոչնչություն: Ես հավակնություն չունեի արժանանալ այդ կնոջ լուրջ ուշադրությանը: Արդեն նա այնքան բարձր էր իմ աչքում, այնքան հեռու ինձնից, որքան մի պայծառ, աստղ, մի չնչին մոլորակից, նայում էի նրան և սքանչանում նրա սքանչելի գեղեցկությամբ: Եվ օրհնում էի մտքումս բնության հանճարը, որ կարողացել էր ստեղծագործել մի այդպիսի հրաշալիք իմ անիմաստ, խելառ տվայտանքների համար:

Բայց ո՞ւմն է, արդյոք, այդ ստեղծագործությունը, ո՞վ է վայելում այս աստվածային գեղեցկությունը, մի՞թե այդ բարձրահասակ տղամարդը ժանտ կերպարանքով, եթե այդպես է, եթե նրանք ամուսիններ են, թող անիծվե կյանքը, որ տալիս է այդ տեսակ անարդարություններ…

Երջանիկ և սարսափելի վայրկյան… նա նայեց ինձ... ժպտաց... բայց ինչ արօրինակ, ինչ անհասկանալի ու անգուշակելի ժպիտ, նա ինձ ուրախացրեց և վախեցրեց: Դա մի սքանչելի ժպիտ էր, բայց անիմաստ: Փայլեցին նրա կապտագույն աչքերը, բայց պաղ, ինչպես փիրուզաներ: Ես ցնցվեցի, թվաց ինձ, որ աղ կապարյա՝ անշարժ հայացքը թափանցեց ամբողջ էությունս, ինչպես հանկարծ ակի փչած մի սառն ու սուր հով: Բայց մի սառնություն էր դա, որ այրեց հոգիս: Ես այլայլվեցի, չկարողացա իմանալ հարկավո՞ր է ժպիտին ժպիտով պատասխանել, թե՞ ոչ: Գլուխս թեքեցի կրծքիս ու ձևացրի, թե կարդում եմ առջևս դրած գիրքը: Միրտս ուժգին տրոփում էր, ես դողում էի ինչպես մի վեհերաս մանուկ, որին բռնել էին գողության միջոցին: Այլևս ուժ չունեի այն կողմը նայելու: Իսկ երբ նայեցի, նա արդեն չքացել էր, թեև լուսամուտը դեռ բաց էր...

Իմ պատանեկան անարատ երևակայությունն արդեն բարձրացրել էր այդ խորհրդավոր էակին եթերը, և բոլոր խոհերը, բոլոր զգացումները թռչում էին դեպի նա: Ես ոչինչ չէի նշմարում շուրջս, ոչինչ չէի զգում, ո՛չ վշտերը մարդկային, ո՛չ ուրախությունները: Աշխարհը և համայն տիեզերքն ինձ համար ամփոփված էին նրա մեջ: Նրանով էի միայն ապրում, նրանով շնչում, չէի ուզում հապաղել ոչ ծանոթների և ոչ նույնիսկ ընկերների: Ես մի ագահ էի, որ հանկարծակի գտել էի մի գաղտնի գանձ և դողում էի նրա մասին: Նա ինքը չի կարող այդ գանձը վերցնել, բայց չի էլ ուզում, որ մի ուրիշը գիտենա նրա տեղը, վախենալով միգուցե հափշտակեն նրան: Խոսել նրա մասին որևէ մեկի հետ ես համարում էի և՛ հանցանք, և՛ տխմարություն: Հանցանք, որովհետև մարդիկ, մանավանդ իմ մտերիմ ընկերները կարող էին այս կամ այն ակնարկով վիրավորել իմ սրբությունը: Տխմարություն, որովհետև ես կարող էի դառնալ ծաղրելի հենց միայն, այն պարզ պատճառով, որ խելագարի պես սիրահարվել էի մի կնոջ վրա, որի ով և ինչ լինելը տակավին չգիտեի և որի հետ մի բառ անգամ չէի փոխանակել:

Եվ այսպես, ինքս իմ մեջ ամփոփված տառապում էի, լուռ, անտրտունջ և անհաշիվ:

— Ի՞նչ է պատահել ձեզ, որ միշտ նստած եք տանը, — հարցնում էր տանտիրուհիս, այդ բարի կինը:

— Զբաղված եմ, դասեր եմ պատրաստում, ասում են համալսարանը շուտով բացվելու է, — ստում էի անամոթաբար ես, որ չէի էլ մտածում ուսման մասին:

Նույն պատասխանն էի տալիս և՛ իմ ընկերներին ու ծանոթներին, երբ պատահում էր, որ սենյակիցս դուրս էի գալիս որևէ ստիպողական գործով:

## III

Իսկ նա ամեն օր երևում էր լուսամուտի առջև սև զգեստով և միշտ մի դեղին վարդ կրծքի վրա:

Մի անգամ ես չկարողացա զսպել ինձ և բարևեցի նրան գլխի թեթև շարժումով, երբ նրա հայացքին հանդիպեցի: Ոչ մի պատասխան և ոչ մի նշան գոհունակության կամ դժկամության այդ փղոսկրի գույն ունեցող դեմքի վրա, այդ երկնագույն աչքերի մեջ: Նա միայն նայում էր ինձ իր անշարժ, պաղ հայացքով և, կարծես, չէր տեսնում:

Ես զղջացի հանդգնությանս համար, նախատելով ինքս ինձ, և ամոթահար հեռացա լուսամուտից: Միևնույն ժամանակ զգացի ինձ չափազանց վիրավորված այնպես, ինչպես կարող էր վիրավորվել իմ հասակի մի պատանի մի կնոջ անուշադրությունից:

Նստած էի գրասեղանիս քով և աշխատում էի զբաղվել որևէ բանով, գրելով, կարդալով, իմ տխմար զգացումները գեթ մի քանի վայրկյան մոռանալու համար: Ես չէի կարողանում: Գրիչս չէր շարժվում գրելու, բառերը կարդալիս խառնվում էին իրարու՝ մրջյունների պես:

Հանկարծ լսեցի դաշնամուրի ձայն, նայեցի դեմուղեմ, նա չկար լուսամուտի մոտ: Պարզ էր, որ նվագողը նա է, երեք շաբաթվա ընթացքում առաջին անգամ: Ի՞նչ էր նվագում՝ չգիտեմ: Ամբողջ եղանակը բաղկացած էր երեք անփոփոխ նոտաներից, որ կրկնվում էին մի անգամ բարձր, մյուս անգամ ցածր, հիվանդոտ, ներվային, սիրտ, մորմոքող նոտաներ, որ այնուհետև կրկնվում էին ամեն օր մի քանի անգամ: Այսօր էլ հիշում եմ այդ նոտաները և միշտ պիտի հիշեմ, մինչև մահ: Իմ մեջ հղացավ մի չար կասկած, որ վայրկենաբար տակնուվրա արավ իմ էությունը: Այդպես չեն նվագում առողջ մարդիկ, լինեն վարպետներ, թե աշակերտներ: Այդ երեք անփոփոխ նոտաների մեջ կա ինչ-որ անձկություն, անբացատրելի, անըմբռնելի թախիծ հիվանդ հոգու:

Մի օր տանտիրուհիս, եռող սամովարը դնելով սեղանիս վրա, կանգ առավ և, ձեռքերը կրծքի վրա խաչաձև միացնելով, նայեց ինձ մայրական կշտամբանքով:

— Ինչո՞ւ եք այդպես նայում ինձ, Պոլինա Նիկոլաևնա, — հարցրի ես ժպտալով:

— Մի՞թե փոխվել եմ:

— Շատ, դուք անճանաչելի եք դարձել: Մենակ ես չեմ ասողը, իմ երեխաներն էլ ու հարևաններն էլ նկատել են:

— Բայց ես առողջ եմ, Պոլինա Նիկոլաևնա, բոլորովին առողջ: Կամենաք, ես մի ձեռով ձեզ կբարձրացնեմ:

Եվ, իրավ, ես պատրաստ էի նրան գրկել ու բարձրացնել, այնքան համակրելի էր, այնքան մայրական այդ կնոջ հայացքը:

— Տա աստված, որ ես սխալվեմ, — ասաց նա հառաչելով, — պահպանեցեք ձեզ ձեր ծնողների համար:

Որպեսզի խոսակցության նյութը փոխեմ, հարցրի.

— Ի՞նչ նորություն կա մեր հարևանության մեջ:

— Նորությունն այն է, որ կոշկակարի կինը գավթապահից իմացել է ովքեր են մեր դեմուդեմի հարևանները:

Ինձ էլ այդ էր հարկավոր:

— Այո՞ — արտասանեցի ես, ձևանալով անտարբեր:

— Այո:

— Ովքե՞ր են:

— Մարդ ու կին, ամուսիններ:

— Մի՞թե, — գոչեցի ես, այլևս չկարողանալով զսպել թե՛ հետաքրքրությունս և թե՛ դառնությունս:

— Այո, և զավակներ չունեն:

— Հետո՞:

— Նրանք տեղացիներ չեն: Եկել են Ղրիմի կողմերից:

— Ինչպե՞ս է նրանց ազգանունը:

— Սպասեք միտս բերեմ. Ազովսկի, այո՛, այո, Ազովսկի...

— Ուրեմն, ռուսնե՞ր են:

— Ոչ, հայեր են: Գավթապահն ասում է, նրանց անցագրում գրած է հայ լուսավորչականներ:

— Ասում եք նո՞ր են եկել Թիֆլիս:

— Մի քանի ամիս է: Առաջ իջևանել են հյուրանոցում, հետո բնակարան են վարձել: Կահ-կարասին էլ այստեղ են գնել:

— Էհ, ուրիշ ինչ գիտեք, — հարցրի ես կեղծ հեգնանքով, իբր թե այրիի հաղորդածներն ինձ համար շատ էլ հետաքրքրական չեն:

— Առայժմ ոչինչ: Բայց դուք ուշադրություն դարձրեք ձեր վրա, այդպես չի կարելի, սիրտս ցավում է ձեր ծնողների համար:

— Շնորհակալ եմ, Պոլինա Նիկոլաևնա, անկեղծ շնորհակալ եմ: Բայց մի հոգաք իմ մասին, ես երկաթյա առողջություն ունիմ:

Արդարև, տկար է հոգիս, իսկ մարմնով ես զգում էի ինձ բոլորովին առողջ:

Այրին, գլուխը խորհրդավոր երերելով, հեռացավ:

Պարզ էր ինձ համար, որ նա իբրև ոչ հիմար կին գուշակում էր իմ հոգեկան դրությունը, գիտեր ում համար և ինչու եմ նստում տանը, և ով է իմ փոփոխության պատճառը: Պարզ էր նաև, որ դիտմամբ շեշտեց, թե սևազգեստ կինն ամուսնացած է:

Ես չեմ նկարագրիլ, թե այդ լուրն ինչ տպավորություն գործեց ինձ վրա, կասեմ միայն, որ դա ինձ համար իսկ որ մի հարված էր: Մի հարված, որ, սակայն, չսթափեցրեց ինձ, այլ ընդհակառակը ավելի սաստկացրեց իմ ներքին հուրը: Այդ վայրկյանից ես ատեցի

բարձրահասակ աղամարդին: Ատեցի իմ պատանեկան հոգու ամբողջ թափով: Ինչո՞ւ, ո՞ր իրավունքով, ո՞վ եմ ես, այս մասին ես չէի մտածում:
— Թող այդ մարդը լիներ առաքինիների մեջ ամենաառաքինին, արժանավորներից արժանավորագույնը, նա այդ կնոջ ամուսինն էր, ուրեմն և ոխերիմ հակառակորդս, որին պատրաստ էի այդ պահին ոչնչացնել առանց երկար մտածելու: Անշուշտ այդ մարդը մի ժանտ բռնակալ է, որ գերել է գեղեցիկներից գեղեցկագույնին և պահում է նրան իր իշխանության ներքո գրեթե շղթայակապ: Անշուշտ ասիական խանդից կուրացած մի եսամոլ է, որ տանջում է նրան հանուն իր եսի, այլապես ի՞նչ են նշանակում այդ մշտապես փակ լուսամուտները, որոնցից միայն մեկն է բացվում, այն էլ օրվա մեջ ընդամենը մի քանի ժամ, այն էլ, երբ բռնակալը տանը չէ: Այլապես ի՞նչ է նշանակում, որ այդ կինն երբեք տնից դուրս չի գալիս և օր-օրի վրա, իմ աչքերի առջև դժգունանում է ու նիհարում և օր-օրի վրա խոշորանում են նրա գեղեցիկ աչքերի բիբերը, և լայնանում նրանց տակերի կապույտները: Ուրիշ ինչպե՞ս թարգմանել այդ երեք անփոփոխ նոտաները, որ այժմ հնչում են ամեն օր այնքան միապաղաղ այնքան վշտահար: Աստված իմ, ես կարող եմ ցնորվել այդ տարօրինակ հնչյուններից: Նրանք գալիս են մի քայքայված հոգու խորքերից և զարկում են իմ օր օրի վրա նրբացող ու զգայնացող ներվերին ասեղների պես: Ախ, գիտե արդյոք այդ կինը, որ եթե ոչինչ էլ չլիներ, միայն այդ խելագար հնչյունները բավական են ինձ տանջելու համար: Գիտե՞, որ ես երբեմն պատրաստ եմ դուրս բերել գլուխս լուսամուտից և գոռալ՝ բավական է, անողոք էակ, բավական է, ես չեմ կարող լսել այդ խելառ հնչյունները:

Բժիշկը դարձյալ կանգ առավ, ձեռի ներվային շարժումով տրորեց գլխի թանձր կարճ խուզած ալեխառը մազերը և շրթունքները սեղմեց ատամներով՝ իր հուզմունքը չափավորելու համար: Այդ պահին նա ամբողջովին ձուլված էր իր անցյալի հետ: Նա վառեց մի նոր ծխախոտ և շարունակեց,

— Առավոտ էր: Գրասեղանիս քով նստած նամակ էի գրում ծնողներիս: Բավական ժամանակ էր մոռացել էի խեղճերին: Գրում էի, բայց ուշ ու միտքս անիծյալ տան կողմն էր: Սպասում էի անհամբեր բարձրահասակ մարդու դուրս գալուն: Քրոնոմետրի ճշտությամբ նա ամեն օր դուրս էր գալիս տնից առավոտյան տասը ժամին և վերադառնում էր երեք ժամին: Ահա այդ ժամանակամիջոցներին էր, որ լուսամուտը բացվում էր, և այնտեղ երևում էր նրա սնազգեստ կինը:

Այդ օրն էլ տղամարդը դուրս եկավ ճիշտ իր ժամանակին, բայց կինը չերևաց մի ամբողջ ժամ, չերևաց մինչև կեսօր: Ես սկսեցի անհանգստանալ: Միգուցե նա հիվա՞նդ է կամ այդ բռնակալը խլել է նրանից այդ չնչին ազատությունն էլ: Մի՞թե ես այլևս չպիտի տեսնեմ նրան: Այդ անկարելի է, ես կցնորվեմ: Եվ, իրավ, եթե մեկն ինձ տեսներ գողտուկ, թե ինչպես հուզված, այլայլված ետ ու առաջ եմ քայլում իմ փոքրիկ սենյակում վանդակ ձգված վագրի պես, անշուշտ, ինձ կհամարեր խելագար: Կարծես ես արդեն տիրացել էի այդ կնոջը և այժմ կատաղում էի, որ նրան խլում են ինձնից:

Վերջապես, սենյակս թվաց ինձ նեղ: Ես խեղդվում էի օդի պակասությունից: Վճռեցի դուրս գալ, մանավանդ որ ծնողներիս գրված նամակս պիտի ձգեի փոստարկղ: Բայց հազիվ դուրս էի եկել փողոց, հանկարծ նվիրական լուսամուտը բացվեց, և տիկինը երևաց այնտեղ մի ծրար ձեռում: Ես գդակս բնազդաբար վերցրի և բարևեցի նրան, դարձյալ չգիտեմ ինչ իրավունքով: Այս անգամ նա գլուխը թեթևակի շարժեց և, ով զարմանք, ծրարը մեկնեց դեպի ինձ: Մինչ ես, անասելի շփոթված, չգիտեի ինչ անել, նա ծրարը ձգեց փողոց և ինքն անհետացավ:

Ես, աջ ու ձախ նայելով, գողովի վազեցի և ծրարը վերցրի: Բարեբախտաբար, ոչ ոք այդ չնկատեց: Պարզ էր ինձ համար, որ ծրարն ինձ է ուղղված: Բայց նայեցի նրան, անունս չկար վրան: Շտապով վերադարձա սենյակս, պատռեցի ծրարը: Սիրտս ուժգին բաբախում էր, ձեռքերս դողում էին ուրախությունից և անհայտությունից:

Ընդամենը մի էջից բաղկացած մի գրություն էր դա ռուսերեն: Նա ինձ չէր ուղղված, նա ոչ ոքի չէր ուղղված: Կարդացի, ոչինչ չհասկացա: Նախ դա մի տարօրինակ ձեռագիր էր, տառերն անհավասար, տողերն անկանոն, մի բառ փոքրիկ, հազիվ նկատելի տառերով, մյուսը գլխատառերով:

Ապագայում, երբ ես իբրև բժիշկ պարապում էի Մոսկվայի կլինիկայում, այնտեղ, հոգեկան հիվանդների բաժնում շատ եմ տեսել համանման ձեռագիրներ բոլորովին գրագետ և կրթված մարդկանց ձեռքով գրված:

Երեք տող միայն պարզ էին գրված և, ըստ երևույթին, ունեին իմաստ: Այսօր էլ հիշում եմ բառ առ բառ այդ տողերը. «Վոլդեմարը սիրեց Ալինային, Ալինան ասաց չի կարելի: Գազանը տեսավ, կատաղեց, սպանեց, սպանեց, սպանեց»:

Ի՞նչ էին նշանակում այդ տողերը — հարկավ չհասկացա: Բայց այլևս ինձ համար պարզ էր մի բան. այդ խորհրդավոր կինը հոգեպես հիվանդ է, և ինքս ինձ նախատեցի, որ նոր եմ միայն գուշակում: Այո, այդ ապակյա հայացքը խոշոր աչքերի, այդ անիմաստ ժպիտները, այդ փակ լուսամուտները, այդ թախծալի միապաղաղ կրկնվող երեք նոտաները, այդ բարձրահասակ տղամարդի մռայլությունը — մի՞թե այդքանը բավական չէր:

Ես նամակը թաքցրի գրասեղանիս մեջ և ամեն օր նայում էի նրան: Այսօր էլ ես նրան պահում եմ, իբրև հիշատակ իմ խելառ տվայտանքների, իմ անքուն գիշերների, անհուն արցունքների: Ոչ, իբրև մի սրբություն-սրբոց, որովհետև այդպիսի կրակոտ սեր այլևս չպիտի կրկնվեր իմ կյանքում: Հարկավ, եթե իմ բանականությունը չլիներ արթուն, եթե ես ունենայի մտածելու և վերլուծելու ուժ, այդ նամակը կարդալուց հետո իսկույն կսթափվեի իմ ցնորքներից և կաշխատեի հանգցնել կրծքիս տակ օր-օրի վրա ավելի ու ավելի բորբոքվող հուրը: Չէ՞ որ ինքնասպանություն է երազել մի կնոջ մասին, որի գոյությունը երազ է: Մի կնոջ, որ բնության դաժան ձեռքով պոկվել է երկրից և այրվում է ցնորքների բովում: Բայց, զարմանալի բան, այդ պահից ես այդ կնոջը սիրեցի կրկնակի սիրով: Գուցե՞ դա մի դեռահաս հոգու կարեկցությունն էր դեպի մի թշվառ: Չգիտեմ:

Հետևյալ օրը տանտիրուհիս եկավ որոշյալ ժամին սենյակս կարգի բերելու: Ես անքնությունից այնքան թույլ էի, որ խնդրեցի նրան թողնել ինձ այդ օրը հանգիստ: Նա նայեց ինձ տխուր հայացքով ու ասաց.

— Գիտեմ, որ տկար եք, բայց հետաքրքրական լուր ունեմ ձեզ հայտնելու:

— Ի՞նչ է պատահել:

— Մեր դեմուդեմի կինը ցնորված է:

— Մի՞թե, — արտասանեցի ես, իբր թե անտարբեր:

— Այո՛: Ուզո՞ւմ եք պատմեմ ինչից է ցնորվել: Կոշկակարի կինն ամեն բան իմացել է Ազովսկիների աղախինից:

— Պատմեցեք, — նույն անտարբերությամբ ասացի ես: Տանտիրուհիս նստեց գրասեղանիս քով և յուր հագուստի թևերը ցած բերեց, որ ծածկե աշխատանքից կոշտացած և կրակից կարմրած բազուկները:

Եվ պատմեց:

## IV

Ութ տարի է, որ Ազովսկիներն ամուսնացած են: Մարդու անունն է Սրափիոն, կնոջ անունը՝ Ալինա: Մարդը հարուստ կալվածատեր է, ունեն հորից ժառանգած մի քանի հազար դեսյատին վարելահողեր Բեսարաբիայի նահանգում:

Ամուսնանալու ժամանակ նա եղել է գրագունյան զնդի սպա: Ալինան հետևակ զորքի մի չքավոր փոխ-գնդապետի աղջիկ է, շատ լավ կրթված: Սրափիոնը ամուսնացել էր նրա հետ, հափշտակված նրա աննման գեղեցկությունով: Իսկ Ալինան տվել էր իր համաձայնությունը, զիջանելով ծնողներին, որոնք փափագել են անպատճառ հարուստ փեսա ունենալ: Նրանք ուզեցել են, որ իրենց միակ դուստրը լավ ապրուստ ունենա, անձամբ զգալով, թե ինչ ասել է չքավորություն: Ալինան չի սիրել Սրափիոնին: Չի սիրել և ուրիշ ոչ ոքի:

Լավ թե վատ Ազովսկիները չորս տարի ապրել են հաշտ, հանգիստ ու անվրդով: Ալինան հետզհետե ընտելացել է չսիրած ամուսնու կենակցությանը, ճիշտ այնպես, ինչպես ընտելանում է հարյուրից իննսունինը աշխարհի բոլոր կանանց: Մարդիկ, որ միշտ ուրիշների կյանքի մասին աչքերով են դատում, կարծել են, թե չկա նրանցից ավելի երջանիկ զույգ: Եվ շատ կանայք նախանձել են Ալինային, ու շատ տղամարդիկ նախանձել են Սրափիոնին: Չորս տարվա, ընթացքում նրանք ունեցել են առաջին տարին իսկ ծնված մի երեխա: Նա մեռել է երկուսուկես տարեկան հասակում՝ ուղեղի բորբոքումից: Ծնողների վիշտն ավելի ամրացրել է ամուսնական կապը, բայց Ալինան դարձյալ չի սիրել ամուսնուն: Իսկ Սրափիոնը քանի գնացել այնքան ու այնքան ավելի է սիրել Ալինային: Երեխայի մահն է, ազդել, թե ինչ, Ալինան սկսել է ձանձրանալ կյանքից: Սիրահարված ամուսինն ամեն կերպ աշխատել է, փարատել նրա թախիծը, բայց զուր: Ո՛չ ճանապարհորդությունները Եվրոպայում, ո՛չ թանկարժեք, համաշխարհային կուրորտները, ո՛չ թատրոն, ո՛չ երաժշտություն, շքեղ զգեստներ, երեկույթներ, պարահանդեսներ, ոչինչ չի օգնել: Ալինան դարձել է օր-օրի վրա ավելի ու ավելի թախծոտ, մռայլ: Ծնողների հանկարծակի մահը մեկը մյուսից երկու ամիս չանցած՝ կրկնապատկել է նրա վիշտը:

Եվ ահա այդ ժամանակ, այսինքն՝ մի աշնան սկզբին, Պետերբուրգից Ղրիմ է գալիս Սրափիոնի նախկին բարեկամներից մեկի որդին: Քսանուհինգ տարեկան մի երիտասարդ գանգուր, շիկագույն մազերով, ուրախ ու զվարթ: Այցելում է Ազովսկիներին, ծանոթանում է Ալինայի հետ, մի քանի անգամ զբոսնում է նրա հետ, և ահա նա հափշտակված է: Հափշտակվո՞ւմ է, արդյոք, Ալինան ևս լրջորեն — մինչև այսօր պարզված չէ: Բայց նրա թախիծը մեղմանում է: Նա հաշտվում է կյանքի հետ, նա նորեն մերձենում է աշխարհին:

Սրափիոնը, նկատում, է այս: Սկզբում ուրախանում է, տեսնելով կնոջ վերակենդանանալը: Բայց հետո սկսում է կասկածել ու խանդել և հետևում է Ալինային: Մի օր նա չի կարողանում իրեն զսպել և իր բարեկամի որդուն ընդունում է ոչ սիրալիր: Ալինան նրան հանդիմանում է, ասելով, որ իր համար ոչ մի բան այնքան ատելի չէ, որքան կոպտությունը: Այս հանդիմանությունն ավելի է գրգռում Սրափիոնի կասկածներն ու նա ասում է.

— Այո, ես վաղուց եմ նկատել, որ դու անտարբեր չես դեպի այդ երիտասարդը:

Ալինան ազնվությամբ և համարձակ պատասխանում է.

— Չեմ թաքցնի, Սպիրիդոնովն ինձ դուր է գալիս, բայց ես երբեք չեմ մոռանալ, որ քո ամուսինն եմ:

Սրափիոնը մի պահ հավատում է նրան, մինչև անգամ ներումն է խնդրում Ալինայից: Բայց միայն մի պահ: Շուտով չար կասկածները պաշարում են նրան այնպես, որ նա սկսում է կորցնել իր զգացումների ու մտքի հավասարակշռությունը:

Վերջապես, մի օր տուն վերադառնալով, նա տեսնում է, որ Ալինան դաշնամուրի քով նստած նվագում է, իսկ Սպիրիդոնովը երգում է: Երկուսն էլ այնքան հափշտակված են լինում, որ չեն նկատում նրա սալոն մտնելը: Նա կատաղում է, բայց կարողանում է զսպել իրեն: Միայն առանց հյուրին բարևելու, լուռ անցնում է յուր առանձնասենյակը:

Ալինան շարունակում է երգել, կամենալով թե՛ հյուրից թաքցնել ամուսնու խանդոտությունը և՛ թե ամուսնուն ցույց տալ, որ չկա իր արածի մեջ ոչ մի հանցանք, որ դա մի անմեղ զվարճություն է երկու երիտասարդ էակների համար, որ պաշտում են երաժշտությունն ու երգը:

Բայց ամուսինն այլ կերպ է հասկանում Ալինայի վարմունքը: Նա կարծում է, որ դա մի հանդուգն արհամարհանք է դեպի իր համեմատական ծերությունը: Արհամարհանք քսանուերեք տարեկան մի կնոջ դեպի քառասունութ երկու տարեկան տղամարդը: Արհամարհանք մի երրորդ անձնավորության, այն էլ մի երիտասարդի ներկայությամբ և գուցե նրա պատճառով իսկ նա դուրս է գալիս իր առանձնասենյակից գրգռված ու գունատ: Նա չի կարողանում յուր խանդը զսպել և հուզված ձայնով ասում է.

— Ալինա, բավական է:

Ալինան ժպտում է, մի փոքր ևս նվագում է և հետո միայն ծածկում է դաշնամուրը հանգիստ, անվրդով: Իսկ երիտասարդը նույնպես ժպտում է: Այդ ժպիտը նրա թարմ, գեղեցիկ, գրեթե պատանեկան անմազ երեսի վրա նետի պես ցցվում է Սրափիոնի գրգռված սրտի մեջ: Բորբոքվում է նրա խանդը: Նա ասում է անորոշ.

— Ես ուրախ եմ և ցավում եմ, որ դուք իմ բարեկամի որդին եք:

— Ինչո՞ւ համար:

— Հենց այնպես:

— Բայց ես ձեզ հասկանում եմ, — ասում է երիտասարդը, — շատ բարի ես կկատարեմ ձեր սրտի գաղտնի ցանկությունը:

Եվ, դառնալով Ալինային, ավելացնում է.

— Տիկին, ներեցեք, ես այլևս չեմ կարող անհանգստացնել ձեր հարգելի ամուսնուն, որ իմ հոր բարեկամն է:

Եվ այդ օրից Սպիրիդոնովը դադարում է այցելել Ազովսկիներին:

Այս բոլորը տեսնում է ու լսում Ազովսկիների աղախինը, որի խոսքերով և պատմում է ինձ տանտիրուհիս:

Սակայն Ալինան չի ընդհատում ծանոթությունը Սպիրիդոնովի հետ. շարունակում է տեսնվել դրսերում: Սրափիոնը չի բողոքում, խոստովանելով, որ իրոք ինքը կոպիտ վարվեց իր բարեկամի որդու հետ:

Ալինան ասում է.

— Քանի որ գիտեիր քո խանդոտ բնավորությունը՝ չպիտի ամուսնանայիր:

— Ես սիրում եմ քեզ:

— Ես չեմ հավատում այն սիրույն, որ այդպես կասկածոտ է:

— Լավ, հաշտվենք:

— Հաշտվիր առաջ բարեկամիդ որդու հետ, ներողություն խնդրիր, հետո:

— Այդ ես չեմ կարող անել:

— Իսկ ես չեմ կարող քո անտեղի կասկածների համար զրկել ինձ ազատությունից:

Մի օր Սրափիոնը հանդիպում է Ալինային քաղաքի մի զբոսավայրում Սպիրիդոնովի հետ, մի ծառի ստվերի տակ նստած: Նա չի կարողանում զսպել իր խանդը և կարճատև բացակայության ժամանակ վիրավորում է երիտասարդին: Սպիրիդոնովը նրան հրավիրում է մենամարտության, մյուս օրն նեթ ուղարկելով Սրափիոնին երկու սպա: Բայց մենամարտությունից առաջ նա ուղարկում է մի նամակ Ալինային՝ մի փունջ վարդերի հետ: Նա գրում է.

— Տիկին, ասում են, որ դեղին, վարդը ատելության նշան է: Բայց ես միշտ գերադասել եմ այս գույնը բոլոր գույներից: Այսօր որոշվում է իմ ճակատագիրը: Գուցե ես գնամ հավիտենություն անդառնալի: Թող այս վարդերը լինեն իմ մաքուր սիրո վերջին նշանը: Մնացեք բարով...

Նամակը փնջի հետ բերում է մի շքեղ հագնված աղախին և գաղտնի հանձնում է Ալինային:

Իրիկնադեմին Սրափիոնը տուն է վերադառնում անսովոր հուզված:

Ալինան նրա դեմքից արդեն գուշակում է կատարված դրաման: Նա ոչինչ չի ասում, նայում է լուռ իր ամուսնու երեսին և անցնում իր բուդուարը: Ամբողջ գիշեր նա դուրս չի գալիս այնտեղից: Աղախինը մի քանի անգամ մտնում է նրա մոտ զանգազն պատրվակներով և ամեն անգամ տեսնում է Ալինային անշարժ նստած ու աչքերը հառած դեղին վարդերի փնջին:

Այդ պահին Ալինան ընդհատում է իր բոլոր կապերն աշխարհի հետ: Օրը մինչև երեկո իր սենյակում փակված՝ նա ոչ մի տեղ չի գնում և ոչ ոքի չի ուզում ընդունել: Ո՛չ ամոթից, այլ վշտից:

Աղախինն ասում է, որ նա մի ամիս շարունակ կրկնում էր.

— Դու սպանեցիր մի անմեղի, դու չունեիր իրավունք ձեռք բարձրացնելու այն խեղճ տղայի վրա: Ի՞նչ է պատասխան պիտի տաս աստծուն:

— Իմ խիղճը հանգիստ է, մի պատվասեր ամուսին չէր կարող ուրիշ կերպ վարվել, — պատասխանում է ամեն անգամ Սրափիոնը:

Ո՛չ, ո՛չ քո խիղճը չի կարող հանգիստ լինել, որովհետև ես անմեղ եմ: Այդ երիտասարդի այյունը գիշեր-ցերեկ աչքերիս առջև է: Ես նրա մահվան ակամա պատճառն եմ, աստված ինձ է պատժելու:

Եվ զրկվում է Ալինան քնից, հանգստությունից, ախորժակից: Եվ ատելով ամուսնուն, սկսում է ատել ամենքին: Եվ դատապարտելով ամուսնուն, դատապարտում է ինքն իրեն էլ: Գիշերները աղախինը լսում է նրա երկարատև հիսթերիկան, նրա սուր գոռոցները:

— Հեռո՛ւ ինձնից: Մի մոտենար, ես քո ձեռքերի վրա անմեղ արյուն եմ տեսնում:

Եվ ոչինչ չի ազդու նրա վրա ո՛չ բժիշկների խնամքը, ո՛չ ամուսնու աղերսանքները, ո՛չ խանդավառ սերը, ո՛չ զղջումը: Այո նա զղջու է գուցե անկեղծ, գուցե հավատալով Ալինայի մաքրությանը, բայց զուր: Օր-օրի վրա Ալինայի հոգին քայքայվում է...

Փոքրիկ նահանգական քաղաքում, եղելությունն իրարու պատմում են աղավաղված: Չհաստատված լուրերը հաղորդվում են իբրև փաստեր: Զրպարտությունը, որ գեղեցիկ կանանց անխուսափելի ուղեկիցն է, հալածում է Ալինային դեռ մենամարտությունից շատ առաջ: Այժմ չար լեզուների բոլոր կապանքները լուծվում են, իսկ նա անտարբեր էր դեպի հասարակական կարծիքը: Նա ամփոփվել է ինքն իր մեջ, նա հեռու է, շատ հեռու դրսի աշխարհից: Նրա լսելիքին չի հասնում ոչ մի ձայն այնտեղից: դեղին վարդերի փունջը վաղուց է թառամել, բայց նա մի գեղեցիկ վազայի մեջ շարունակում է զարդարել Ալինայի դաշնամուրը: Օրը հարյուր անգամ նա մոտենում է այդ փնջին և յուր քնքուշ մատներով շոշափում է թորշոմած վարդերը, որոնց տերևները մեկիկ-մեկիկ պոկվելով ընկնում են վար և անհետանում: Վերջը, մի ժամանակվա սքանչելի ծաղիկներից մնում են նրանց չորացած ձողիկները; Այն ժամանակ Ալինան հրամայում է իր հավատարիմ աղախնուն, որ սիրում էր նրան լավագույն քրոջ սիրով, ամեն օր գնել մի-մի դեղին վարդ: Եվ ահա այդ խորհրդավոր վարդն է, որ այսօր էլ զարդարում է Ալինայի կուրծքը:

Սրափիոնը վճռում է վերցնել Ալինային և հեռանալ անծանոթ երկրներ: Տունը հանձնում է խոհարարի հսկողությանը, իսկ աղախինը Ալինայի ցանկությամբ ուղեկցում է նրան: Նրանք գնում են նախ Մոսկվա, ապա Եվրոպա: Սակայն ոչ մի փոփոխություն Ալինայի հոգեկան կացության մեջ, ոչ մի ժպիտ նրա դեմքի վրա: Բժիշկները միաձայն ասում են.

— Պարոն, ձեր ամուսնուն անդորրություն է հարկավոր: Նրա ականջներին չպիտի հասնե ոչ մի աղմուկ:

Մի քանի նշանավոր պրոֆեսորներ խորհուրդ են տալիս Ալինային տեղավորել հոգեկան հիվանդների սանատորիայում:

— Երբեք, երբեք, — ասում է Սրափիոնը, զարմանալի համառությամբ չկամենալով բաժանվել իր սիրեցյալից:

Նրանք վերադառնում են արտասահմանից, և Սրափիոնն ամեն ջանք գործ է դնում տալ Ալինային անպայման հանգստություն: Եվ դրա համար նա վճռում է տեղափոխվել Թիֆլիս, ուր Ազովսկիները չունեն ոչ մի ծանոթություն: Նա դեռ հույս ունե, որ Ալինան կառողջանա տանը...

Այս բոլորը պատմեց ինձ տանտիրուհիս այնպես զգացված, որ կարծես ինքը Ալինայի մերձավորներից մեկն էր: Ես զգացի, որ իմ մեջ զարգանում է այնպիսի ատելություն դեպի այդ բարձրահասակ տղամարդը, որի նմանը կարելի է զգալ միայն դեպի որդեսպանը: Այլևս նա իմ աչքում մի հրեշ էր, որին կործանելը ես կհամարեի բարություն և արդարություն: Ինձ համար Ալինան մի մարմնացած տանջանք էր, իսկ այդ մարդը՝ միակ նրա հեղինակը:

Ես սիրեցի Ալինային կրկնակի սիրով: Ես զգացի, որ այլևս իմ հոգին հավիտյան շաղկապված է այդ հիվանդ հոգու հետ, որ այլևս ոչ մի գերբնական զորություն չի կարող ինձ բաժանել նրանից՝ առանց իմ սրտից մի արյունաշաղախ կտոր պոկելու: Զգացի նույնպես, որ իմ դրությունը ողբերգական լինելով հանդերձ, երեխայական է ու ծիծաղելի: Ողբերգական ինձ համար, ծիծաղելի ուրիշների համար: Սիրում էի մեկին, որ իրապես գոյություն չուներ այս աշխարհում, որ մի ուրվական էր, մի ծանր երազ: Տանջվում էի մեկի համար, որ ոչ ոքի տանջանքը հասկանալ ու զգալ չէր կարող, որովհետև նա ինքն էր մարմնացած տանջանք:

Բժիշկ Ախուրյանը մի անգամ ևս լռեց:

Մեր շուրջն այժմ տիրում էր համեմատական հանդարտություն: Սրճարանը գրեթե դատարկվել էր: Հաճախորդներն անցել էին սեղանատուն: Փարիզը ճաշում էր. միակ ժամը օրվա ընթացքում, երբ խլացուցիչ աղմուկը մեղմանում է քիչ թե շատ:

Բժիշկը նայեց ժամացույցին ու ասաց.

— Օօ, արդեն ուշ է: Կարծեմ ես շատ երկարացրի:

— Լսում եմ ձեզ ավելի մեծ հետաքրքրությամբ, — ասացի ես առանց կեղծելու:

— Արդեն մոտենում եմ վերջին, — արտասանեց բժիշկը և վառեց մի նոր ծխախոտ:

## V

— Այսպես, ուրեմն, — շարունակեց նա, — ես սիրում էի անսահման մի ցնորվածի և ինքս մերձ էի խելագարության: Աստված իմ, գեթ մի անգամ տեսնեի նրան մոտիկից, գեթ մի անգամ լսեի նրա ձայնը: Գուցե հիասթափվեի ու արթնանայի մղձավանջից: Կամ ո՞վ գիտե, գուցե կարողանայի նրա քայքայված հոգու մեջ գտնել մի առողջ թել, շոշափեի նրան իմ սիրո ջերմությամբ: Ո՞վ գիտե, գուցե դեռ կա միջոց նրան փրկելու: Ինչո՞ւ այդ բռնակալը չի թողնում ոչ ոքի մոտենալ նրան: Մի՞թե չի հասկանում եսամոլը, որ իր տեսքն ավելի բարդացնում է Ալինայի վիշտը, ուրեմն և ավելի զորեղացնում նրա հիվանդությունը: Մի՞թե չի ըմբռնում, որ վիրավորի վերքն ավելի է կսկծում, երբ նրա աչքերի առջև է դաշույնը: Չի՞ պատահել, որ տարիներով ցնորվածի բանականությունը վերադարձել է հանկարծակի, անսպասելի մի որևէ երջանիկ պատահարից, հոգեկան մի ցնցումից: Այո, այո, շատ է պատահել, ես կարդացել եմ բժշկական գրքերում, լսել եմ պսիխիատրներից:

Այս էր միակ առանցքը, որի շուրջը պտտում էին բոլոր իմ մտքերը, բոլոր իմ զգացումները, ոչ միայն արթուն ժամանակ, այլև գիշերային երազներից մեջ:

Բայց, ավաղ, ճակատագիրն ինձ չէր վիճակել տեսնել նրան մոտիկից, խոսել նրա հետ...

Լսեցե՛ք: Մի օր բարձրահասակ մարդը, տանից դուրս եկավ, բայց լուսամուտը չբացվեց: Նա չբացվեց և հետևյալ օրերը, իսկ երրորդ օրն արդեն վաղ առավոտից բացվեցին բոլոր լուսամուտները:

Առաջին անգամ ամբողջ չորս ամսվա ընթացքում, ես նկատեցի անիծյալ բնակարանում ինչ-որ անսովոր իրարանցում:

Աղախինը շտապ-շտապ անցնում էր սենյակից սենյակ: Մերթ ընդ մերթ այս կամ այն լուսամուտի մոտ երևում էր բարձրահասակ տղամարդը իր մշտական մռայլ ու անշարժ դեմքով: Իսկ Ալինան չէր երևում:

Դռների առջև կանգ առավ մի կառք:

Մի անծանոթ մարդ իջավ կառքից շտապով և մտավ Ազովսկիների բնակարանը:

Իսկ Ալինան չկար: Ես սկսեցի անհանգստանալ, այնքան արդեն սովորել էի ամեն օր տեսնել նրան և ամեն օր հիանալ նրանով ու ամեն օր օրհնել կյանքը:

Որովհետև տանտիրուհիս արդեն գիտեր ամեն բան և իմ կողմից այլևս տմարդություն ու հիմարություն կլիներ կեղծել այդ բարի ու ազնիվ կնոջ առջև, ուստի, երբ մտավ իմ սենյակը, իմ առաջին խոսքը եղավ.

— Պոլինա Նիկոլոևնա, ի՞նչ է պատահել Ազովսկիների բնակարանում:

— Ալինան հիվանդ է, — պատասխանեց այրին հակիրճ:

— Հիվա՞նդ, — գոչեցի ես գրեթե սարսափելով:

— Այո, արդեն երեք օր է: Աղախինն ասաց: Չտեսա՞ք, որ բժիշկ եկավ: Այսօր կքնսուլիում է նշանակված:

Ահա թե ինչ: Ալինան հիվանդ է: Նա, իմ երազների առարկան: Եվ ես չեմ կարող ամեն րոպե, ամեն վայրկյան իմանալ նրա դրությունը: Չեմ կարող մանավանդ տեսնել նրան: Եվ նա չպիտի գիտենա, չպիտի զգա, թե կա մեկը, որ պատրաստ է իր տասնուինը տարեկան կյանքը զոհել նրա համար առանց մի վայրկյան տատանվելու և առանց որևէ ակնկալության, ինչպես մի մոլեռանդ հավատացյալ, որ խարույկն է նետվում հանուն իր հավատի:

— Պոլինա Նիկոլաևնա, դուք սիրո՞ւմ եք ինձ:

— Թող վկա լինի ինքն աստված:

— Պոլինա Նիկոլաևնա, հո գիտեմ, որ ձեզ հայտնի է ամեն բան:

— Հայտնի է, — արտասանեց այրին, հառաչելով:

— Գիտեմ, որ ձեզ հայտնի են իմ տանջանքները:

— Քանի՛-քանի անգամ այս պատերի ետևից ես լսել եմ ձեր դառը հեկեկանքները: Սիրտս է մորմոքվում, տեսնելով, թե ինչպես եք չորանում ոտքի վրա:

— Այդ թողնենք, Պոլինա Նիկոլաևնա, այդ ոչինչ: Հարցն Ալինայի մասին է: Նրա կյանքն է թանկ ինձ համար և ոչ իմը, Պոլինա Նիկոլաևնա, մի խնդիր ունեմ ձեզ, բարի եղեք կատարելու:

— Հրամայեցե՛ք:

— Գնացեք այո րոպեին Ալինայի մոտ:

— Ինչո՞ւ:

— Մի լուր բերելու ինձ համար: Ես ուզում եմ իմանալ որքան վտանգավոր է Ալինայի հիվանդությունը, Պոլինա Նիկոլաևնա, խնդրում եմ:

— Բայց ես ծանոթ չեմ նրանց հետ: Նրանք կարող են ին ձ չընդունել: Մինչև օրս դեռ ոչ ոք ոտ չի դրել նրանց տունը:

— Ոչինչ, կարելի է: Հարևաններ եք: Ասացեք, թե մեզանում ընդունված է:

— Չգիտեմ, կաշխատեմ մի բան իմանալ, — ասաց տանտիրուհիս անորոշ ու դուրս գնաց:

Հինգ կառքեր իրար ետևից, կարճ ընդմիջումներով, կանգնեցին անիծյալ տան առջև: Բժիշկներն էին, երկուսը ծեր, երեքը երիտասարդ: Այն ժամանակ ես մեծ հավատ ունեի դեպի բժշկականությունը, և յուրաքանչյուր բժիշկ ինձ համար մի տեսակ կախարդ էր ամենազոր: Ահա ինչու, նայելով այդ մարդկանց լուրջ ու հանգիստ դեմքերին, կազդուրվեցի: Ահ, մտածեցի ես, նրանք կառողջացնեն Ալինային ինչ հիվանդություն նա ունենա: Նրանք կփրկեն նույնիսկ նրա հիվանդ հոգին: Եվ ես կտեսնեմ իմ սնազգեստին առողջ թե՛ մարմնապես և թե՛ հոգեպես իր ամբողջ գեղեցկությամբ:

Խորհրդակցությունը տևեց երկար, երկար: Սրտի ուժգին տրոփյունով էի սպասում բժիշկների դուրս գալուն, հուսալով նրանց դեմքերի արտահայտությունից գուշակել Ալինայի վիճակը: Եվ մի վայրկյան անգամ չհեռացա իմ լուսամուտից:

Վերջապես նրանք դուրս եկան ամենքը միասին:

Բոլորի դեմքերն ուրախ էին, մանավանդ ծերունի բժիշկների: Խոսում էին բարձր ձայնով բոլորովին ուրիշ բաների մասին և բարձր ձայնով էլ ծիծաղում: Ահ, մտածեցի ես, այդ լավ նշան է: Ալինայի կյանքին վտանգ չի սպառնում, այլապես այդ մարդիկ այդպես ուրախ ու զվարթ չէին դուրս գալ նրա մոտից: Հետո երբ ես ինքս բժիշկ դարձա, այո, հետո միայն հասկացա, թե մեր արհեստը նույնն է, ինչ որ քահանայի արհեստը: Ժամանակի ընթացքում նա կոպտացնում է մեր սրտերը և դարձնում մեզ անտարբեր դեպի մահը: Քանի-քանի անգամ ես իմ պացիենտների մահճակալներից հեռացել եմ ժպիտն երեսիս, տրամադրությունս անփոփոխ, այն ժամանակ իսկ, երբ զգացել եմ մահվան զարշելի հոտը:

Լուսամուտներից մեկի առջև երևաց Սրափիոն Ազովսկին: Ոչ մի փոփոխություն նրա մշտական անշարժ դեմքի վրա, ո՛չ ուրախ, ո՛չ տխուր: Կարծես քար էր այդ մարդը:

Երևաց աղախինը — նույնպես ոչ մի փոփոխություն: Այս ավելի կազդուրեց ինձ: Ահա ինչու երբ տանտիրուհիս երևաց դռների մեջ, ես ասացի.

— Դատարկ բան է. Ալինան լուրջ հիվանդ չէ: Տեսա՞ք նրան:

— Գնացի, բայց տեսնել չկարողացա:

— Ինչո՞ւ:

— Ամաչեցի ներս մտնել: Աղախինին հարցրի, տեղեկացա:

Նա կանգ առավ, հառաչեց:

— Ի՞նչ են որոշել բժիշկները, — գոչեցի ես:

— Աղախինը չգիտե: Ինչ-որ դեղ են սրսկել Ալինայի մարմնի մեջ: Նա շատ թույլ է և շուտ-շուտ ուշաթափվում է: Դարմանող բժշկին պատվիրել են այս գիշեր չհեռանալ հիվանդի մոտից: Նա գնաց, երեկոյան կգա: Աղախինը լաց է լինում: Նա շարունակ կրկնում է. «Չգիտեք, չգիտեք որքան բարի տիրուհի էր նա այդ դժբախտությունից առաջ: Ոչ ոքի աշխարհի երեսին այնքան չեմ սիրել, որքան նրան»:

Չքացավ իմ լավատեսությունը, թուլացան իմ հույսերը: Զգացի, որ Ալինայի դրությունը լուրջ է: Եվ ուժասպառ ընկա աթոռի վրա: Արտասուքը վաղուց էր խեղդում կոկորդս: Այլևս չկարողացա զսպել նրան և տվեցի ազատություն իմ մանկական խելառ հեկեկանքներին:

Բարի, զգայնասիրտ տանտիրուհիս մոտեցավ ինձ հանդարտ քայլերով և սկսեց մխիթարել:

Իմ հեկեկանքների միջից լսում էի նրա հատ-հատ խոսքերը.

— Լավ, Ալինան չի մեռնիլ: Բայց ինչո՞ւ, ինչո՞ւ, զավակս: Ահ, խելագար: Ո՞վ է այդ կինը քեզ համար, քո ի՞նչն է: Մի անգամ էլ հետը չես խոսել: Լավ, լավ, երեխա մի լինիր, հանգստացիր: Ամոթ է, վերջապես, ի՞նչ կասեն, եթե լսեն մարդիկ, Աստված իմ, նա գժվում է, ես ինչ անեմ: Այ զարմանալի տղա:

Նա գրկել էր իմ գլուխն ու շոյում էր նրան ձեռքերով: Ահ, որքան քնքուշ էին, որքան մայրական այդ աշխատավոր կոշտացած ձեռքերն ինձ համար այդ պահին և որքան կփափագեի, որ նրանք անվերջ շոյեն իմ գլուխը: Զգում էի իմ խելառությունը, զգում էի իմ ծիծաղելի լինելը, բայց չէի ամաչում այդ օտար ու օտարոտի կնոջից:

Նկարագրե՞մ արդյոք, թե ինչպես անցկացրի այդ երեկոն, այդ գիշերը, հետևյալ օրը, հետևյալ գիշերը, ամբողջ տասնուչորս օր: Օհ, անմոռանալի օրեր: Անքուն էի հարկավ, թեև տանտիրուհուս չանհանգստացնելու համար լամպարս հանգցնում էի: Տասնուչորս գիշերներ յուրաքանչյուր կես ժամ դուրս էի գալիս փողոց, կանգնում էի փակ լուսամուտի տակ, շունչս զսպած, ականջ էի դնում դեպի Ազովսկիների բնակարանը: Չէ՞ որ մահը մեծ մասամբ գիշերն է այցելում մարդկանց: Ես մտածում էի, եթե Ալիսան մեռնե, կլսեմ նրա հավատարիմ աղախնի հեկեկանքները: Նրա ամուսնուց հեկեկանք չէի սպասում:

Եվ ոչ մի ձայն, ոչ մի շշուկ անգամ ամբողջ տասնուչորս գիշեր: Իսկ ցերեկները տանտիրուհուս միապաղաղ կրկնությունը.

— Ալինայի դրությունն անփոփոխ է:

Առանձնապես անհանգիստ էի վերջին գիշերը, որ ամբողջովին անցկացրի փողոցում: Լուսին չկար, անամպ, հստակ երկնակամարի վրա պսպղում էին աստղերն այնքան ուրախ, այնքան զվարթ, որքան տխուր ու մռայլ էր իմ հոգին: Մի՞թե նրանք բոլորը միասին արժեին Ալինայի կյանքի մի ժամին, մի շնչին նազամ: Ահ, թող կորչե ամբողջ տիեզերքը, միայն թե ապրե Ալինան:

— Ալինա, Ալինա, Ալինա, — արտասանում էին գիշերային լռության մեջ իմ բորբոքված շրթունքները:

Եվ ոչ մի ձայն, ոչ մի շշուկ:

Վերջապես, ուժերս դավաճանեցին ինձ: Լուսաբացին հագուստով պառկեցի անկողնակալիս վրա ու նիրհեցի: Տասնուչորս գիշեր գրեթե չէի քնել և նիրհեցի այն ժամին, երբ պիտի արթուն լինեի:

— Դուք քնա՞ծ եք, — լսեցի ես հանկարծ տանտիրուհուս ձայնը և աչքերս բաց արի:

Նա կանգնած գլխիս մոտ ձեռքերը կրծքի վրա ծալած:

— Ի՞նչ է պատահել, — գոչեցի ես, ոտքի թռչելով:

— Ալինան մեռավ:

Ես ոչինչ չասացի: Մի թույլ ճիչ ակամա դուրս թռավ իմ կրծքից, և ես ուժասպառ նստեցի անկողնակալիս վրա ու գլուխս թեքեցի կրծքիս:

Տանտիրուհիս ավելացրեց.

— Քահանայի անեծքը…

Մի ժամ անցած անիծյալ բնակարանում երևացին անծանոթ դեմքեր: Այլևս բոլոր լուսամուտները բաց էին: Խոհարարն ու աղախինը շտապշաապ կարգի էին բերում կահ-կարասին: Մի ծերունի քահանա դուրս եկավ համր քայլերով ու հեռացավ: Անշուշտ նա հաղորդություն էր տվել Ալինային: Աղախինը լալիս էր: Մի անգամ միայն Ալինայի ամուսինը երևաց լուսամուտներից մեկի առջև, նայեց մի քանի վայրկյան դեպի փողոց ու հեռացավ: Աստվա՛ծ իմ ոչ մի փոփոխություն այդ դեղնագույն անշարժ դեմքի վրա: Նույն քարացած հայացքը՝ ոսկրոտ ճակատի տակից:

Բժիշկ Ախուրյանը դարձյալ լռեց: Ես լսում էի նրա պատմվածքի վերջին: Բայց նա լուռ էր և արտասովոր հայացքով նայում էր հեռու ու հեռու:

— Դուք գնացի՞ք նրա թաղմանը, — հարցրի ես նրա ծանր լռությունը ընդհատելու համար:

— Ալինային չթաղեցին:

— Ինչպե՞ս:

— Այդ մարդը նրա դիակը զմռսել տվեց և տարավ իր ծննդվայրը, Ղրիմ: Նա մինչև անգամ նրա անշունչ մարմնից չէր ուզում բաժանվել: Ես գնացի նրա հուղարկավորությանը: Ոչ ոք չէր ուղեկցում նրա դագաղը, բացի մի քանի քահանաներից, ինձնից, խոհարարից, աղախնից, կոշկակարից՝ իր կնոջ հետ և տանտիրուհուցս: Ո՞վ էր ճանաչում Ալինային: Ես տեսա նրան մոտիկից: Միակ տեսակցությունն իմ առաջին և միակ իսկական սիրո, որ ունեցա: Ես ձգեցի նրա դագաղի վրա դեղին վարդերի մի փունջ: Ահ, որքան նրա դեմքի գույնը նման էր այդ վարդերին: Նրան հագցրել էին իր մշտական մետաքսյա սև զգեստը: Չկար նրա կրծքի վրա սովորական դեղին վարդը: Ես զգացի, որ ամուսինն է պոկել այդ վարդը նրա կրծքից: Զգացի, որովհետև, երբ ես իմ փունջը ձգեցի դագաղի վրա, նա, կարծես մի տեսակ ցնցվեց, նայեց ինձ մռայլ հայացքով: Նա մի շարժում արավ դեպի դագաղը, կարծես, փունջը դեն ձգելու նպատակով, բայց կանգ առավ, երեսը դարձնելով ինձնից: Իսկ նա դագաղի ապակու միջից ժպտաց ինձ: Այն անշարժ, այն ծով ու հեռավոր ժպիտով, որ ես առաջին անգամ տեսա նրա դեմքի վրա: Այդ ժպիտն այսօր էլ իմ ընկերն է, իմ երկրորդ էությունը, որ միայն գերեզման պիտի հետևե ինձ և ով՛ գիտե, գուցե գերեզմանից էլ դեն: Գիտե՞ք, ես շատ եմ ապրել, շատ եմ մտածել ու զգացել այս երեսուն տարվա ընթացքում: Սիրել եմ, սիրվել, ճանաչել եմ կանանց և եկել այն համոզունքին, որ մի և միմիայն մի անգամ եմ սիրել: Բարեկա՛մս, սեր չէ այն, ինչ որ մարդիկ սովոր են անվանել սեր, այսինքն՝ շոշափելին, առարկայականը: Բարեկամս, սեր չէ կինը, որի հետ խոսում ենք, բացատրվում, վիճում, կռվում, հաշտվում, նորեն կռվելու ու նորեն հաշտվելու համար: Սեր չէ կինը, որին գրկում ենք, համբուրում, պաշտում, որպեսզի վայելենք և վայելում ենք, որպեսզի ապականենք: Ոչ, դա սեր չէ: Սերը երազ է և երազ էլ պիտի թողնել նրան: Սերը հավիտենական է, անջնջելի, անմոռանալի, բայց անճաշակելի: Նա մի շող է, որ չի մարում, բայց և չի որսվում ինչպես թռչուն, մի գաղափար, որը չի հնանում, բայց և չի գործադրվում ինչպես մարմնավոր վայելքի միջոց, մի միտք, որ չի մաշվում, բայց և չի յուրացվում և մարմնանում: Մոսկալի է նրա պահանջը, բայց և հաճելի, օօ, անսահման հաճելի և անսահման թունավոր, պայքարել երբեք չհաղթելու և ձգտել երբեք չհասնելու համար: Նա դրամա չէ, որ ունի հանգույց, ընթացք ու վախճան: Նա մի տրագեդիա է առանց միջարարների ու առանց դադարների: Նա ունե միայն սկիզբ և երբեք վախճան, միայն ծնունդ և երբեք մահ…

— Իսկական սերն Ալինա է, — ավարտեց բժիշկ Ախուրյանը և ոտքի կանգնեց: — Ես վերջացրի:

# ՄԱՐՈՒՔԸ ԵՎ ՍԱՐՈՒԿԸ

Այն չէ կարևորը, թե որտ՞եղ է պատահել դեպքը, այլ այն, թե ինչ է պատահել և ինչպես:

Մարուքն ու Սարուկը հարազատ եղբայրներ էին: Մեկը քսան տարեկան էր, մյուսը՝ տասնյոթ տարեկան: Մարուքը գրաշար էր տեղական մի տպարանում, Սարուկը գործակատար էր կաշեվաճառքի խանութում: Երկուսն էլ իրենց այրի մորը պատվում էին, սիրում ու պահպանում հավասար ումով: Երկուսն էլ տակավին առողջ էին, կենսախինդ ու զվարթ, այն տարբերությամբ, որ Մարուքը մի փոքր նիհար էր, գուցե իր դաժան արհեստի շնորհիվ:

Կլանելով գրեթե համայն աշխարհի ուշքն ու միտքը, պատերազմը, հարկավ, հետաքրքրեց և Մարուքին ու Սարուկին: Ամեն երեկո գրաշարը, տուն վերադառնալով, հետը բերում էր որևէ հայ լրագիր, կարդում էր բարձրաձայն մոր ու եղբոր համար և յուրովի բացատրում անհասկանալի կետերը: Առանձին ոգևորությամբ նա կարդում էր պատերազմի առաջին հերոսների քաջագործությունների մասին: Այդ միջոցներին նրա ձայնը հաճախ հուզմունքից ընդհատվում էր կոկորդում, սևորակ աչքերը վառվում էին ածուխի պես և մրոտ ձեռքերը դողում էին:

Մայրը կամ հառաչում էր, կամ լալիս: Նայելով, թե հերոսն անվտանգ է ազատվել, թե սպանվել է: Գալով Սարուկին, լսում էր լուռ, առանց մի բառ արտասանելու, միայն բարկանալով, երբ Մարուքը այս կամ այն պատճառով ընդհատում էր ընթերցումը:

Մայրը նկատում էր, որ քանի իր զավակները շատ են կարդում պատերազմական հերոսությունների մասին, այնքան ավելի լուռ ու մտազբաղ են դառնում: Հոգու խորքում զգում էր, որ այդ բոլորը վերջ ի վերջո նրա գլխին մի փորձանք են բերելու: Բայց չէր բողոքում, վասնզի ինքն էլ արդեն հափշտակվել էր պատերազմի նկարագրություններով:

Մի երեկո Մարուքը, տուն վերադառնալով, հայտնեց մորն ու եղբորը, թե վճռել է մի քանի ընկերների հետ գնալ պատերազմի դաշտը իբրև կամավոր:

Մայրը նախ ցնցվեց, ապա սկսեց լաց լինել, այնուհետև աղերսեց, որ Մարուքը այդ տեսակ հիմարություն չանե և հանգիստ տանը նստե: Ոչինչ չօգնեց: Մարուքը պնդեց, թե պետք է անպատճառ գնա, թե ոչ ոք և ոչինչ չէ կարող նրան հետ կանգնեցնել իր վճռից:

— Դու չես գնալ պատերազմ, — ասաց հանկարծ Սարուկը, որ երկար ժամանակ լուռ էր:

— Ինչո՞ւ, — հարցրեց Մարուքը հեգնական ժպիտով:

— Որովհետև ես եմ վճռել գնալու: Քեզանից շատ առաջ:

— Ուրեմն դուք ուզում եք ինձ կենդանի-կենդանի գերեզման ուղարկել, — գոչեց խեղճ այրին հուսահատությամբ:

Մարուքն աշխատեց համոզել Սարուկին թողնել իր «երեխայական» մտադրությունը, քանի որ ինքն արդեն պայմանավորվել է իր ընկերների հետ: Սարուկն ընդդիմացավ, ասելով, որ ինքն արդեն գրվել է «ուր հարկն է»:

— Ոչ մեկին ձեզանից չեմ թողնի գնալու, — գոչեց այրին, — ոչ մեկին: Որ խեղդեք, սպանեք, չեմ թողնի:

— Ես պետք է գնամ, — գոչեց Մարուքը դրականորեն:

— Ես էլ պետք է գնամ, — գոչեց Սարուկն ավելի դրականորեն:

Թախանձանք, աղերսանք, արցունք, սպառնալիք հուսահատ մոր կողմից ոչինչ չազդեց ոչ մի և ոչ մյուս զավակի վրա: Այն ժամանակ այրին ճարահատյալ համաձայնվեց մեկին թույլ տալ գնալու, մյուսին՝ ոչ:

Մարուքն, ասաց, թե Սարուկը կմնա տանը որպես կրտսեր: Սարուկն ասաց, թե Մարուքը կմնա տանը, որպես մեծ:

— Ես քեզանից ավելի առողջ եմ, — ավելացրեց նա, — դու չես կարող դիմանալ պատերազմի դժվարություններին:

— Ես քեզանից մեծ եմ, ավելի փորձված, — ասաց Մարուքը, — դու դեռ երեխա ես:

Վեճը շարունակվեց մոտ երկու շաբաթ, ամեն երեկո: Երբեմն եղբայրները միմյանց համոզելու համար պատրաստ էին դիմել բռնցքի օգնության: Այսպես, մի անգամ Մարուքն այնպես կատաղեց, որ Սարուկի կրծքին զարկելով, գցեց նրան հատակի վրա: Վայրկենաբար

Սարուկը ոտքի թռավ վագրի ձագի պես և հարձակվեց Մարուքի վրա: Մայրը մի կերպ բաժանեց նրանց, ընկնելով Սարուկի ոտքերի տակ:

Տեսնելով, որ ինքն անզոր է հաշտություն զցելու զավակների մեջ, այրին օգնության կանչեց ազգականներին ու հարևաններին: Այդ էլ չօգնեց: Քանի Մարուքն ու Սարուկը շատ էին վիճում, այնքան յուրաքանչյուրը նրանցից ավելի ու ավելի էր համառում:

Վերջապես մի երեկո Մարուքը առաջարկեց վեճը վճռել հետևյալ միջոցով: Թող երկուսն էլ ցույց տան իրենց դիմացկունության ու քաջության չափը, ով նրանցից ավելի թույլ գտնվի, թող նա մնա տանը, իսկ մյուսը գնա պատերազմ:

— Շատ լավ, ես համաձայն եմ, — ասաց Սարուկը զգռված:

— Խոսք տալի՞ս ես, որ կհպատակվես և էլ չես հակառակի, — հարցրեց Մարուքը:

— Տալիս եմ:

— Երդվիր հայրիկի գերեզմանով:

— Երդվում եմ մայրիկի անունով:

— Երդվիր հայրիկի գերեզմանով:

— Երդվում եմ հայրիկի գերեզմանով:

— Բայց ինչպե՞ս փորձենք մեր քաջությունը սենյակի մեջ:

— Իսկույն կասեմ: Մայրիկ, խնդրում եմ հեռանաք այստեղից:

Այրին վախեցավ: Նա կարծեց, թե երկու եղբայր պիտի կռվեն զենքերով, որովհետև երկուսն էլ արդեն մի-մի ռնուվեր էին ձեռք բերել:

— Չէ, — ասաց նա, — ես այստեղից չեմ հեռանա: Ինչ որ անելու եք, իմ մոտ արեք:

— Կարելի է, — համաձայնվեց Մարուքը, — Բայց հաստատ խոսք տուր, որ զահլես չես տանի քո լաց ու կոծով կամ գոռում գոչյուններով:

— Ուրեմն, դուք պիտի...

— Ո՛չ, մի՛ վախենար, չենք կռվելու: Խոսք տալի՞ս ես, որ կհամբերես մինչև վերջը:

— Լավ:

— Տես, չխաբես, մայրիկ, պատվի խնդիր կա մեջտեղ: Դու ես լինելու մեր դատավորը:

— Լավ:

Մարուքը վառեց երկու մոմ և դրեց սեղանի վրա: Ապա դառնալով եղբորն ասաց,

— Լսի՛ր, երբ ես կասեմ «մեկ, երկու, երեք» ձախ ձեռիդ ձագ և անանուն մատներն իսկույն կբռնես այդ մոմի բոցի վրա: Ուղիղ բոցի վրա, լսո՞ւմ ես: Ես իմ մատները կբռնեմ ահա այս մոմի բոցի վրա: Թող այրեն մեր մատները և ով ավելի թույլ գտնվի կամ ետ քաշելով մատները կամ նույնիսկ որևէ խոսքով կամ հնչյունով, ախ ու վախով արտահայտի իր ցավը, նա մնա տանը, իսկ մյուսը գնա պատերազմ: Համաձա՞յն ես:

— Համաձայն եմ, — գոչեց Սարուկն ուրախանալով, վերջապես, որ խնդիրը լուծվում է:

— Ամա՛ն, — աղաղակեց մայրը, ոտքի թռչելով, — մի արեք այդ գժությունը, ես այդ չեմ թողնի:

— Մայրիկ, — գոռաց Մարուքը, — տեսնո՞ւմ ես այդ ռնուվերը: Լռիր ու տեղդ նստիր:

Այրին գունատ, դողալով նստեց իր տեղը:

— Սկսում եմ — ասաց Մարուքը հանդիսավոր, — մեկ, երկու, երեք…

Անմիջապես երկու եղբայրների ձախ ձեռքերի ձագ և անանուն մատները բարձրացան բոցերի վրա:

Այրին հազիվ զսպեց իրեն՝ որպեսզի չճչա օձից խայթվածի պես:

Բոցերը բաժանվեցին երկու հավասար մասերի և նրանց դեղնագույն լեզվակները սողալով վեր, փաթաթվեցին Մարուքի և Սարուկի մատներին օղակների պես:

Առաջին վայրկյանին երկուսն էլ ժպտացին այն տարօրինակ ժպիտով, որ հատուկ էր կախաղանից չերկնչող դատապարտյալին: Նրանք իրենց սևորակ աչքերը հառեցին միմյանց երեսին, որպես իրարու վրա հարձակվելու պատրաստ վագրեր: Ապա նրանց դեմքերն ստացան լուրջ, խորհրդավոր արտահայտություն:

Սկզբում նրանց մատները սևացան մուրից, ապա կամաց-կամաց սկսեցին կարմրել: Երկուսի դեմքերն էլ գունատվեցին, որովհետև ցավն արդեն զգալի էր:

Մայրը նայում էր լուռ, անշարժ՝ ինչպես արձան, գունատ ինչպես դիակ:

Սոսկալի էր նայել խորին լռության մեջ անշուք սենյակի կիսախավարի մեջ այդ երեք կերպարանքներին, որոնց անշարժությունը լռության հետ ուրվականների տպավորություն էին գործում:

Զավակները գերբնական ճիգն էին անում խեղդելու իրենց մարմնավոր ցավը, մայրը ճգնում էր զսպելու հոգեկան տանջանքը:

Հանկարծ լսվեց մի սուր ճիչ, և այրիի անշունչ դիակը փռվեց հատակի վրա:

Սարուկը անշարժ էր, նրա աչքերը շարունակ հառած էին եղբոր երեսին:

— Բավական է, — գոչեց Մարուքը, ետ քաշելով բոցից սևացած, կարմրած մատները, որոնց միսն արդեն խորովվել էր, — դու ինձ հաղթեցիր:

Եվ նա սկսեց ուշքի բերել մորը:

Մյուս օրը նա համբուրելով Սարուկին ճանապարհ դրեց դեպի պատերազմ:

# ԱԿՈՅԻ ՏՈՆԱԾԱՌԸ

Փոքրիկ, աղքատիկ քաղաքում, ուր տները մի հարկանի են, կտուրները խարխուլ, փողոցներն անսալահատակ, աղտոտ, ուր ցնցոտիներն այնքան սովորական են, որ այլևս ոչ ոքի գութը չեն շարժում, չքավորի համար չքավորությունը շատ էլ զգալի չէ: Այնտեղ բախտերի մեջ անդունդներ չկան, կա միայն գույների տարբերություն, մեկն ավելի գորշ, քան մյուսը:

Բայց երբ քաղաքը մեծ է, հարուստ, ցերեկները խանութներում ցուցադրված փարթամ ապրանքներն են շլացնում անցորդին, գիշերները՝ կլուբների և թատրոնների էլեկտրական լույսերը, չունևորների ներվերը մերկանում են և սոսկալի ցավով են ընդունում կառքերի դղրդյունն ու օվտոմոբիլների սուլոցները:

Վաղուց էին մերկացել բանվոր Գալուստի ներվերը: Այն օրից, երբ համոզվել էր, որ մինչև կյանքի վերջը պիտի սալին զարկե ծանր մուրճը, որ ահա տասներկու տարի է օրը տասը ժամ զարկում է և որ այնքան նրա մարմինը չի ավրել, որքան հոգին է քայքայել:

Որպես բանվոր, որի համար հանգստությունն է երկրային բարձր հաճույքը՝ նա սիրում էր հասարակ տոները, երբ նրա հոգնած մարմինը նիրհում էր ընտանեկան հարկի սոսկ: Բայց կային տարվա մեջ երկու մեծ տոներ, որոնց նա ատում էր հոգու ամբողջ զորությամբ: Ատում էր ոչ նրանց խորհուրդը, այլ այն բոլորը, որ մարդիկ կապել էին այդ տոների հետ — արտաքո կարգի ծախքեր, որ պարտավորական են թե հարուստի և թե աղքատի համար:

Ահա չորրորդ անգամն է Գալուստը տարվա միևնույն միջոցին տանջվում է ավելի քան իր երեսուն ու հնգամյա կյանքի ընթացքում:

Նոր տարին մի կերպ անցավ, բայց ծնունդն ու մկրտությունը մնում են, մի՞թե այս անգամ էլ նա չպիտի կարողանա կատարել իր խոստումը — գնել իր մի հատիկ Ակոյի համար տոնածառ և զարդարել ու լուսավորել այնպես, ինչպես անում են բոլոր հայրերն իրենց զավակների համար՝ հենց այս ահագին տան մեջ, որի ներքնահարկում նա ապրում էր խլուրդի պես:

Ո՛չ, այս տարի էլ խաբել երեխային նա չի ուզում և չի կարող: Դեռ մի ամիս առաջ Ակոն նրան հիշեցրեց.

— Հայրիկ, տոնածառը չմոռանաս, լավը, մեծը... Եվ հետո ավելացրեց.

— Ես ուզում եմ, որ շաքարի զառնուկներ էլ լինեն, թմբուկ էլ, սուլիչ էլ...

— Լավ, Ակո ջան, այս տարի տոնածառ կունենաս, անպատճառ կունենաս:

— Անպատճա՛ռ, — կրկնեց Գալուստի կինը դառը հեգնությամբ, — երեք տարի է խաբել ես, այդ էլ կլինի չորրորդը: Գոնե մի խոստանար:

Դյուրին է ասել մի խոստանար, կարելի՞ է մերժել այդ անմեղ աչքերին: Նրանք այնպիսի հավատով են նայում նրան: Այդ փոքրիկ, ճերմակ ձեռքերին: Նրանք այնպիսի զգվանքով են փաթաթվում նրա կոշտ պարանոցին:

Բայց ինչպե՞ս: Անցյալ ամիսների աշխատավարձը ստացել է և արդեն ծախսել, մնում են մի քանի ռուբլիներ:

— Հուռիկ, թաթախման երեկո ձուկ հարկավո՞ր է:

— Դե, իհարկե, հարկավոր է, ի՞նչ հարցնելու բան է:

— Ուզում եմ ասել, որ ձուկն այս տարի թանկ է, կրակի գին:

— Թանկ է թե էժան՝ պետք է առնել, օրենք է…

— Այդ մի ռուբլի. յուղ, բրինձ, ածուխ, այդ էլ ամենաքիչը մի ռուբլի: Տերտերն էլ գալու է իհարկե:

— Տերտերն էլ, տիրացուն էլ:

— Պրծավ: Գրպանումս մնացել է ուղիղ երեք ռուբլի:

Հերիք է:

Ոչ, պետք է ուրիշ միջոց գտնել, ձուկն էլ անհրաժեշտ է, տերտերն էլ... Մեծ բան չի պահանջվում, դարձյալ մի երեք չորս ռուբլի: Գալուստը գիտե որտեղ գնել էժան զարդարանք տոնածառի համար: Ամեն օր նա երկու անգամ անցնում է մեծ հրապարակի վրա գտնվող փայտյա խանութների մոտով: Արդեն նա իր մտքում ընտրել է բոլորը, ինչ որ պահանջում է Ակոն: Ավելի՛: Արդեն նա ծառը զարդարել է իր ձեռքով և լուսավորել գույնզգույն մոմերով ու լապտերներով: Ակոն ուրախ-ուրախ թռչկոտում է ծառի շուրջը, ծափ տալով, պարելով, երգելով: Ինչպե՞ս են վառվել նրա սևորակ աչքերը, ինչպե՞ս են կարմրել նրա գունատ այտերը, ինչպե՞ս է նրա տափակ կուրծքն ուժգին բարձրանում ու իջնում:

Գալուստը սիրտ առավ կառավարչի օգնականից խնդրելու առաջիկա շաբաթվա վարձը:

— Ի՞նչ, — գոչեց օգնականը ծիծաղելով, — չկատարած աշխատանքի վարձ: Այդ որտեղ է տեսնված:

— Բայց ես կկատարեմ այդ գործը:

— Ոչ, եթե քեզ տամ, մյուսներն էլ կպահանջեն: Գնա գործիդ, առանց այդ էլ վերջերս դուք՝ բանվորներդ, շատ եք երես առել:

— Բայց տոնածառը, Ակոն մաշվում է, — ասաց մտքում Գալուստը և գլուխը կրծքին թեքելով, դուրս եկավ գրասենյակից:

Հուսահատությունը պաշարել էր նրանք նա տեսնում էր, որ այս անգամ էլ պետք է խաբի Ակոյին: Իսկ այդ ավելի դժվար է, քան առաջ, որովհետև Ակոն վեց տարեկան էր: Արդեն փոքրիկը մի տեսակ կասկածով ու թերահավատությամբ է նայում իր հոր երեսին և էլ առաջվա պես չի թախանձում: Այն օրը մանուկը, հորը ճանապարհ դնելով, ասաց.

— Եթե այսօր էլ չբերես, էլ քո խոսքին չեմ հավատալու, Գալուստը լուռ դուրս եկավ և գնաց գործի: Երբեք նա այնքան ճնշված չէր եղել: Նա, որ սովորաբար առավոտները գործի գնալիս երգում կամ շվացնում էր գյուղական երգեր:

Ինչպե՞ս: Ո՞րտեղից: Եվ որքան մտածում էր, այնքան ելքը դժվարանում էր: Նա մտավ գործարանի գավիթը, առանց սովորական բարևներ տալու աջ ու ձախ հանդիպող ընկերներին…

Հանկարծ նրա հայացքն ընկավ մեկ բանի վրա: Նա կանգ առավ մի քանի վայրկյան: Մի միտք անցավ նրա գլխով և անմիջապես պաշարեց նրա հոգին: Այնտեղ, գործարանի շրջապատի մոտ կար մի գորշ-դեղնագույն բան, որ փայլում էր արեգակի առավոտյան ճառագայթներից: Օրն երկու անգամ նա անցնում էր այդ առարկայի մոտով, ինչո՞ւ միայն այսօր ուշադրություն դարձրեց նրա վրա:

Գալուստը ժպտաց տարօրինակ ժպիտով: Նրա մռայլ դեմքի վրա փայլեց անսպասելի հուսո նշան: Նա մտավ արհեստանոց, պատռված չուխան հանեց, մի կողմ ձգեց և վերցրեց մի փութանոց մուրճը:

Ամբողջ օրը նա գործում էր և մտածում, այն գորշ-դեղնագույն առարկայի մասին, որ երևում էր արհեստանոցի մրոտ– լուսամուտից, և որքան շատ էր նայում, այնքան ավելի ու ավելի էր հուզվում:

Նրա հուժկու և հոլանի բազուկները գործում էին առանձին եռանդով, բայց անփույթ, չպահպանելով հարվածների հերթը և ընկերներին խանգարելով:

Ահա, վերջապես, վերջին սուլոցը՝ օրն ավարտված է: Գալուստը մուրճը դրեց իր սովորական տեղը, սրբեց ճակատը կապտագույն շապկի մրոտ փեշով, չուխան հագավ, սեղմեց գլխին գդակը և արհեստանոցից դուրս եկավ:

Օրն արդեն մթնել էր թեև դեռ վեց ժամն էր: Գալուստը մի անգամ ևս հիշեց Ակոյի դեմքը, լսեց նրա կեղեքիչ հարցը «էլի չբերեցիր» նրա գլուխը պտտեց: Այդ երեխան սպասելուց հոգնեց: Նա կարող է վշտից հիվանդանալ: Քիչ չեն պատահել նման դեպքեր: Ակոն կարող է մեռնել, Ակոն չի դիմանալ... Տեր աստված, ազատիր Գալուստին փորձանքից: Բայց աստված խուլ է աղքատների համար, Գալուստը վաղուց, շատ վաղուց գիտե այդ բանը: Որ այդպես է, ինչո՞ւ չարհամարհել նրա օրենքները, ինչո՞ւ չմեղանչել: Այո, Գալուստը կանե ինչ որ մի անգամ արդեն վճռել է անել, թող լինի, ինչ որ լինելու է: Հասնելով գործարանի շրջապատին, նա քայլերը դանդաղեցրեց: Թույլ տվեց որ ընկերները հեռանան. Դարբասի մոտ երկու պահապաններ խուզարկում էին բանվորներին, չլինի թե նրանք գործարանից բան տանեն իրենց հետ: Այդ կողմից նոր կառավարիչը, որ մի երիտասարդ ինժեներ էր, չափազանց խստապահանջ էր: Նա ասում էր.

— Ես կարող եմ բանվորին ամեն բան ներել, բացի գողությունից: Գողի համար ես գութ չունեմ:

Գալուստը մոտեցավ փայլուն առարկային, որ այժմ մի մութ կետ էր առանց ձևի: Նա մի վճռական շարժումն արավ, թեքվեց և իր ուժեղ ձեռքերով առարկան բարձրացնելով, շրջապատի վրայից ձգեց փողոց. Ապա նա հանգիստ քայլերով մոտեցավ դարբասին. Նա վերջինն էր: Պահապանները նրան սովորաբար չէին խուզարկում: Տասներկու տարի էր նա աշխատում էր այդ գործարանում, և ոչ ոք նրան չէր կասկածել: Նա հայտնի էր իր մանկական հեզությամբ և ամոթխածությամբ:

— Գնա՛: Գալո, մենք քեզ ճանաչում ենք, — ասաց պահապաններից մեկը սովորական դարձվածքը, երբ Գալուստը կանգ առավ դարբասի առջև:

Գալոն ցնցվեց այդ խոսքերից և շտապեց դուրս գալ: Դարբասը փակվեց: Փողոցում նա սպասեց մինչև որ բանվորների վերջին խումբն անհետացավ: Նա մոտեցավ այն տեղին, ուր գցել էր առարկան, հանեց չուխան, փաթաթեց նրա մեջ առարկան, վերցրեց կոնատակը ու հեռացավ արագ քայլերով, նրա համագյուղացիներից մեկը, գործարանից ոչ հեռու պահում էր մանր ապրանքների խանութ:

Գալոն ուղղակի այնտեղ գնաց, բարեբախտաբար խանութում ոչ ոք չկար, բացի խանութպանից:

— Օհո՛, Գալո՛ — հանդիպեց նրան մանրավաճառը, որ մի զվարթ, կատակասեր մարդ էր, կարմիր այտերով ու հաստպարանոցով, — ինչպես տեսնում եմ, քեֆդ ներսումդ վառել ես, որ ձյուն-ձմեռ չուխեդ կոնատակդ ես դրել:

Գալոն ոչինչ չասաց: Աջ ու ձախ նայելով, կապոցը դրեց վար և նայեց խանութպանի երեսին:

— Այդ ի՞նչ է:

— Կռան, — պատասխանեց Գալոն, — ճանապարհի վրա ընկած էր, վերցրի: Թող քեզ մոտ մնա, Մարուք ջան, էգուց կիմանանք ով է տերը, իրեն կտանք:

— Գտել ես, հա՛ա՛, — արտասանեց Մարուքը մի տեսակ նենգությամբ, — էհ՛ փառք աստծու, որ վերջապես դու էլ մի բան գտար: Ընկերներիդ շատերը շաբաթ չի անցնում, որ մի բան չգտնեն, թող մնա-կաշխատենք տիրոջը գտնել:

Գալոն ոչինչ չասաց, բայց հասկացավ, որ խանութպանը գուշակել է իր սուտը: Նա երեսը դարձրեց դուրս գնալու:

— Սպասիր, ա մարդ, ո՞ւր ես վազում, — կանչեց նրան խանութպանը:

Գալոն կանգ առավ:

Խանութպանը բաց արավ դրամարկղը և, այնտեղից դուրս բերելով երեք ռուբլի, առաջարկեց Գալոյին:

— Վերցրու, — ասաց նա:

— Ինչո՞ւ համար:

— Վերցրու, փող է, հող չէ:

Գալոն նայեց թղթադրամին, ապա Մարուքի երեսին և վիզը քորեց:

— Վերցրո՛ւ, նազ մի արա, քեզ համար է նորություն, ես սովոր եմ: Դուքանիս ետնում էլի կա դրանցից մի քանիսը, ընկերներդ են բերել: Ես բոլորի տերերին պետք է գտնեմ և, հե-հե-հե, պիտի տամ իրենց: Քո կռանի տիրոջն էլ կգտնեմ, միամիտ կաց, հե-հե-հե, քոնը երեք մանեթից ավելի չարժե: Վերցրու: Դե լավ, էս էլ քեզ մի մանեթ, եղավ չորս: Որ սպանես էլ ավելի տալ չեմ կարող: Ես գիտեմ, որտեղ ես գտել: Կառավարչին էլ եմ ճանաչում, օգնականին էլ, հասկանո՞ւմ ես ինչ եմ ուզում ասել: Վերցրու քրիստոսի առեք կերեքը վկա, ավելի չարժե...

Գալոն առանց մի բառ արտասանելու, խլեց խանութպանի ձեռքից դրամը և, չուխան հագնելով, դուրս գնաց:

Նա վազեց շուկա: Դրամն այրում էր նրա ձեռը, շտապեց ազատվել նրանից: Նա գնեց բոլորը, ինչ որ հարկավոր էր Ակոյի համար: Ավելացան մի քանի տասնյակ կոպեկներ: Գալոն մտավ գինետուն, իրարու ետնից խմեց չորս բաժակ օղի, առաջին անգամ իր կյանքում: Զվարթացավ և շտապեց տուն Ակոյին էլ զվարթացնելու:

Տոնածառը դուրս եկավ հրաշալի մի բան, մինչև անգամ ավելի լավ քան մի քանի հարուստ տներում: Գոնե այդպես ասացին հարևան կանայք:

Ակոն երջանիկ էր, Ակոն ուրախությունից ոտների տակ երկիր չէր զգում:

Ուրախ էր Ակոյի մայրը, նա շարունակ կրկնում էր.

— Ահ, վերջապես, վերջապես:

Բայց ի՞նչ պատահեց Գալոյին: Ահա երեք օր է նա դարձել է անճանաչելի: Ծննդյան երեկոն նա անցկացրեց տխուր մկրտության օրը նույնպես, հետևյալ օրը դարձյալ: Նա մեծ մասամբ, նստած խոնավ սենյակի մութ անկյունում, լուռ նայում էր մերթ տոնածառին, մերթ Ակոյին, մերթ հատակի մի կետին և գլուխը տարօրինակ շարժում: Կնոջ հարցերին պատասխանում էր մութ բառերով և ձեռքերի անորոշ շարժումներով: Ակոյի երախտագետ, համբույրներին պատասխանում էր ծանր հառաչանքներով, մինչև անգամ մի տեսակ սառնությամբ: Մի երկու անգամ նա փոքրիկին իրենից հրեց անսովոր կոպտությամբ: Մի անգամ էլ կնոջը հայհոյեց-չտեսնված բան:

Տոներն անցան, բայց տոնածառը դեռ ցցված էր սենյակի մեջտեղում:

— Հերիք է, վերցրու, դեն կորցրու, — ասաց Գալոն կնոջն այն առավոտ՝, երբ տոներից հետո աշխատանքը գործարանում սկսվել էր:

— Չէ՛, մայրիկ, թող մնա, թող մնա, — աղերսեց Ակոն:

— Պահիր ինչքան ուզում ես, բայց ես չտեսնեմ, չտեսնեմ: Նա շտապեց գործարան: Ամբողջ օրը նա ինքն իրենը չէր, աշխատում էր արբածի պես:

— Գալո, մուրճդ զգույշ բանեցրու, — կրկնում էր վարպետը շարունակ:

— Զգույշ եմ:

Բայց նա զգույշ չէր: Երկու անգամ նա զարկելու հերթը փախցրեց: Երրորդ անգամ նա շտապեց, և նրա մուրճը դիպավ ընկերոջ մուրճին: Այդ ընդհարումից ընկերը ստացավ զորեղ հարված ու ընկավ գետնի վրա:

— Ի՞նչ արիր, ավանակ, դու հարբած ես, — գոռաց վարպետը:

Առաջին անգամն էր Գալոն լսում այդպիսի բաներ:

— Ես հարբած չեմ, — ասաց նա մուրճի կոթը սեղմելով ձեռքերի մեջ:

— Ուրեմն ցնդվել ես:

— Խելքս գլխիս է, վարպետ:

Բարեբախտաբար, հարվածը վտանգավոր չէր և ստացողը բարի մարդ էր:

— Սաքո՛ւլ, — ասաց Գալոն, տարօրինակ ժպտալով, — մի ուրիշ անգամ դու կզարկես ինձ, երբ իմ օրին կլինես:

— Բայց ի՞նչ է քո օրը, ասա, որ մենք էլ իմանանք:

— Ոչի՛նչ, ոչի՛նչ:

Արտասանելով այս բառը, նա այնպիսի մի զորեղ հարված տվեց շիկացած երկաթին, որ սպիտակ պեծերը մինչև առաստաղ բարձրացան ու ընկան հեռավոր բանվորների վրա:

Մի քանի պեծեր դիպան վարպետի երեսին:

Բարձրացավ ընդհանուր ծիծաղ:

— Գալոն գիշերը տանը չի քնել, — կատակեցին ոմանք: Վարպետը կատաղեց:

— Դուրս եկ շարքից, դո՛ւրս, — գոռաց նա, — դու կարող ես մարդ սպանել:

Գալոն մուրճը իջեցրեց, հենվեց նրա կոթի վրա արմունկներով, նայեց աջ ու ձախ և ասաց.

— Վարպետ, — ես կյանքումս չեմ մտածել մարդասպանության մասին: Գողության մասին էլ չեմ մտածել:

— Դու հիվանդ ես, գնա տունդ, պառկիր, — ասացին մի քանիսը, — աչքերդ վառվել են կրակի պես:

— Ես հիվանդ չեմ:

Եվ կամեցավ գործը շարունակել, բայց այդ պահին հանկարծ սկսվեց մի իրարանցում:

— Ի՞նչ, ո՞վ, ե՞րբ, — լսվեցին այս ու այն կողմից: Բոլոր վարպետներն ու բանվորները դադարեցին գործելուց և շրջապատեցին կառավարչի օգնականին, որ գոռում էր.

— Շո՛ւտ, ամենքդ ժողովվեցե՛ք, իսկույն կգա:

— Ի՞նչ կա, ի՞նչ է պատահել, — հարցրեց Գալոյի վարպետը:

— Գողություն, — պատասխանեց մեկը, — կռան են գողացել գործարանից: Կառավարիչը գալիս է քննություն կատարելու:

Գալոն գունատվեց: Մուրճը ձեռում նա դանդաղ քայլերով մոտեցավ խմբվածներին:

Եկավ կառավարիչը գործակատարներով ու պահապաններով շրջապատված:

Տիրեց ընդհանուր լռություն: Բանվորների կոշտ ու մրոտ դեմքերն արտահայտեցին խորին լրջություն: Նրանք նայում էին իրարու երեսին հետաքրքրված, երկյուղով:

Գողությո՞ւն, ներկա կառավարչի օրերո՞վ, երբ գողությունը հայտարարված է սպանության հավասար ոճիր: Ո՞վ պիտի լինի դժբախտը, որ ինքն իրեն կործանում է:

Կառավարիչն ասաց.

— Լսեցեք, գործարանի բակից գողացված է մի մեծ, արժեքավոր կռան: Թե երբ, հայտնի չէ: Այս պատճառով ես պահապաններին կենթարկեմ տուգանքի: Բայց որ գողացողը ձեզնից մեկն է, այս ես հաստատ գիտեմ: Դե՛հ, թող առաջ գա մեղավորը և գողությունը խոստովանի: Ես նրան ոստիկանության չեմ հանձնիլ և բանտ չեմ նստացնիլ: Ես կարձակեմ առանց հետևանքների: Լսո՞ւմ եք:

Նորեն տիրեց լռություն, նորեն բանվորները նայեցին իրարու երեսին: Ապա սկսեցին շշուկներ, ենթադրություններ, փոխադարձ կասկածներ: Կասկածեցին ամենքին, բացի մի քանիսից, որոնց թվում էր Գալոն: Նրա շիտակությունը հայտնի էր ամենքին: Ոչ ոք չհիշեց նրա անունը, ոչ ոք չնայեց նրա երեսին: Իսկ նա կանգնած էր խմբից մի փոքր հեռու, մեն-մենակ, գունատ, աչքերը գետնին հառած: Նրա շրթունքները դողում էին, լայն կուրծքը ուժգին բարձրանում էր ու իջնում:

Կառավարիչը, մի քանի վայրկյան սպասելուց հետո, շարունակեց.

— Դուք լռում եք, ոչինչ չե՞ք ասում: Դուք չե՞ք ուզում մատնել ձեր ընկերոջը: Օգնական, հեռախոսով կանչեցեք պրիստավին և խնդրեցեք, որ հետը ոստիկանական շուն բերի: Շունը դրանցից ազնիվ է, նա կգտնի գողին: Պահապաններ, ինչո՞ւ չեք խոսում: Ո՞ւմ եք կասկածում, ասացեք:

— Սիմոնին, Ավետանց Սիմոնին, — ասացին պահապանները միաձայն:

Բանվորները հառաչեցին: Թեթևություն զգալով: Չէ՞ որ կասկած կարող էր ընկնել նրանցից յուրաքանչյուրի վրա:

Մի քանիսը, որոնց վրա անցյալում մեղքեր կային, ասացին:

— Այո՛, Սիմոնը հայտնի է, անկասկած նա է գողացել: Առաջ եկավ մի նիհար, կուրծքը ներս ընկած երիտասարդ:

— Դո՞ւ ես Սիմոնը, — հարցրեց կառավարիչը:

— Հրամանքս:

— Դո՞ւ ես գողացել կռանը:

— Չէ, աղա, ես գող չեմ:

— Այդ կտեսնենք, պահապաններ տարեք դրան, պահեցեք մի տեղ, ես իսկույն պրիստավին կկանչեմ հեռախոսով:

Պահապանները բռնեցին Սիմոնի թևերից:

— Թողեք ինձ, թո՛ղեք, ես գող չեմ, — պաշտպանվում էր բանվորը:

— Շունը կասե գող ես, թե չէ, — ծիծաղեցին ոմանք:

— Դե՛հ, ցրվեցե՛ք ձեր գործին, — հրամայեց օգնականը և հետևեց կառավարչին, որ գողին գտած համարելով, դիմեց դեպի արհեստանոցի դռները:

Հանկարծ Գալոն, որ մինչև այդ վայրկյան լուռ ու անշարժ կանգնած էր, գոռաց.

— Տղե՛րք, ասացեք կառավարչին, որ սպասե: Կառավարիչը կանգ առավ: Ամբոխը նորեն խմբվեց: Գալոն հանդարտ քայլերով մոտեցավ կառավարչին և գդակը վերցրեց:

— Կռանը ես եմ գողացել, — ասաց նա անհողդողդ ձայնով: — Սիմոնին բաց թողեցեք, նա անմեղ է:

Ամենքը զարմացան:

— Նա գժվել է, նա հարբած է, տելին է տալիս, — լսվեցին այս ու այն կողմից:

— Դո՞ւ, — զարմացավ կառավարիչը:

— Այո՛, ես, — կրկնեց Գալոն:

— Այդ անհավատալի է, — ասաց օգնականը:

— Սուտ է ասում Գալոն, նա չի գողացել: Նա ազնիվ մարդ է, — լսվեց շատերի բերնից:

— Գալոն ազնիվ էր, տոնածառը նրան գող շինեց, — պատասխանեց Գալոն:

— Տոնածա՞ռը ի՞նչ է ասում, պարզ խոսիր, — գոչեց կառավրիչը:

— Ես ասում եմ, կռանը ես եմ գողացել: Մարդ ուղարկեցեք մանրավաճառ Մարուքին հարցնելու…

— Կառավարիչը հրամայեց Սիմոնին ազատ թողնել:

Պահապանները մոտեցան Գալոյին:

— Հարկավոր չէ ինձ բռնել, — ասաց Գալոն, — ես ինքս կանեմ, ինչ-որ հարկավոր է:

— Եկ գրասենյակ, ես կկարգադրեմ, — հրամայեց կառավարիչը:

Գալոն հետևեց նրան:

Նույն երեկո նրան արձակեցին առաջին քննությունից հետո:

Կառավարիչը խնայեց նրա ընտանեկան կացությունը, բայց գործից զրկեց:

Հինգ օր անցած Գալոյի կապտած դիակը, գտան ծովի ափին, ավազանների մեջ:

# ԻՄ ԿՅԱՆՔԻՑ

Սիրելի մանուկներ, ես ուզում եմ ձեզ մի քանի բաներ պատմել: Կարծում եք դևերի, չար ոգիների մասին: Ոչ, իմ տեսածների և իմ լսածների մասին:

Հըմ, ի՞նչ կա, միմյանց երեսին եք նայում: Երևի վախենում եք, որ ես ձեզ ձանձրացնեմ: Դուք հանգիստ կացեք, ձեր աչքերի առջև կգան, կանցնին զանազան պատկերներ, ինչպես սինեմատոգրաֆի մեջ: Որը ձեզ կծիծաղեցնի, որը կտխրեցնի, որը կհավանեք, որը չեք հավանիր Բայց ինչ որ էլ պատմեմ, բոլորը պատահած բաներ են, ոչ մի հնարովի բան, ոչ մի հեքիաթ չկա:

Դեհ, խնդրեմ ականջ գնեք:

## I

## ՄԵՐ ՔԱՂԱՔԸ

Նախ ասեմ, թե ես ով եմ:

Անդրկովկասի մի անկյունում կա մի քաղաք, անունը Շամախի կամ Շիրվան:

Ա՛հ, հրաշալի է այդ քաղաքի բնությունը:

Այնտ՛եղ երկինքը կապույտ է, ինչպես փիրուզա, երկիրը բույսերով, ծաղիկներով փարթամ, ինչպես մի սքանչելի պարտեզ: Այնտեղ ձմեռը եղանակը մեղմ է, դուրեկան, ոչ քամի, ոչ փոթորիկ: Իսկ գարնանը և ամառը բարձրազագաթ ծառերի վրա գիշեր-ցերեկ երգում են անթիվ սոխակներ:

Եվ ի՞նչ համեղ մրգեր կան այնտեղ, եթե գիտենաք, ինչ հոտավետ պտուղներ:

Սուտ չի լինիլ եթե ասեմ, որ այդ քաղաքը երկրային դրախտ կլիներ, եթե չունենար մի մեծ դժբախտություն, այն էլ երկրաշարժը:

Գիտե՞ք ինչ ասել է երկրաշարժ:

Օ՜, օ, աստված ոչ անի, որ տեսնեք բնության այդ սարսափելի արհավիրքը:

Ես տեսել եմ երկու անգամ մեծ, շատ մեծ երկրաշարժ: Ամեն անգամ հենց որ երկիրը սկսում է շարժվել, գետն ի տակից լսվում է ինչ-որ խուլ թնդյուն: Կարծես այնտեղ թնդանոթներ են արձակում: Պատերը դիպչում են միմյանց, կենդանիները սարսափած սկսում են վազել դեսուդեն, շները ոռնալով, կովերը բառաչելով, ոչխարները մայելով, ձիերը խրխնջալով: Մարդիկ փախչում են իրենց տներից փոքրիկ երեխաներին գրկած: Ամեն ինչ քանդվում է, ավերակ դառնում տներ, եկեղեցիներ, ուսումնարաններ, բոլորը, բոլորը:

Այս է պատճառը, որ մի ժամանակվա հարուստ և փարթամ Շամախին, այսօր այնքան աննշան է, խեղճ, աշխարհում մոռացված:

Բայց, չնայելով սրան, մարդիկ այնտեղ էլի ուրախ են, զվարթ: Նրանք սրախոս են, սիրում են կատակներ անել, զվարճանալ: Հարուստ չեն, բայց ինչ որ ունեն, նրանով գոհ են և պառավ կանանց պես չեն տրտնջում: Բարի մարդիկ են, շատ հյուրասեր, շատ բարեկամասեր: Բայց մեր մեջ ասած, քիչ շատախոս են և պարծենկոտ:

Ահա այդ պստիկ և աննշան քաղաքում եմ ծնվել ես սրանից հիսունուերկու և կես տարի առաջ, մի գարնանային գիշեր:

## II

## ԻՄ ԾՆՈՂՆԵՐԸ

Իմ հոր անունն էր Մինաս: Նա մի շատ բարձրահասակ մարդ էր, խոժոռ դեմքով, թանձր շիկագույն բեղերով, որ միշտ ծածկած էին պահում նրա սեղմված բերանը:

Օօ, ես այժմ էլ հիշում եմ նրա խորն ընկած կապույտ աչքերը, որոնք թավ ունքերի տակից կայծեր էին արձակում բարկության միջոցներին:

Մորս անունն էր Օվսաննա:

Դա մի միջահասակ, քնքուշ կազմվածքով կին էր, գեղեցիկ դեմքով և թանձր ու զանգուր մազերով: Քաղաքում նրան անվանում էին «Սիրուն Սոնա»:

Նա ոչ միայն դեմքով էր սիրուն, այլև հոգով, սրտով, վարքով ու բարքով:

Շատ բարի և զգայուն կին էր: Հիշում եմ նրա դառը հառաչանքները, երբ տեսնում էր մարդկանց ցավն ու տանջանքները: Հիշում եմ նրա մեղմ, դուրեկան ժպիտները և թույլ ծիծաղը, երբ ուրախ էր: Նրա կինամոնագույն խոշոր աչքերը նայում էին սիրով ու գուրգուրանքով ոչ միայն իր զավակներին, այլև բոլոր, բոլոր երեխաներին:

Ես նրան պաշտում էի, ինչպես դուք եք պաշտում ձեր մորը, սիրելի մանուկներ:

Որքան մայրս մեղմ էր և հեզ, այնքան հայրս խստաբարո էր և հպարտ:

Այդ մարդը քիչ էր ժպտում, ավելի քիչ ծիծաղում: Բայց ազնիվ էր, արդարասեր, ճշմարտախոս, երբեք սուտ չէր ասում և ատելով ատում էր սուտ, խոսողներին: Ոչ ոքից չէր վախենում և ատում էր վախկոտներին, քանի-քանի՛ անգամ նա մեն-մենակ ձիով գիշերներն անցել է մութ անտառներ և ձորեր: Քանի՛ -քանի՛ անգամ ավազակների է հանդիպել և նրանց հետ հրացանաձգություն ունեցել: Եվ չնայելով իր արկածալի կյանքին, նա ապրեց ութսունհինգ տարի:

Նա ինձ միշտ ասում էր.

— Է՛յ, Ալեքսանդր, կյանքումդ շատ անգամ փորձանքի կհանդիպես, չվհատիս, հույսդ դիր աստծու վրա, թշնամիներ կունենաս՝ զգույշ կաց, բայց մի՛ վախենար: Բարեկամներ կունենաս, հավատարիմ եղիր նրանց, պահանջիր, որ նրանք էլ հավատարիմ լինեն քեզ: Սուտ չխոսես, չխաբես, բայց տես, որ ստախոսների հետ էլ գործ կունենաս, չխաբվես:

Թե հայրս և թե մայրս գրել-կարդալ չգիտեին: Բայց երկուսն էլ զգում էին, որ գրել-կարդալը լավ բան է:

Հայրս ժամանակ չուներ ինձնով զբաղվելու: Տարենը երկու անգամ նա սրբում էր իր չախմախի երկայն հրացանը, արծաթապատ ծուռ կոթանի ատրճանակը, լայն դաշույնը, ձի նստում և գնում Ղուբա քաղաք մի քանի ամիսներով:

Մայրս էր մեծ մասամբ հոգում իմ մասին: Եվ ես, ուղիղն ասած, նրան եմ պարտական, որ այսօր գրել-կարդալ գիտեմ:

## III

## ՈՒՍՈՒՄՆԱՐԱՆ

Յոթ տարեկան էի, երբ մայրս ինձ տվեց ուսումնարան:

Ես միջակ մանուկ էի, ոչ անշնորհք, ոչ էլ մեծ շնորհքով:

Աշխատասեր չէի, բայց շատ էլ ծույլ չէի: Էհ, ձեզ նման մի բան էի: Բայց ներողություն, կարելի է դուք ինձնից լավ եք: Տա աստված:

Ես շատ միամիտ տղա էի: Հա, քանի միտս է, պատմեմ ձեզ իմ միամտության մասին մի զվարճալի բան:

Մի օր ուսուցիչս, որին Սարգիս վարպետ էին կոչում, ինձ վրա բարկացավ: Դասս լավ չէի պատրաստել: Նա ականջս մի լավ քաշեց, հետո բաց արավ դասագիրքս և, ցույց տալով դասս, ասաց.

— Տես, էգուց այստեղից մինչև այստեղ ջուր կանես:

— Շատ լավ, վարպետ, ջուր կանեմ, — պատասխանեցի ես:

Մեր փողոցից ոչ հեռու կար մի աղբյուր: Մյուս օրը դասագիրքս տարա, պահեցի նրա տակ այնքան, որ բոլորովին ջուր դարձավ:

Բերի ուսումնարան և հպարտ-հպարտ ցույց տվեցի վարժապետիս:

Սարգիս վարպետը առաջ մի կուշտ ծիծաղեց: Բարի մարդ էր: Բոլոր աշակերտներն էլ ծիծաղեցին: Ես ապուշ-ապուշ նայում էի սրա նրա երեսին:

Հանկարծ Սարգիս վարպետը կատաղեց: Նա հրամայեք բաց անել առաջ մի, հետո մյուս ձեռիս ափը և սկսեց քանոնով տուր թե որ կտաս:

Լավ էր, որ քանոնի տափակ կողմովն էր զարկում և ոչ սուր կողմով, Այնուամենայնիվ, ձեռքերս սաստիկ ցավեցին: Ես լաց եղա:

— Անիրավ, — ասաց Սարգիս վարպետը, — ես քեզ երեկ ասացի, որ դասդ ջուր անես, այսինքն՝ անգիր անես ջրի պես, իսկ դու տարել ես գիրքդ թրջել ու բերել: Դե լավ, քիչ տըզա՛, դու դասագիրքդ ես ջուր արել, ես էլ քո աչքերը ջուր արի: Տես, մյուս անգամ ասածս լավ հասկացիր: Եվ դուրս բերելով գրպանից մի մեծ գույնզգույն թաշկինակ, սրբեց աչքերիս ջուրը, այսինքն արտասուքը:

Երկար, շատ երկար ժամանակ աշակերտները չէին մոռանում իմ արածը և միշտ ծաղրում էին ինձ:

Սարգիս վարպետը բողոքական էր: Նա մինչև անգամ ինքն էր առաջին անգամ բողոքականություն ընդունել հայերի մեջ: Իսկ իմ ծնողները լուսավորչականներ էին:

Մեր ծխական քահանան, Տեր-Սահակը, ատելով ատում էր բողոքականներին: Նա միշտ իմ մորը հանդիմանում էր, որ ինձ տվել է բողոքականների և ոչ լուսավորչականների ուսումնարան: Իսկ մայրս թեև տգետ կին էր, բայց հասկանում էր, որ բողոքական, լուսավորչական, թե կաթոլիկ միևնույնն է, բոլորն էլ մարդիկ են:

— Միայն թե իմ երեխան ուսում ստանա, ասում էր նա տեր-հորը:

Բայց և այնպես ես երկար չմնացի Սարգիս վարպետի մոտ: Մայրս ինձ դուրս բերեց և հանձնեց Տեր-Ավանեսի դպրոցը:

# IV

## ՏԵՐ-ԱՎԱՆԵՍԸ

Հիմա լսեցեք, թե այդ Տեր-Ավանեսն ով էր և ինչ:

Դա մի հասարակ գյուղացի էր եղել, եկել էր մեր քաղաքը, գրել կարդալ սովորել և եկեղեցում տիրացու դարձել, թե ինչպես էր քահանա ձեռնադրվել, աստված գիտե: Գլխավորն այն է, որ ինքը հազիվհազ ավետարանը կարդալ գիտեր, ուսումնարան էր բաց արել և դաս էլ էր տալիս մեզ, ամեն մեկից վերցնելով ամիսը մի ռուբլի:

Եվ ի՞նչ դաս, «այբ, ժե, ճե, ռա, բեն, ինի, մեն, սե» և այլն, բայց այն էլ ասեմ, որ մեծ աշակերտները կարդում էին սաղմոսագիրք, ավետարան, ավելի ուսյալները՝ աստվածաշունչ, մինչև անգամ ճարտասանություն:

Ես արդեն ուսյալներից էի:

Մի լղար դեմքով, սև, թանձր և երկայն մորուքով մարդ էր այդ Տեր-Ավանեսը: Նրա ունքերը միշտ կիտված էին, երեսը թթված, կարծես, միշտ փորը ցավում էր: Փռշտալիս երեսը խաչակնքում էր և ասում.

— Տեր, դու չարը խափանես:

Երկու բանում նա շատ եռանդուն էր, ուտելում և ծեծելում:

Ամենից ավելի սիրում էր խնձորի տոլմա և փախլավա: Ընկույզի հալվա էլ էր սիրում: Բայց ավելի պակաս, քան ճտով փլավ:

Մեր ծնողները այդ բանը գիտեին, ուստի ով կարող էր տեր-հորը բաժին էր ուղարկում: Ես այսօր էլ զարմացած եմ, թե ինչու այդ մարդը ուտում էր, ուտում, էլի լղար էր մնում:

Նա ծեծում էր մանավանդ այն աշակերտներին, որոնց ծնողները չէին կարողանում խնձորի տոլմա կամ ընկույզի հալվա ուղարկել նրա համար:

Ամենից շատ ծեծվում էր Շամչիանց Ավետը: Այն էլ ասեմ, որ դա մի վերին աստիճանի անհանգիստ տղա էր, շարունակ թռչկոտում էր, պարում, երգում: Երբեմն դասամիջոցներին կանգնում էր ձեռքերի վրա, գլուխը դուրս էր բերում ոտների արանքով և ասում.

— Փի՛շ, փի՛շ, փիշ, փիշ:

— Նա սիրում էր սրան-նրան խտխտել կամ կմշտել: Հակառակի պես միշտ իմ կողքին էր նստում և դասի ժամանակ շարունակ կմշտում էր ինձ: Առանց այդ էլ ով ասես, ինձ կմշտում էր, որովհետև մանուկ ժամանակս ես բավական հաստ էի:

Մի օր Ավետը ինձ այնպես պինդ կմշտեց, որ ես գոռացի.

— Վա՛յ, վա՛յ:

— Ի՞նչ պատահեց, — հարցրեց Տեր-Ավանեսը, երկայն ճիպոտը բարձրացնելով:

— Ճանձը կծեց ականջս, — պատասխանեցի ես:

Բանն այն է, որ ես վախեցա մատնել Ավետին: Նա կարող էր փողոցով անցնելիս ինձ մի լավ ծեծել, որովհետև ինձնից մեծ էր և ուժեղ:

— Ճանճի կծելով կարելի՞ է արջի պես բղավել, — կատաղեց Տեր-Ավանեսը:

Բարեբախտաբար այդ օրը մենք խնձորի տոլմա ունեինք և տեր-հայրն արդեն յուր բաժինը ստացել էր, նա ինձ չծեծեց:

Երբեմն Տեր-Ավանեսը գալիս էր մեր տուն: Ամեն անգամ «պահպանիչ» էր ասում: Հետո գովում էր իմ ժրությունը և աշխատասիրությունը: Մայրս նրան հյուրասիրում էր ջեջի օղիով և մուրաբաներով:

Ծիծաղս գալիս էր, երբ Տեր-Ավանեսը մուրաբա էր ուտում: Շատ անգամ ձմերուկի մեղրոտ կճեպը կամ վարդի տերևները ընկնում էին նրա երկայն մորուքի վրա և հետո սահում դեպի փարաչեն: Մի անգամ ընկույզի մուրաբայի, հետ երկու ճանճ կուլ տվեց առանց իմանալու: Եվ կարծում, եմ այս էր պատճառը, որ մյուս օրը նա մի լավ ծեծեց երկու աշակերտի, որ ճանճերի հետ խաղում էին:

Առհասարակ, հանգուցյալը համ լավ ուտում էր, համ էլ լավ ծեծում:

## V

## ԱՎԵՏԻ ՔԻԹԸ

Պետք է ասեմ ձեզ, որ Շամչիանց Ավետը շատ մեծ քիթ ուներ: Եվ օր օրի վրա այդ քիթը մեծանում էր:

Աշակերտները շարունակ ծաղրում էին, անվանելով նրան «քիթ Ավետ»: Նա բարկանում էր, կատաղում, աջ ու ձախ բռունցքով, ոտով, գլխով սրան էր խփում, նրան: Բայց ո՞ր մեկին հաղթեր: Չնայելով իր ուժին և քաջությանը, նա օր օրի վրա ընկճվում էր ու խեղճանում իր քթի պատճառով:

Վերջը, տեսնելով, որ հնար չկա ամենքի հետ կռվելու, սկսեց ինքն էլ ծաղրել իր քիթը: Կարծում էր, որ եթե ինքը ծաղրե, ուրիշները կդադարեն ծաղրելուց: Բայց չեղավ: Քանի նա խեղճանում էր, այնքան աշակերտները երես էին առնում:

Մանավանդ կար մի պստիկ տղա Աղալո անունով: Դա կատարյալ երկնային պատիժ էր Ավետի քթի համար:

Մի օր դասի ժամանակ Աղալոն թղթից շինեց մի կով, գլուխը թանաքով ներկեց և դրեց Ավետի քթի վրա: Հետո հանգիստ կերպով գլուխը թեքեց դասագրքին, իբր թե դաս է սովորում:

Ավետը, իհարկե, իսկույն կովը քթից դեն գցեց և բռունցքով մի լավ զարկեց Աղալոյի կողքին:

— Վա՛յ մամա, — գոռաց Աղալոն և լաց եղավ:

— Ի՞նչ պատահեց, — ասաց Տեր-Ավանեսը, որ այդ ժամանակ մի մեծ տանձ էր կճպում, որ ուտի:

— Ավետը ինձ կոփեց, — զանգատվեց Աղալոն, հեկեկալով:

— Իժ, օձի զավակ, ես քո քիթը կջարդեմ, — գոչեց Տեր-Ավանեսը մոտենալով Ավետին: Դե եկ մեջտեղ, եկ տեսնեմ:

Շատ բողոքեց խեղճ Ավետը, որ մեղավորը Աղալոն է: Ինձ էլ վկա բերեց, ոչինչ չօգնեց:

Բանն այն է, որ տանձը Աղալոյի հայրն էր ուղարկել Տեր-Ավանեսի համար: Ինչպե՞ս կարելի էր նրա որդուն ծեծել գոնե այն օրը:

— Ֆալախկան բերեք, — հրամայեց Տեր-Ավանեսը: Ֆալախկան բերեցին: Այդ մի բավական երկայն և հաստ փայտ էր: Նրա ծայրերից կապած էր մի կաշվե ամուր թոկ:

— Պառկիր, — հրամայեց Տեր-Ավանեսը: Ավետը պառկեց խսիրի վրա երեսն ի վեր:

— Ոտներդ բարձրացրու, — շարունակեց Տեր-Ավանեսը: — Այ, այդպես: Հագցրեք ֆալախկան: Շուռ տվեք, ա՛յ այդպես:

Երկու աշակերտ բռնեցին ֆալախկայի ծայրը: Ավետի ոտները ցցվել էին օդի մեջ անշարժ: Պատառոտված զուլպաների միջից երևում էին նրա մատները:

Տեր-Ավանեսը, ճիպոտը տալով ինձ, հրամայեց, — Զարկիր:

Ուղիղն ասած, ես խղճացի Ավետին: Ինչ մեղավոր էր նա, որ մեծ քիթ ուներ: Մի քանի անգամ ճիպոտը զարկեցի և կանգ առա:

— Զարկիր,-հրամայեց Տեր-Ավանեսը, շարունակելով տանձն ուտել:

Մի քանի թույլ հարվածներ ևս տալով, էլի կանգ առա: Ավետը բառաչում էր հորթի պես:

Նրա ոտներն արդեն կարմրել էին: Մատներն այնպես ցցվել էին, որ կարծես, սպառնում էին փորս խրվել:

— Խեղճ է, — ասացի ես: — Մեղավոր չէ:

Տեր-Ավանեսը մի ապտակ տվեց ինձ, առավ ճիպոտը և այնքան զարկեց, որ խեղճ Ավետն ուշաթափվեց:

— Ջուր բերեք, — հրամայեց Տեր-Ավանեսը:

Մի կուլա ջուր բերեցին,ածեցին Ավետի գլխին, ուշքի եկավ: Վեր կացավ և տնքտնքալով ու կաղեկաղ գնաց, նստեց յուր տեղը:

Հետևյալ օրը նա ուսումնարան չեկավ:

Երրորդ օրը եկավ գույնը թռած, լղարած և լուռ նստեց յուր տեղը: Նա ոչ մի խոսք չարտասանեց մինչև վերջ:

Աշակերտները փորձեցին դարձյալ սրախոսել նրա քթի վրա, ուշադրություն չդարձրեց: Ես մի քանի անգամ լսեցի նրա ծանր հառաչանքները: Որքան էլ փոքր լինեի և միամիտ, հասկացա, որ ընկերս տանջվում է: Ես խղճացի նրան կամեցա կարեկցություններ արտահայտել: Պետք է ասած, որ Տեր-Ավանեսի ուսումնարանում սեղաններ չկային, մենք նստում էինք հատակի վրա, ծալապատիկ: Ես մի քանի անգամ ծնկովս կամացուկ զարկեցի Ավետի ծնկանը: Նա չհասկացավ, կարծեց չարություն եմ անում: Այն ժամանակ ես բռնեցի նրա ձեռը և ամուր սեղմեցի:

Այս անգամ նա հասկացավ, նայեց ինձ և բարեկամաբար ժպտաց:

— Ալեքսան, — դարձավ նա ինձ, երբ փողոց դուրս եկանք: — Ես ուզում եմ քեզ հետ խոսել:

Նրա ձայնը դողում էր, դեմքը քուրջ էր:

— Ասա ինչ որ ուզում ես, — պատասխանեցի ես:

— Մեկել օրը դու չէիր ուզում սաներիս ճիպոտով խփել: Ես հասկացա, որ խղճում ես ինձ: Շնորհակալ եմ: Դու լավ տղա ես, դու մեր հարևանն ես, դու չես ծաղրում իմ քիթը: Ձեռդ տուր, բարեկամներ ենք:

Ես զգացված սեղմեցի ձեռը:

— Գալով Աղալոյին, — շարունակեց նա, — դու կտեսնես այս րոպեին, թե ինչպես կխրատեմ նրան:

Այս ասելով, Ավետը վազեց առաջ, բռնեց Ազալոյի թևերը երկու ձեռքերով և ասաց.

— Այ դու կատվի դունչ, մկան պոչ, խլեզ, քո պատճառով իմ ոտքերը ֆալախկայի մեջ դրին, ծեծեցին, ուռցրինք, Հիմա էլ ցավում են: Դու ծաղրում ես քիթս հա: Դե կեր:

Եվ սկսեց ծնկով արագ-արագ խփել Ազալոյի ծնկներին, փորին, կրծքին, այնքան, որ տղան բղավեց, մեզ կանչելով օգնության:

Մենք հազիվ կարողացանք Աղալոյին ազատել Ավետի ամուր ճանկերից:

Այդ օրից Ավետը և ես դարձանք բարեկամներ: Ես կռվում էի ամենքի հետ՝ ով ծաղրում էր նրա քիթը:

## VI

## ՏԱՏԻՍ ՎԵՐՔԸ

Հայրս աստվածաշունչ շատ էր սիրում և ամեն երեկո ինձ ստիպում էր կարդալ:

Ես նստում էի մինդարի վրա ծալապատիկ և բարձր ձայնով կարդում:

Մայրս, մի կողմ նստած, թոռ էր հյուսում, մեծ մայրս շարունակ քթախոտ էր քաշում և փռշտում: Իսկ հայրս, ոտները ձգած, երկայն չիբուխը բերնին, աչքերը հատակին մի կետի հառած, ուշադիր լսում էր:

— Տեղ-տեղ նա ընդհատում էր ինձ, ասելով.

— Այդ կտորը մեկ էլ կարդա: Այսպես էին անցնում իմ երեկոները:

Գիշերները քնում էի տատիս հետ: Եվ ամեն գիշեր նա ինձ պատմում էր հեքիաթներ: Օօ, ես շատ էի սիրում այդ բարձրահասակ, հաղթանդամ պառավին, ոչ պակաս, քան մորս և ավելի, քան հորս:

Մի գիշեր, երբ նա շապիկը փոխում էր, ես նրա աջ կողքի վրա տեսա մի մեծ սպի, այսինքն՝ վերքի հետքՆրա ներկայնությունը կլիներ մի մատիտի մեկ ու կեսի չափ:

— Տատ, այդ ինչ է կողքիդ վրա, — հարցրի ես հետաքրքրված:

Տատիս դեմքը մռայլվեց:

— Քո բանը չէ, — ասաց նա:

Ես լռեցի, բայց այնուհետև սպին ինձ ավելի հետաքրքրեց:

Ամեն երեկո հարցնում էի տատիս, թե ինչպե՞ս և որտ՞եղ է ստացել այդ վերքը, նա պատասխանում էր:

— Հետո կպատմեմ, հետո:

Եվ միշտ, երբ այս ասում էր, նրա ձայնը դողում էր, դեմքը մթնում:

— Տեր աստված, — մտածում էի ես, — այդ ի՞նչ է նշանակում:

Հետաքրքրությունից սիրտս թրթռում էր, ես անհամբեր սպասում էի, երբ պիտի տատս պատմի յուր վերքի մասին: Բայց նա շարունակ հետաձգում էր յուր պատմությունը: Երբեմն, երբ ես շատ էի թախանձում, բարկանում էր վրես:

Չմոռանամ ասել, որ այդ կինը յուր որդու պես մռայլ էր և խստաբարո: Նա միշտ տխուր էր: Ասեմ դրա պատճառը քանի միտս է: Նա ուներ երկրորդ, որդի, որ իմ հորեղբայրն էր: Այդ մարդը, որի անունն էր Հարություն, շատ սանձարձակ էր, ծույլ, շռայլ և արբեցող:

Ամեն գիշեր նա թափառում էր գինետներում, կռվում սրա ու նրա հետ, ծեծում, ծեծվում:

Տատս նրան սիրում էր անչափ և միշտ աղերսում էր նրան թողնել գինետները, վատ ընկերներին և դառնալ բարի, աշխատասեր մարդ: Ոչինչ չէր օգնում:

Ամեն գիշեր տատս հատակի վրա դնում էր մի սխտոր և ասեղի ծայրով մի կլոր շրջանակ գծում նրա շուրջը:

— Տատ՛, այդ ի՞նչ ես անում, — հարցրի ես մի անգամ: .

— Հորեղբորդ պահպանում եմ փորձանքներից:

— Ուրեմն, սխտորը հորեղբայրս է:

— Այո, իսկ այս շրջանը նրա պահապանը:

Ասաց տատս և սկսեց երեսը խաչակնքել ու աղոթել:

Մի երեկո նա, վերջապես, զիջեց իմ թախանձանքին և համաձայնվեց պատմել յուր կողքի վերքի մասին:

— Օհ, — ասաց նա, — քեզնից ազատվել չի կարելիք, նստիր և ականջ դիր:

Եվ նա, մի պտղուց քթախոտ քաշելով, փռշտաց մի քանի անգամ և ահա թե ինչ պատմեց...

## VII

## ՏԱՏԻՍ ՊԱՏՄՈՒԹՅՈՒՆԸ

— Սիրելի թոռնիկս, — այսպես սկսեց տատս իր պատմությունը, մազերս շոյելով յուր չորացած և պողպատի պես ամուր մատներով, — դու գիտես, որ ես բացի երկու որդուց, ունիմ չորս աղջիկ:

— Նուրջի, Ոսկի, Շուշան և Թագուհի հորաքույրերս, — շտապեցի ավելացնել ես արագ-արագ:

— Այո, շարունակեց տատս, — մի անգամ ևս քթախոտ քաշելով և փռշտալով: Ամենից փոքրը Թագուհին է և ամենից հարուստը: Դեռ սրանից քսան տարի առաջ նրա ամուսինն ամեն ամառ գնում էր Ռուսաստան ապրանք բերելու: Ահա հենց այդ ժամանակվա մասին է պատմությունս:

Ականջ դիր:

Ես արմունկներս դրի ծնկներիս վրա, գլուխս հենեցի ձեռքերիս ափերին, աչքերս հառեցի տատիս երեսին և սկսեցի ուշադրությամբ լսել:

— Երբ Թագուհու մարդը քաղաքից հեռանում էր, աղջիկս մնում էր մեն-մենակ: Նա երիտասարդ էր, նոր էր ամուսնացել, դեռ երեխաներ չուներ: Նրա տունը լիքն էր Խորասանի գորգերով, Քիրմանի շալերով, Չին ու Մաչինի ամաններով, Մոսկովի թանկագին մաշկեղենով, ոսկեղենով, արծաթեղենով: Այն ժամանակ շաբաթ չէր անցնում, որ մեր քաղաքում սրան-նրան չկողոպտեին: Ես աղջկանս մենակ թողնել չէի կարող: Գիշերներն անց էի կացնում նրա մոտ, որ գողերից և ավազակներից պաշտպանեմ:

Ես խորին պատկառանքով նայեցի տատիս հսկայական թիկունքներին և առնական բազուկներին: Դեռ երեկ նա ցորենի ջվալը մեն-մենակ բարձրացրել էր և դրել մշակի մեջքին: Ինչ ուժ կունենար քսան տարի առաջ:

— Մի գիշեր ես ու հորաքույրդ քնած էինք տան պատշգամբի վրա, — շարունակեց նա մռայլ ձայնով: — Ամառային գիշեր էր, սենյակում տոթից շունչ քաշել չէր լինում: Դու գիտես, որ այդ պատշգամբի ծայրում կա մի լուսամուտ, որ նայում է դեպի մի փոքրիկ պարտեզ: Շատ էի քնել, թե քիչ չգիտեմ, մեկ էլ լսեցի, որ լուսամուտից ինչ-որ ծանր բաներ ընկան պատշգամբի վրա: Ես զարթնեցի, նստեցի անկողնի մեջ: Լռություն, ամեն ինչ հանդարտ էր: Միայն հեռվից, շատ հեռվից լսվում էին շան հաչոցներ: Լուսին չկար, բայց երկինքը պարզ էր, աստղերը պսպղում էին ալմաստի պես:

Նայեցի աջ ու ձախ, ոչ ոք և ոչինչ: Հորաքույրդ հանգիստ քնած էր: Ես նորից պառկեցի և վերմակը քաշեցի գլխիս:

Նոր աչքերս խուփ էի արել, հանկարծ ոտներիս վրա զգացի մի ինչ-որ ծանրություն և ցավ: Կարծես մեկն ինձ կոխկրտելով, անցավ...

— Տատ, — գոչեչի ես, — ընդհատելով պառավի խոսքը, — ես վախենում եմ:

Տատս գրկեց ինձ, սեղմեց յուր լայն կրծքին:

— Հիմար, ինչի՞ց ես վախենում, ես այստեղ եմ, — շարունակեց նա, գլուխս համբուրելով: Ես արագությամբ ոտքի թռա, գոռալով. «Ո՞վ էր նա»: Աստղերի լուսով պատշգամբի ծայրում նշմարեցի հինգ-վեց մութ պատկերներ: Մեկը նրանցից կամացուկ մոտեցավ այն սենյակի դռներին, որտեղ գտնվում էին հորաքրոջ թանկագին իրերը:

Ես իսկույն հասկացա բանի էությունը: Ավազակներ էին: Իմ ձայնից հորաքույրդ զարթնել էր և նույնպես ոտքի կանգնել: Սև պատկերներից երկուսը մոտեցան ինձ: Կիսախավարի մեջ նկատեցի, որ նրանք զինված են մեծ-մեծ դաշույններով: Թոռնիկս, մարդ վտանգների ժամանակ չպիտի ուշքը կորցնի: Սառնությունը հաղթության քույրն է: Ես չշվարեցի: Առանց երկար մտածելու վերցրի վերմակս և մի ակնթարթում ձգեցի ինձ մոտեցողների գլխին: Հորաքույրդ հետևեց իմ օրինակին:

— Անիծվածներ, ես ձեզ կխեղդեմ շան պես, — գոչեցի ես թրքերեն, — և երկուսին միասին գրկելով, բարձրացրի ու գցեցի լուսամուտով դեպի պարտեզ...

Արտասանելով այս խոսքերը, տատս կանգ առավ, երկյուղից և ուրախությունից սիրտս թրթռում էր բռնված ծտի պես:

Տատս հանգիստ էր: Նա քթախոտ էր քաշում:

— Հե՞տո , հետո , — գոչեցի ես անհամբերությունից շնչասպառ:

— Օօ՛, հորաքույրդ քաջ կին է — շարունակեց պառավը հիացմամբ: Նա իմ աղջիկն է իսկ և իսկ: Նա էլ մեկին շպրտեց դուրս: Ես վերցրի բարձս և ձգեցի այն մեկի երեսին, որ մոտեցել էր դռներին:

Մնացյալները մոտեցան ինձ: Բայց ես այլևս վախ չունեի: Հարձակվեցի նրանց վրա, երկայն մինդարը վերցնելով:

— Օգնություն, օգնություն, — աղաղակում էր հորաքույրդ, — մեզ սպանում են:

Սկսվեց անհավասար կռիվ երկու անզեն կանանց և երեք ավազակների մեջ: Օօ, եթե ձեռքիս լիներ մի դաշույն, ոչ մեկին կենդանի չէի թողնիլ:

Բակում լսվեցին ձայներ: Մեկը հրացան արձակեց: Դրանք մեր հարևաններն էին, որ եկել էին մեզ օգնելու: Նրանք զինված էին որը հրացանով, որը դաշույնով, որը փայտով:

Հանկարծ կողքիս վրա զգացի ինչ-որ տաքություն, ապա սաստիկ ցավ: Ձեռս մոտեցրի, զգացի թացություն:

Ինձ վիրավորել էին դաշույնով. Արյունը հոսում էր աղբյուրի պես: Ես ուշաթափվեցի ընկա:

Բայց տունն և աղջկաս կյանքը ազատված էին: Ավազակները փախան, տանելով իրենց հետ ջարդված ընկերներին:

— Ահա իմ վերքի պատմությունը, թոռնիկս, — ավարտեց տատս, մի անգամ ևս քթախոտը մոտեցնելով յուր քթի լայն պնչերին: — Հանգստացա՞ր: Այժմ պառկիր և քնիր:

Բայց ես այնքան ազդվել էի, այնքան հուզվել, որ այդ գիշեր մինչև լույս չկարողացա աչքերս փակել:

## VIII

## ՄԵՐ ԹԹԵՆԻՆԵՐԸ

Մենք ունեինք հինգ թթենի — մեկը բակում, չորսը փողոցում:

Հենց որ թթի ժամանակը գալիս էր, այդ ծառերը դառնում էին իմ պարծանքը և հոգսը:

Ազատ ժամերիս մեծ մասը նրանց էի նվիրում:

Չարաճճի մանուկները հանգստություն չէին տալիս խեղճերին: Ով ճարպիկ էր — բարձրանում էր նրանց վրա և կապիկի պես ճյուղից ճյուղ ոստոստալով, ուտում էր համեղ պտուղները: Ով չէր կարող -ցածից քարեր և փայտեր էր զցում և թութը թափում գետնին: Էլ չէին սպասում, որ պտուղը հասունանա, կարզին թափ տանք և բաժանենք ամենքին:

Չեք կարող երևակայել, թե այդ բանը որքան վշտացնում էր ինձ: Հազիվ անմեղ պտուղները զարդարում էին կանաչ ճյուղերը, հազիվ ծառերը սկսում էին հպարտ-հպարտ մտիկ անել դեպի վեր — կապույտ երկնքին, դեպի վար — անցորդներին — կողոպուտը սկսվում էր: Ես ասում էի ամենքին.

— Տղերք, որքան ուզում եք կերեք թութը, բայց ծառերին մի չարչարեք: Մեղք է:

Ով էր լսում ինձ: Չար ձեռքերը օրը մինչև երեկո քարեր ու փայտեր էին արձակում խեղճերի վրա և նրանց տանջում: Շատ անգամ մի երկու թթի համար ահագին ոստեր էին կոտրում:

Ես էի միայն նրանց պաշտպանը: Ախ, այդ կանաչազարդ ոստերը, որպիսի ճչով և աղաղակներով էին պոկվում ճյուղերից և ընկնում գետնի վրա: Ամեն անգամ, երբ տեսնում էի նրանց սալահատակի վրա սփռված, սիրտս էր մղկտում: Ինձ թվում էր, որ դրանք իրանց մայրերի կրծքից խլված ու սպանված երեխաներ են, և մայրերը ողբում են նրանց:

Ամենից ավելի կարմիր թթի ծառերն էին չարչարվում, որովհետև նրանց պտուղն ավելի համեղ էր: Լացս էր գալիս, երբ վայր ընկնող ոստերի հետ ընկնում էին հասունացած հատիկները: Կարծես դրանք ծառերի արցունքները լինեին: Կարմիր արցունքներ, արյան արցունքներ:

Օօ, սիրելի ծառեր, մանկությանս սքանչելի ընկերներ, երեսունհինգ տարի է ձեզ չեմ տեսել:

Չորացե՞լ եք արդյոք, թե անգութ կացինը կտրել է ձեզ բնից: Եթե դեռ կենդանի եք, ո՞վ է ձեզ պաշտպանում ձեր ծերության հասակում, ազնիվ բարեկամներ, հիշում եմ ձեզ անհուն սիրով և երախտագիտությամբ: Դուք ինձ շատ եք ուրախացրել, շատ հիացրել, շատ կերակրել:

Եվ քանի-քանի անգամ ամառվա շոգ օրերին պատսպարել եք ինձ ձեր հովասուն ճյուղերի տակ ու զովացրել: Քանի-քանի անգամ ես ձեր պատճառով ծեծվել եմ և ծեծել եմ, հիմա էլ գլխիս վրա մնում է այն վերքի տեղը, որ ստացա մի պատանու զցած քարից:

Մնացեք բարև, ազնիվ ընկերներ, ես այլևս ձեզ չեմ տեսնի…

## IX

## ՊԱՏԵՐԱԶՄ

Մի օր ուսումնարանից նոր վերադարձած, մածնի փրթոշ էի ուտում: Դարձյալ լսեցի մեր թթենիների աղաղակը:

Նրանք ինձ օգնության էին կանչում: Վազեցի փողոց և ինչ տեսա, տեր աստված: Թուրք պատանիների մի մեծ խումբ վայրի գազանների նման հարձակվել են բարեկամներիս վրա և անխնա փշրտում են նրանց ոստերը, մինչև անգամ ճյուղերը:

Արյունս գլխովս տվեց, աչքերս մթնեցին:

Գոռալով հարձակվեցի թուրքերի վրա, մեկին ապտակեցի, մյուսին աքացի տվեցի, երրորդին թավալեցի գետնին: Բայց ո՞ր մեկի հետ կռվեի: Նրանք տասը հոգուց ավելի էին:

Հեկեկալով վազեցի տուն և տատիս գանգատվեցի:

Պետք է ասեմ, որ վերջի պատմությունը լսելու օրից տատս իմ աչքում դարձել էր հերոսուհի: Ինձ համար այլևս չկար աշխարհի երեսին ավելի քաջ ոչ միայն կին, այլև տղամարդ:

Տեսնելով արտասուքս, նա կատաղեց վագրի պես: Այդ ութսունհինգ տարեկան պառավը ոտքի թռավ ինչպես քսան տարեկան աղջիկ: Գնաց բակը, վերցրեց մի բահ և վազեց փողոց:

Ես հետևեցի նրան, զինվելով մի մեծ փայտով:

— Էյ, լակոտներ, ինչպես եք համարձակվում Բոշանց Ծաղիկի թոռնին լացացնել:

Տեղն է ասել — սիրելի մանուկներ, որ տատիս անվանում էին Բոշանց Ծաղիկ: Ասում էին, թե իբր նրա պապը եղել է բոշա, այսինքն՝ գնչու:

Թուրք պատանիները առաջ ծիծաղեցին տատիս տեսնելով, հետո հարձակվեցին մեզ վրա, փոքրիկ գայլերի պես:

Ես այսօր էլ լսում եմ տատիս սարսափելի գոռոցը, այսօր էլ տեսնում եմ օդի մեջ նրա զարհուրելի բահը, առաջին հարվածը նա տվեց մի չեչոտ հաստավիզ պատանու:

Թուրքերն ավելի կատաղեցին: Օգնության հասավ Ավետն երեք-չորս ընկերներով, փայտերով զինված և չուխաները կոներին փաթաթված, ինչպես վահան:

Փայտերի հարվածներ էին, որ տեղում էին մեկ և մյուս կողմից կարկտի պես: Մենք կամ նահանջ էինք տալիս, կամ հարձակվում, նայելով հանգամանքներին:

Ավե՛տ, Ավետ, երբեք չեմ մոռանա այդ օրը: Երբեք քո քիթն այնքան համակրելի չէ եղել ինձ համար, որքան այդ օրը: Հենց այդ օրն էր, որ ես զգացի, թե մարդ կարող է ունենալ մեծ քիթ, ծուռ աչքեր, կուզ մեջք, կաղ ոտներ, բայց այդ չի խանգարում նրան լինել, միևնույն ժամանակ, քաջ տղա, ազնիվ ընկեր, վեհանձն հոգի: Հենց այդ օրն էր, որ ես վճռեցի ոչ միայն չծաղրել մարդկանց մարմնավոր թերությունները, այլև ոչ ոքի թույլ չտալ ինձ մոտ ծաղրելու:

Հաղթությունը մենք տարանք, տատիս և քաջ Ավետի շնորհիվ:

Մենք ետ դարձանք հպարտ-հպարտ ինչպես հաղթական պատերազմից վերադարձող զորք: Տատս գնում էր առջևից, բահը ուսին դրած, մենք հետևում էինք նրան, գոռալով.

— Հափ, հափ, հուռռա՛, աղա, հուռռա՛:

Այդ երեկո ուրախությունից մեր փողոցում վառեցինք մի մեծ խարույկ և սկսեցինք նրա վրայով թռչկոտել ետ ու առաջ:

# X

## ԳԱՍՊԱՐ ՎԱՐԺԱՊԵՏԸ

Մի տարի անցած ինձ դուրս բերեցին Տեր-Ավանեսի մոտից և տվեցին Գասպար վարժապետին:

Մինչև հիմա էլ չգիտեմ ինչու համար էր այդ տեղափոխությունը. Ես արդեն ճարտասանությունը ջրի պես էի կարդում, իսկ ավետարանն ու աստվածաշունչն անգիր գիտեի:

Թե ի՞նչ սովորեցրեց ինձ Գասպար վարդապետը, միտս չէ:

Բայց երբեք չեմ մոռանալ նրա կերպարանքը: Դա մի հաստավիզ, հաստափոր մարդ էր, մոտ քառասունհինգ տարեկան: Երեսն ու մեծ-մեծականջներն այնքան կարմիր էին, որ բարկանալիս կապտում էին բաղրջանի պես:

Բայց նա շատ քիչ էր բարկանում և իսկի մեզ չէր ծեծում: Միայն շուտ-շուտ հազում էր և երբեմն այնպես սաստիկ, որ կարծում էինք, թե պիտի խեղդվի: Երբ հազը վերջանում էր, նա յուր խոշոր պլպլող աչքերը տնկում էր մեզ վրա և ժպտում: Կարծես ասում էր.

— Տեսա՞ք, ինչ լավ պրծա:

Մենք սիրում էինք Գասպար վարժապետին, նա այնքան բարի էր, որ հաճախ մեզ հետ կատակներ էր անում:

Դասերի ժամանակ ոգևորում էր: Արագ-արագ անցուդարձ էր անում ետ ու առաջ: Նրա ոտները կարճ էին և մի քիչ ծուռ, ուստի ման էր գալիս ինչպես բադ՝ աջ ու ձախ երերվելով: Նրա լայն լաջվարդի գույնի շալվարը շրջազգեստի պես ծալծլվում էր ու ալիքներ գոյացնում: Նրա դուրս ցցված փորից արծաթե գոտին ստեպ-ստեպ ցած էր իջնում:

Գասպար վարժապետը շատ էր սիրում Մաղրասի գինի և խոզի մսի խորոված: Հաճախ մենք նրան տեսնում էինք գինետներից դուրս գալիս: Երբեմն նրանից տկճորի հոտ էր փչում:

Մի բան ատելով ատում էր Գասպար վարժապետը– աշակերտների հարցերը: Երբ նրան թվաբանությունից կամ քերականությունից որևէ բան էինք հարցնում, նա միշտ ասում էր.

— Ջահլես մի տարեք, կմեծանաք, կիմանաք:

Իրավ, հենց որ մեծացանք, իմացանք, որ Գասպար վարժապետը ոչինչ չգիտեր:

Բայց ներողություն, սխալվեցի մի փոքր: Գասպար վարժապետը շատ լավ գիտեր այն բանը, ինչ որ այսօր անվանում են գործնական դաստավություն: Շաբաթը մի կամ երկու անգամ նա մեզ տանում էր քաղաքից դուրս յուր կնոջ համար սունկ ժողովելու կամ փիփերթ ու գաղձ քաղելու: Իսկ տանը մեզ ստիպում էր թափ տալ յուր գորգերն ու խփիրները, հորից ջուր դուրս բերել: Աշնանը բարձրանում էինք նրա տան տափակ հաղյա կտուրը և նրա ճեղքերը հարթում մոխիրով կամ հարդով: Հետո բանքվով ծեծում էինք, ամրացնում որ առաստաղը չկաթի անձրևի ժամանակ: Ձմեռն էլ կտուրը մաքրում էինք ձյունից:

Մի անգամ աշակերտները ապստամբվեցին, ասելով, թե չեն ուզում այդ տեսակ դասերով պարապել: Գասպար վարժապետը չբարկացավ, բայց շատ խնդրեց, որ գժություն չանենք:

— Դուք իմ սիրուն բալաներս եք, — ասաց նա, — խոսքս տափը մի գցեք, թե չէ կնիկս...

Բանն այն է, որ այդ օրը Գասպար վարժապետի կինը լվացք ուներ: Մենք պետք է լվացած շորերը տանեինք կտուրի վրա փռեինք, որ արևի տակ չորանան:

Շատ խնդրեց, աղաչեց Գասպար վարժապետը, չզիջեցինք: Դռների առջև երևաց նրա կինը, սապնաջրից կապտած բազուկներով:

— Հըմ, ինչո՞ւ եք ուշանում, — ասաց նա, — ես շորերը քամեցի, վերջացրի:

— Չեն ուզում, ա կնիկ, — պատասխանեց Գասպար վարժապետը մեղավոր եղանակով:

Տիկինը կատաղեց:

— Ֆալախկան մեջտեղ բեր, կուզեն, — ասաց նա, — շատ են երես առել քո թուլությունից: Դրանց ծեծով միայն կարելի է մարդ դարձնել: Դեհ, ճիպոտը վերցրու:

— Ա կնիկ, թո՛ղ, աստված սիրես, — աղերսեց Գասպար վարժապետը, — ես ինքս քո լվացքը կփռեմ արևի տակ.

Տիկինը, յուր աջ ձեռի հինգ մատները բաց արավ, թափ տվեց օդի մեջ երեք անգամ դեպի յուր ամուսինն և ասաց խորին արհամարհանքով.

— Առա է՛, առա է՛, տափը մտնի քեզ նման վարժապետը, տափը...

Եվ հեռացավ:

— Այսօր հացս հարամ արիք գլխիս, — դարձավ մեզ Գասպար վարժապետը հուսահատական եղանակով և թուլացած նստեց մինդարի վրա:

Այս դեպքից մի շաբաթ անց ես տեղափոխվեցի գավառական դպրոց:

## XI

## ԻՄ ԳԱՌՆՈՒԿԸ

Ես կենդանիներ շատ էի սիրում:

Հայրս ուներ երկու ձի, հիանալի նժույգներ էին-մեկը սևագույն,

մյուսը ոսկեգույն: Լեզգի Մահմադը, մեր հավատարիմ ծառան, ասում էր, թե քաղաքում ոչ ոք չունի այդպիսի ձիեր:

Ես սաստիկ փափագում էի հեծնել նրանց, բայց հայրս թույլ չէր տալիս, վախենում էր, որ ընկնեմ: Մի անգամ միայն թույլտվություն ստացա ոսկեգույն նժույգը տանել աղբյուր ջուր տալու: Վերադարձին կամեցա մի քիչ քշել և իսկույն ընկա:

Ոչ մի տեղս չջարդվեց, բայց տունդռուզս մի ամիս ցավում էր: Համոզվեցի, որ ինձանից ձի հեծնող չի դուրս գալ և այնուհետև սիրեցի ուրիշ կենդանիներ: Մենք ունեինք կովեր, հորթեր, շներ, բայց ամենից ավելի գառներ էի սիրում:

Հիշում եմ մի սև գառնուկ, որ հայրս գնել էր ինձ համար մի զատիկ: Վեց ամիս ես նրան պահեցի, մեծացրի: Գեղեցիկ գառնուկ էր, սիրուն դունչով: Ուներ մի զույգ փոքրիկ եղջյուրներ, որոնց ես ամեն օր հավի ճարպ էի քսում, որ փայլեն:

Ես այնքան սիրեցի այգ գառնուկը, որ գիշերներն անգամ չէի ուզում բաժանվել նրանից: Ամեն օր տանում էի քաղաքից դուրս արածացնելու: Անունը դրել էի Լեյլի: Նա վազում էր ետևիցս ուրախ-ուրախ թռչկոտելով լիզում էր ձեռներս, դնում էր դունչը ծնկներիս վրա և հետո խոշոր, գեղեցիկ աչքերը հառում երեսիս:

Շաբաթը երկու անգամ լվանում էի նրան սապոնով, սանրում: Նրա եղջյուրները միանում էին և կամաց-կամաց ծռվում: Ես երազում էի մի օր տեսնել նրան մեծ խոյ դարձած և երևակայում էի, թե ինչպես պիտի կռվեր ուրիշ խոյերի հետ և հաղթեր նրանց:

Այդ իմ ամենամեծ փափագն էր, որի պատճառով երբեմն դասերս անգամ մոռանում էի: Վերջը այնքան սիրահարվեցի իմ գառնուկի վրա, որ կյանքս պատրաստ էի զոհել նրա համար:

Սակայն խեղճ բարեկամիս գլխին կուտակվում էին սև ամպեր: Օդի մեջ զգում էի սարսափելի վտանգ: Ամեն երեկո հայրս ու մայրս քչփչում էին ինչ-որ. Ես լսում էի մորս հատ-հատ խոսքերը, «Չեմ կարող ուտել նրա միսը, մեղք է, մեղք է» և այլն:

Կասկած չկար, որ խոսքը գառնուկիս մասին էր: Հայրս ուզում էր մորթել նրան, մայրս չէր թողնում:

Բայց այն ժամանակները ընտանիքի օրենքը տան ամենամեծ տղամարդի կամքն էր: Մի առավոտ, օր, երբեք, երբեք չեմ մոռանալ այդ դժբախտ օրը, հայրս դուրս բերեց յուր դաշույնի պատյանից դանակը և սկսեց սրել: Վճռված էր, նա պետք է մորթեր ընկերոջս, բարեկամիս, որի հետ այնքան ուրախ օրեր էի անցկացրել:

Ես ընկա հորս ոտքերը, աղերսեցի, որ խնայի գառնուկիս, լաց եղա, հեկեկացի: Ոչինչ չօգնեց, հայրս անհողդողդ էր: Նա գնաց ախոռատուն, բռնեց խեղճ գառնուկիս և տարավ մեր տան ետևի փոքրիկ բակը: Ես վազեցի, գրկելու նրա գլուխը, համբուրեցի: Ես չէի ուզում նրանից բաժանվել: Հայրս յուր ուժեղ ձեռով հրեց ինձ: Ես ընկա գետնին, հեկեկալով:

Վերջին անգամ փայլեցին անմեղ բարեկամիս գողտրիկ եղջյուրները արեգակի տակ: Նա անհետացավ պատի ետևում:

Երբ հայրս մի քանի րոպե անցած երևաց արյունաթաթախ դանակը ձեռքին, ինձ թվաց, որ նա մարդասպան է, ավելին՝ որդեսպան:

Ես ատեցի նրան:

Ինձ համար սկսվեցին դառն, վշտալի օրեր: Ես խելագարի պես էի, չգիտեի ինչ անեմ, ինչպես մոռանամ մորթված բարեկամիս: Ամեն անգամ, երբ հիշում էի նրան, արտասուքը խեղդում էր ինձ: Իսկ ես նրան հիշում էի ամեն ժամ, ամեն վայրկյան: Հաճախ երազումս անգամ հալածում էր ինձ բարեկամիս ուրվականը…

Օh, սիրելի մանուկներ, երբեք-երբեք գառնուկ չպահեք, եթե գիտեք, որ մի օր պիտի մորթեն նրան:

# ՆԱՄԱԿԸ

Գնացքը պատերազմի դաշտից բերում էր մի քանի տասնյակ ծանր ու թեթև վիրավորներ: Ֆելդշերն ու գթության քույրերը շտապ-շտապ անցնում էին վագոնից վագոն և տառապող հերոսների ամենաթեթև կարիքը հոգում ամենամեծ եռանդով, չնայելով որ շատերը գրեթե ամբողջ գիշերն անց էին կացրել անքուն: Ոմանք իրենց հոգու խորքում դժգոհ էին անգամ, որ վիրավորների համեստ պահանջները թույլ չեն տալիս ավելի մեծ եռանդ ցույց տալու: Նման այն նորադարձ ֆանատիկոսներին, որոնք որքան ևս շատ են աղոթում: Դարձյալ գոհ չեն իրենց ջերմեռանդությունից:

Առանձնապես համեստ և անտրտունջ էր մի երիտասարդ սպա Տ...տի զորաբաժնից: Գրեթե անմորուս, անբեղ մի պատանի ցորենի գույն մազերով, պայծառ դեմքով և կապտագույն աչքերով, որոնց անմեղ արտահայտության մեջ նորատի տիտանի հոգին էր կարդացվում:

Պառկած էր նա վագոնի ներքին նստարաններից մեկի վրա, որին ժամանակավոր մահճակալի հարմարություն էր տրված: Նրա աջ թևը, ճերմակ փաթաթանի մեջ՝ ընկած էր կրծքի վրա անզոր, որպես գնդակահար ճայ:

Միայն այդ չէր նրա վերքը: Թշնամու երկրորդ գնդակը ջախջախել էր նրա ձախ ազդրի ոսկորը: Գթության քույրերի հոգատար հարցերին նա շարունակ պատասխանում էր, թե ցավ բնավ չի զգում, թեև, հարկավ, զգում էր: Գլուխը թեթևակի դեպի ձախ ուսը թեքած, նայում էր լուսամուտով Կովկասյան լեռներին, որ, մեկը մյուսին հաջորդելով, նրա համար ներկայացնում էին անսովոր, բայց սքանչելի մի կոլեյդոսկոպ:

Երկրորդ անգամ էր նա անցնում այդ ճանապարհը, առաջին անգամ պատերազմ գնալիս և այժմ: Բայց գնալիս գիշեր էր, և նա ոչինչ չտեսավ: Լինելով հյուսիսի լայնատարած դաշտերի ծնունդ, սովոր անսահման լայնության և տափակության, նրա հոգին գրեթե ճնշվում էր, սիրտը սեղմվում երկու շարք վիթխարի բարձունքների նեղուցքի մեջ: Մերթ ընդ մերթ նրա գունատ դեմքը մեղմիկ ժպտում էր, հոգնած աչքերը հանդարտ փակվում էին, որպեսզի մի-մի րոպե անցած նորից բացվեն ավելի մեծ հաճույքով դիտելու սքանչելի տեսարանները:

Մի տարի էր ընդամենը, որ նա սպա էր: Ավարտելով զինվորական դպրոցը, անմիջապես մտել էր Տ...տի զորաբաժինը պոդպորուչիկի աստիճանով և ահա այժմ վերադառնում էր պատերազմից իբրև հերոս:

Մինչ նրա մոլոր հայացքը թռչկոտում էր լեռնից-լեռ, միտքը սլացել էր հեռու, շատ հեռու: Այնտեղ, ուր նա թողել էր մերձավորներին իր սրտի մեծ բաժնի հետ: Մտածում էր նա իր ծնողների մասին, որոնց երեք որդիներն էլ պատերազմ էին գնացել: Մտածում էր քույրերի մասին, որոնց ամուսինները նույնպես պատերազմում էին: Բայց ամենից պարզ, ամենից հրամայողական նրա առջև պատկերանում էր այն էակի կերպարանքը, որի հետ վեց ամիս էր արդեն կապված էր փոխադարձ սիրո կապով: Պատերազմը քայքայեց նրանց ծրագիրը: Ստիպված եղան անսահման փափագով սպասված ամուսնությունը հետաձգել անորոշ ժամանակով... Դա նրանց համար անսպասելի մի սյուրպրիզ էր: Սակայն երկուսն էլ նրան ընդունեցին անտրտունջ: Քանի որ հայրենիքը զոհ է պահանջում, այն որ տմարդն է, որ կվախենա այդ զոհաբերությունից: Եթե նրան չուղարկեին անգամ պատերազմ, նա ինքը ամեն ջանք պիտի գործ դներ, որ ուղարկեն: Զինվորը հենց նրա համար է զինվոր, որ ինքը փափագե թշնամու դեմ կռվի դուրս գալու...

— Այնպես չէ՞, Իրինա, — հարցրեց նա իր սիրեցյալին կատարյալ երեխայական պարզամտությամբ:

Հրաժեշտի նախընթաց երեկոն էր այդ, երբ նրանք վերջին անգամ զբոսնում էին տեղական պարտեզի մի խուլ ճեմելիքում: Այնտեղ էին նրանք առաջին անգամ խոստովանել իրենց փոխադարձ սերը:

— Իհարկե, այդպես է, Լեոնիդ, իհարկե, այդպես է, — կրկնեց նույն երեխայական պարզամտությամբ Իրինան, շիկահեր գլուխը ամուր սեղմելով նրա կրծքին:

Եվ մի փոքր անցած, նա ավելացրեց:

— Բայց տես, չմոռանաս քո Իրինային: Ասում են, Կովկասի սնաչյա աղջիկները շատ վտանգավոր են և շատ չար:

— Իրինա՛, — գոչեց Լեոնիդն անկեղծ վրդովմունքով, — դու ինձ վիրավորում ես: Առաջինը ես երդվել եմ մինչև մահ քեզ հավատարիմ մնալու և կմնամ: Երկրորդը, Կովկասը վայրենիների երկիր է. այնտեղ կանանց բանեցնում են գրաստի տեղ: Երևակայում եմ ինչի են նման նրանք:

— Լավ, լավ, սիրելիս, մի՛ նեղանա: Ես կատակ արի, ես հավատում եմ քեզ, օօ, շատ եմ հավատում: Եվ, մի փոքր լռելով, Իրինան հարցրեց…

— Նամակներ գրելո՞ւ ես:

— Այդ ի՞նչ հիմար հարց է: Իհարկե գրելու եմ:

— Տես, չմոռանաս: Գիտցիր, որ եթե երկու օր նամակդ ուշանա, վշտանալու, եմ:

— Չի ուշանա:

— Երդվիր:

— Երդվում եմ:

— Ինչո՞վ:

— Քո անունով:

— Ոչ, ես ուզում եմ, որ երդվես թրովդ: Դու նրան ավելի հավատարիմ կմնաս:

— Երդվում եմ թրովս, — գոչեց Լեոնիդը, ձեռքը զարկելով թրի պատյանին:

— Այժմ ապահով եմ, որ կկատարե՞ս խոստումդ:

Եվ Լեոնիդը, արդարև, կատարեց իր խոստումը: Կատարեց նույնիսկ կռվի դաշտում, նույնիսկ այն երեք ճակատամարտերից մեկի միջոցին, որոնց մասնակցեց: Կատարեց մինչև այն ժամանակ, քանի որ թշնամու գնդակը չէր ջախջախել նրա ձեռքը, հակառակի պես աջը և ոչ ձախը:

Այսօր 7-րդ օրն էր, որ նա չէր գրել Իրինային: Եվ այդ նրան ավելի զգալի ցավ էր պատճառում, քան վերքերը: Նա գիտեր, թե ինչ է նշանակում Իրինայի բերանում «եթե երկու օր նամակդ ուշանա, վշտանալու եմ» խոսքը: Այդ նշանակում է, որ նա այժմ տանջվում է անչափ, և որովհետև նրա շիտակ բնույթը վճռական է, կարող է որևէ վտանգավոր քայլ անել: Հանկարծ տեսար խելագարի պես վազեց պատերազմի դաշտը իր Լեոնիդին փնտրելու:

Պետք է անպատճառ գրել, այսօր նեթ: Հեռագիրը Իրինային գոհացնել չէ կարող, ընդհակառակը ավելի կվախեցնի: Բայց ինչպես գրել: Պետք է դիմել մի ուրիշի օգնության: Գուցե՞ գթության քույրերից մեկի՞ն: Նրանք այնքան բարի են, այնքան հոգատար, որ սիրով կկատարեն նրա խնդիրը: Բայց ոչ, այդ անկարելի է: Ի՞նչ, թելադրել մի օտար անձի այն, ինչ որ նվիրական է Լեոնիդի համա՞ր, այն, ինչ որ այժմ, ճիշտ այժմ, ավելի քան երբևիցե, հուզում է նրա՞ն — սերը դեպի Իրինան:

Նա կարող է ծաղրելի դառնալ օտարի աչքում այս ողբերգական պահին, երբ ամենքը, ամենքը, նույնիսկ ամենախիստ էգոիստները, մոռացել են անձնականը հանրայինի համար, երբ ամենքին մի և միայն մի զգացում է զբաղեցնում և հուզում, սերը դեպի տառապող հայրենիքը:

Գնացքը կամաց-կամաց դանդաղեցրեց իր ընթացքը, հանդարտ մոտեցավ Թիֆլիսի կայարանին և կանգ առավ:

Լեոնիդն աչքերը փակ շարունակ մտորում էր Իրինայի մասին, երևակայելով նրան մերթ հուսահատությունից արտասվելիս, մերթ երկաթուղու գնացքներում: Նա գրեթե չէր լսում և չէր զգում, թե ինչ է կատարվում իր շուրջը:

Ֆելդշերը, կարծելով որ նա քնած է, ձեռքը մեղմիկ գրեց նրա ճակատի վրա և կամացուկ արտասանեց.

— Պարտն սպա, արդեն հասել ենք, պետք է իջնել: Լեոնիդն աչքերը բաց արավ, փորձեց վեր կենալ, մի վայրկյան մոռանալով ոտքի վերքը: Ֆելդշերը թույլ չտվեց և ծառաների օգնությամբ խնամքով դուրս բերեց նրան վագոնից ձեռքերի վրա:

Կայարանում ժողովվել էր բավական մեծ բազմություն վիրավորյալներին դիմավորելու համար: Մի խումբ տիկնայք և օրիորդներ իրենց հետ բերել էին ծաղկյա փնջեր, քաղցրավենիք, մրգեղեն, ծխախոտ: Միմյանց առաջելով, նրանք շտապեցին իրենց համակրանքը, կարեկցությունը և հիացմունքն արտահայտկա հայրենիքի պաշտպաններին: Մի ինչ-որ տիկին, թե օրիորդ Լեոնիդը առողջ ձեռքի մեջ դրեց մի գեղեցիկ փունջ, Լեոնիդը լուռ, գլխի թեթև շարժումով հայտնեց իր շնորհակալությունը, նրան խնամքով տեղավորեցին օտոմոբիլի մեջ և տարան հիվանդանոց:

Այնտեղ նա անմիջապես քնեց երկար ժամանակվա անքնությունից հետո: Երբ աչքերը բաց արավ, իր գլխի մոտ տեսավ կանգնած մի կանացի կերպարանք: Դա մի երիտասարդ աղջիկ էր թուխ երեսով և սաթի պես սև աչքունքով: Մեջքից քիչ թեքված, նա ժպտում էր այնքան մեղմ, այնքան, կարեկցաբար, միևնույն ժամանակ հեզ ու երկյուղած, որ Լեոնիդն իսկույն մոռացավ և իր մարմնավոր ցավը, և իր հոգեկան տառապանքը: Թվաց նրան, որ իթ առջևը կանգնած է մեկն իր հարազատներից: Քույրը կամ մայրը, որ երկար ժամանակ անհուն տանջանքներով սպասել էր նրա վերադարձին և այժմ երջանիկ էր, որ նրան տեսնում էր կենդանի, թեև ծանր վիրավորված:

— Պարոն սպա, դուք արթնացա՞ք, արդյոք ինչո՞վ կարող եմ ձեզ օգտակար լինել, — արտասանեց անծանոթը, գիշերային փոքրիկ սեղանի վրա դնելով մի տասի քաղցրավենիք:

Կար ինչ-որ մի մտերմական նոտա այդ արծաթահնչուն ձայնի մեջ: Մի անսահման անկեղծ շեշտ, որ նույն վայրկյանին հափշտակեց Լեոնիդի հավաար դեպի անծանոթը:

— Շնորհակալ եմ, — արտասանեց նա, — բայց դուք ով եք, ներեցեք հարցնել:

— Ես վիրավորներին խնամող կանանց կոմիտեի անդամուհիներից մեկն եմ: Հրամայեցեք, պատրաստ եմ ծառայելով

— Շնորհակալ եմ, ինձ ոչինչ հարկավոր չէ:

— Բայց ասում են, որ ամբողջ օրը դուք կերակուր չեք ընդունել:

— Քաղց չեմ զգում ամենևին:

— Չե՞ք ծխում:

— Ոչ:

— Շատ բարի: Թույլ տվեք նստել ձեզ մոտ, գուցե հարկավոր լինի իմ օգնությունը: Օ՜օ, ոչ, ես ձեզ չեմ ձանձրացնի իմ հարցերով պատերազմի մասին, ձեզ հանգստություն է հարկավոր:

Եվ անծանոթը նստեց սեղանի քով դրած աթոռի վրա:

Լեոնիդը զղջաց իր մերժման մասին, կարծելով որ դրանով վիրավորեց անծանոթին, որի հագուստից, դեմքից, ձևերից զգացվում էր, որ գթության քույրերից չէ և ոչ էլ մի հասարակ աղջիկ: Բայց իրավ որ նրան ոչինչ հարկավոր չէր: Ոչինչ, բացի մի հատիկ նամակից, որի բովանդակությունը կլանել էր նրա հոգին ու միտքը ամբողջովին: Ահ, չխնդրե՞լ, արդյոք, այդ աղջկան հանձն առնել նրա սրտի թարգմանը լինելու Իրինայի առջև: Նա այնքան պարզ ձևով է առաջարկում իր օգնությունը, նրա համակրելի ձայնի մեջ, նրա համեստ ու գունատ դեմքի վրա, նրա խոշոր, սև աչքերի խորքում այնքան անկեղծություն, այնքան կարեկցություն կա, որ հազիվ թե Լեոնիդը ծաղրելի թվա նրան իր զգացումներով դեպի Իրինան:

— Օրիորդ, — որոշեց նա, վերջապես, երկար տատանվելուց հետո, — ես մի բան կկամենայի խնդրել, չգիտեմ որքան հարմար է:

— Պարոն սպա, ձեր դրության մեջ ներելի չէ լինել չափազանց նրբատես: Հրամայեցեք:

— Գիտեք, ես ուզում եմ մի նամակ գրել, շատ կարևոր է, բայց, ինչպես տեսնում եք, անկարող եմ:

— Իսկույն, — ասաց օրիորդը և անմիջապես չքացավ: Երկու րոպե չանցած, նա վերադարձավ, բերելով թուղթ, գրիչ և թանաք:

— Թելադրեցեք, ես պատրաստ եմ, — ասաց նա, նստելով իր տեղը:

Բայց Լեոնիդը, շնորհիվ իր համեստության, մի անգամ ևս տատանվեց:

— Ներեցեք, օրիորդ: — ասաց նա, — դուք առաջին անգա՞մն եք ուրիշի համար նամակ գրում:

— Պարոն սպա, այժմ դա սովորական մի բան է: Դեռ երեկ ես երկու նամակ գրեցի, մեկը մի կապիտանի համար իր ամուսնուն, մյուսը մի երիտասարդ պորուչիկի համար իր մորը...

— Բայց իմ նամակը պիտի գրեք...

— Մի անձի, որին սիրում եք, այնպես չէ՞, — լրացրեց սնաչյան, ժպտալով այնպիսի ժպիտով, որ միանգամայն քաջալերեց Լեոնիդին: — Թելադրեցե՛ք:

— Դուք ինչի՞ց իմացաք այդ, — հարցրեց սպան, շառագունելով տասը տարեկան աշակերտի պես:

— Ձեր տատանումներից ու շփոթությունից: Բայց երկար չխոսենք, դուք կարող եք հոգնել: Զբաղվենք նամակով: Ձեր սիրեցյալը նրան սպասում է այնպիսի տառապանքով, որ դուք երբեք, երբեք չեք կարող երևակայել...

Այս խոսքերն արտասանելիս օրիորդի ձայնը դողաց զգալի.

— Ներեցեք, օրիորդ, — հետաքրքրվեց Լեոնիդը, — ինձ թվում է, որ դուք ևս...

— Չեք սխալվում, պարոն սպա, ես ևս ձեր սիրեցյալի վիճակումն եմ: Ես հարսնացու եմ պահեստի մի պրապորշչիկի, որ նույնպես պատերազմի դաշտումն է: Դուք հեռու Հյուսիսից եկել եք կռվելու մի թշնամու դեմ, որ նախ և առաջ իմ ազգի թշնամին է, իսկ իմ նշանածը գնացել է հեռու հյուսիս կռվելու ձեր մյուս թշնամու դեմ, որ մեզ ևս մեծ չարիքներ է պատճառել: Բավական է, դուք հոգնեցիք, զբաղվենք նամակով:

— Բայց, օրիորդ, ձեր խոսքերն ինձ այնքան հետաքրքրեցին, որ չեմ կարող ինձ զսպել: Թույլ տվեք ինձ հարցնել ի՞նչ է նշանակում «իմ ազգը», «դուք», «մենք»: Մի՞թե դուք ռուսուհի չեք:

— Իբրև քաղաքացի ես ռուսուհի եմ, բայց ազգով ոչ:

— Ուրեմն դուք ո՞վ եք:

— Հայուհի:

— Հայուհի , — գոչեց Լեոնիդը զարմացած, — բայց դուք այնքան ուղիղ և մաքուր եք խոսում ռուսերեն, որ ես չէի կարող երևակայել...

— Պարոն սպա, ես ավարտել եմ գիմնազիան և երկու տարի բարձրագույն կուրսերի ուսանողուհի եմ եղել, ինչպե՞ս կկամենայիք, որ չկարողանայի ռուսերեն խոսել:

— Եվ ձեր ազգի մեջ շա՛տ կան ձեզ նման օրիորդներ... Ուզում եմ ասել, ձեզ նման կրթվածներ:

— Պարոն սպա, դուք չեք խնայում ձեզ:

— Ոչ, դա շատ հետաքրքրական է, շատ:

— Ինձ նմանները, պարոն սպա, շատ սովորական են մեր ազգի մեջ, անթիվ...

Լեոնիդը քանի մի վայրկյան լռեց, ապա նորից շառագունելով, ասաց.

— Ներեցեք օրիորդ, ես մեղավոր եմ ձեր ազգի և ձեր երկրի առջև:

— Ինչո՞վ, արդյոք:

— Մանկությունից ես լսել եմ և մինչև այսօր հավատացած էի, որ

Կովկասը մի վայրենի երկիր է և որ նրա ազգաբնակությունը գաղափար չունի լուսավորության մասին, իսկ կանայք...

— Գրաստի դեր են կատարում, այնպես չէ , պարոն սպա: Թելադրեցեք ձեր նամակը: Անո՞ւնը ձեր հարսնացուի:

— Իրինա:

— Գեղեցիկ անուն է: Գրեցի «Իրինա»:

— Առանց որևէ ածականի՞, սիրելի կամ թանկագի՞ն:

Ես կավելացնեմ, բայց սերը, պարոն սպա, կարոտ չէ ածականների... Ես ավելացրի թանկագին: Շարունակեցեք:

Չնկարագրեմ արդյոք ձեր դրությունը:

— Ոչ: Ես չեմ ուզում, որ նա իմանա, թե ես վիրավորված եմ, այն էլ այսպես:

— Բայց նա կիմանա, միևնույնն է, քանի որ նամակը դուք չեք գրում:

— Գրեցեք, որ աջ ձեռս մի փոքր վնասվել է միայն՝ ոչ գնդակից: Օ՜օ, Իրինան սարսափում է գնդակից այն օրից, երբ կարդացել է դում-դում գնդակի մասին:

Պարոն սպա, եթե ուզում եք, որ ձեր սիրեցյալը չտանջե իրան հազար ու մի ավելորդ ենթադրություններով, երբեք մի թաքցնեք նրանից ոչ մի ճշմարտություն, գիտեք, ոչ մի ճշմարտության, որքան նս դառն լինի նա:

— Ձեր նշանածը գրո՞ւմ է ամեն ինչ:

— Գրում է և պիտի գրե:

— Իսկ եթե չգրե:

— Կգուշակեմ ինքս և ավելի վատ գույներով:

— Բայց եթե ես գրեմ, որ ձեռս և ոտս ջարդվել են գնդակից, Իրինան կկարծեք որ ինձ պիտի անդամահատության ենթարկեն: Գիտեք, այդ ես սպառում եմ:

— Թող կարծե, փույթ չէ:

— Ուրեմն է ոչի՞նչ, եթե նա ինձ պատկերացնե անդամալույծ, այլանդակված:

— Թող պատկերացնե:

— Բայց պատկերը կսարսափեցնե , կզզվեցնե անգամ նրան:

— Կսարսափեցնի, բայց չի զզվեցնի, եթե սիրում է ձեզ: ,

— Ուրեմն, եթե ձեր նշանածը մի օր ձեզ ներկայանա, տերը մի արասցե, ձեռը կամ ոտը կտրած...

— Պարոն սպա, ռուս աղջիկը գիտե սիրել, և մենք խեղճ հայուհիներս չենք, որ այդ մասին պիտի դասեր տանք նրան: Բայց ահա ինչ. մենք՝ հայուհիներս սիրում ենք շատ մեծ դժվարությամբ, իսկ երբ սիրում ենք, մոռանալը մեզ համար ավելի դժվար է, քան մինչև գերեզման տանջվելը մեր սիրեցյալի համար:

— Գրեցեք, ինչպես կամենաք, ես կպատմեմ բոլորը: Եվ Լեոնիդը

նկարագրեց այն ճակատամարտերը, որոնց մասնակցել էր, այն վերքերը, որ ստացել էր, և այն սոսկալի հետևանքը, որ կարող էին ունենալ այդ վերքերը: Երբ բոլորը վերջացավ, նա ասաց.

— Բայց մենք մոռացանք մի բան:

— Ի՞նչ, — հարցրեց հայուհին:

— Ավելացնել, որ ներկա նամակը իմ խոնարհ խնդրով բարեհաճեց գրել մի հայուհի, մի բարեսիրտ, բարեկիրթ, սնաչյա կովկասուհի... որ նա…

Ներեցեք, պարոն սպա, — ընդհատեց օրիորդը գրիչը դնելով սեղանի վրա, — նամակն արդեն ստորագրված է ձեր անունով, իսկ այդ խոսքերն ես ավելացնել չեմ կարող:

— Ինչո՞ւ:

— Որովհետև դուք պարտավոր եք խնայել ձեր սիրեցյալի հանգստությունը:

— Բայց չէ՞ որ նամակը դուք եք գրում, ոչ ես:

— Ես ինձնից ավելացրել եմ, որ նամակը գրում է հիվանդանոցի բժիշկներից մեկը, և, տեսեք, դիտմամբ ձեռագիրս խոշորացրել եմ, որպեսզի ձեր հարսնացուն չիմանա, թե գրողը կին է:

— Բայց չէ՞ որ այդ նս ճշմարտություն է և շատ սովորական:

— Այո, սովորական և բոլորովին անվտանգ, բայց ես համոզված եմ, որ դա նրան հազարապատիկ ավելի կտանջե, քան ձեր վերքերը:

— Դուք խելացի եք: Խնդրեմ նամակը ծրարեք:

## ԹԱԴԵՈՍՆ ՈՒ ՄԱՏԹԵՈՍԸ

Հարազատ եղբայրներ էին: Բնությունը անջատել էր նրանց ծննդյան առաջին օրից, բայց արյունակցությունը պահում էր նրանց միևնույն հարկի տակ: Կար և մի ուրիշ, ավելի կարևոր բան, որ չէր թողնում նրանց բաժանվել իրարուց: Հայրական կտակը: Եթե բաժանվեին, պիտի զրկվեին ժառանգական իրավունքներից, և ժառանգությունը պիտի անցներ նրանց զավակներին:

Բայց նրանք իրարու չէին սիրում և երկուսի համար էլ անտանելի էր իրարու երեսը տեսնել ամեն օր: Պատճառը նրանց բնույթներն էին: Թադեոսը մեղմ էր, զգայուն, բարեսիրտ, նույնիսկ թուլամորթ: Գործերի մեջ նա երբեմն խաբվում էր և կորցնում: Ընդհակառակը, Մատթեոսը պաղարյուն էր, վերին աստիճանի հաշվագետ, կամակոր, ինչպես և խստապահանջ: Գործի մեջ միշտ աջողակ էր:

Մարդիկ ասում էին:

— Թադեոսը լավ մարդ է, բայց խելոք չէ, Մատթեոսը ժլատ է, բայց խելոք է:

Եվ լավ մարդուն սիրում էին, խելոք մարդուն պատվում: Սակայն երկուսին էլ նախանձում էին, որովհետև, հարուստ էին և քանի գնում ավելի ու ավելի էին հարստանում:

Մի երեկո, նրանք, նստած իրենց տան պատշգամբի վրա, խոսում էին գործերի մասին: Այդ օրը Թադեոսը մեկից խաբվել ու գումար էր կորցրել, իսկ Մատթեոսը մեկին խաբել էր և մի գումար վաստակել:

— Դու հիմար ծնվել ես, հիմար էլ կգնաս գերեզման, — ասաց Մատթեոսը ամենայն սառնասրտությամբ:

— Ես չեմ կարող խաբել մարդկանց քեզ պես, ուրեմն ես պետք է խաբվեմ, — արտասանեց Թադեոսը բարկացած:

Կարելի էր կարծել, որ այս փոխադարձ վիրավորանքից հետո պատկառելի ծերունիները կհարձակվեն՝ իրարու վրա և միմյանց կխեղդեն: Ամեննին, Թադեոսի բարկությունը վերջացավ մի լայն ժպիտով, որ սահեց նրա առողջ ու գեր դեմքով: Իսկ Մատթեոսի չոր ու ոսկրոտ դեմքի ոչ մի գիծը չշարժվեց: Փոխադարձ վիրավորանքները նրանց համար դարձել էին այնքան սովորական, որքան ամենօրյա «բարի լույսն» ու «բարի երեկոն»:

Ավարտելով իրենց ասելիքը օրվա գործերի մասին, նքանք ըստ սովորության, սկսեցին խոսել օրվա դեպքերի մասին:

— Կարդացի՞ր այսօրվա լրագիրներում, — ասաց Թադեոսը, — թուրքերը գալիս են:

— Շատ ուրախ եմ, որ գալիս են-արտասանեց Մատթեոսը:

— Ուրա՞խ ես:

— Այո, թող գան, նրանք մեզ կազատեն անիշխանականների գալուց:

— Բայց թուրքերը մեզ կկոտորեն, — բարկացավ Թադեոսը:

— Չեն կոտորի, — արտասանեց — Մատթեոսըը ամենայն սառնասրտությամբ:

— Կկոտորեն, ասում եմ քեզ, — ավելի բարկացավ Թադեոսը:

— Չեն կոտորի, ասում եմ քեզ, — ավելի սառնասիրտ արտասանեց Մատթեոսը:

— Ումի՞ց կվախենան:

— Գերմանացիներից:

— Իսկ եթե չվախենա՞ն:

— Այն ժամանակ, կկաշառենք նրանց գլխավորներին: Կաշառքով ամեն ինչ կարելի է անել:

— Դու կարծո՞ւմ ես:

— Ես համոզված եմ:

— Սխալվում ես: Հայաստանում նրանց վրա կաշառքը չազդեց, այստեղ էլ չի ազդի: Ո՛չ, նրանք մեզ կկոտորեն, ավելի լավ է, որ գան և մեր երկրին տիրեն անիշխանականները:

— Հիմար ես ծնվել ու հիմար էլ գերեզման կգնաս,-գոչեց Մատթեոսն այս անգամ բարկացած: Ես ատում եմ անիշխանականներին և զզվում նրանցից:

— Ինչո՞ւ:

— Որովհետև, նրանք աստված չեն ճանաչում:

— Այսինքն սեփականությո՞ւն, — արտասանեց Թադեոսը ժպտալով:

— Այո, սեփականություն: Այդ անօրենները կխլեն մեզանից մեր հարստությունը, մեր կայքերն ու գույքերը, ու մենք կմնանք չոր տափի վրա:

— Թող մնանք, սոված չենք մնա, կապրենք մի կերպ:

— Առանց սեփականության չենք կարող ապրել:

— Միլիոն ու միլիոններ մարդիկ են ապրում առանց սեփական տների ու կայքերի, ինչո՞ւ մենք չենք կարող ապրել: Մատթեոս ես միշտ քեզ ասել եմ և այսօր էլ կրկնում եմ, թող այդ փողապաշտությունդ գոնե այդ հասակում, երբ մի ոտդ գերեզմանումն է: Զավակներիդ կյանքն ավելի թանկ համարիր, քան հարստությունը:

— Առանց հարստության նրանց կյանքը խնձորի կճեպին չարժե: Թող կորչեն քո անիշխանականները: Եթե լիներ իմ ձեռքում զորություն, կիրամայեի նրանցից յուրաքանչյուրին առանձին-առանձին այրել խարույկի վրա և նրանց մոխրով կծածկեի փողոցների սալահատակը:

— Ուրեմն, թող գա՞ն թուրքերը:

— Թող գան: Ես կկաշառեմ նրանց գլխավորներին:

Այդ դու, իսկ նրանք, որ կարողություն չունեն կաշառելու: Նրանք պիտի կոտորվե՞ն, ես ի՞նչ գործ ունեմ ուրիշների հետ: Ամեն մարդ իր մասին է միայն պարտավոր հոգալ:

— Քար մարդ ես, Մատթեոս, շատ չար ու քարասիրտ, — արտասանեց Թադեոսը գրգռված և ոտքի ելավ:

— Հիմար մարդ ես, Թադեոս, շատ հիմար ու տխմար, — ասաց անտարբեր Մատթեոսն ու տեղից չշարժվեց:

Այդ պահին ներս մտավ Մատթեոսի կրտսեր որդին ու հաղորդեց,

— Հայրիկ, անիշխանականներն արդեն մտել են քաղաք և կառավարությունը գրավել:

Մատթեոսը սոսկաց, կամեցավ ինչ-որ ասել, չկարողացավ, փորձեց ոտքի ելնել, ոտքերը թուլացան, ընկավ ետ բազկաթոռի վրա, արձակելով մի խուլ ճիչ:

Նա մեռավ սրտի պայթումից:

# ՖԱԹՄԱՆ ԵՎ ԱՍԱԴԸ

## Պատկեր

### I

Շահարի-Շիրվանի ցերեկվա հեղձուցիչ տոթից թմրած կյանքն իրիկնադեմին կենդանություն էր ստացել: Բազարում տիրում էր անասելի աղմուկ: Մրգավաճառները, կանաչեղեն և կաթ ու պանիր ծախողները, ձայն ձայնի տված, արևելյան զարդարուն խոսքերով գովաբանում էին իրենց ապրանքը: Վաճառականների և արհեստավորների խանութները փակվում էին, հայ ու թուրք վերադառնում էին տուն:

Հեռվում ղողանջում էին քրիստոնեական եկեղեցիների զանգերը, իսկ Ջումա-մասճիթի մինարեթի գագաթից մոլլա Խալիլի ազանի սուր ելևէջները քարասիրտ մուսուլմանի սիրտն անգամ բորբոքում էին աստվածային հրով: Բարեպաշտները խորին ջերմեռանդությամբ սալավաթ էին քաշում իրենց երեսին, նամազ էին անում և, մասճիթների ավազանների մոտ կկզած, դեաստամազ էին անում: Ամենքը փառաբանում էին մեն մի ալլահին և նրա մեն մի մարգարեին:

Մռայլ և անտարբեր էր նույն ժամին մի երիտասարդ անցորդ: Եվ նրա մռայլությունը չէր նմանվում ոչ տաժանակյաց մուրացկանի թշվառությանը, ոչ նավը խորտակված վաճառականի թախծությանը և ոչ հինգ նամազից մեկն էլ չկատարած մուսուլմանի անձկությանը:

Նա անցնում էր միջին բազարով, բարձրանում էր դեպի քաղաքի Իմամլու կոչված թաղը: Ոչ ոք և ոչինչ չէր գրավում նրա ուշադրությունը: Եվ նրա ուղղափառ մուսուլմանական զգացումները չէին վրդովվում երևելի դարվիշ Աիադի դեմ, որ, հայերին շողոքորթելու համար, իր ոգևորիչ ձայնով երգում էր.

«Հիսուսն իջավ վայր. — երկնքից, նա լույս բերեց — այն աշխարհից... (Իսա գյալդի — սամավաթտան, խաբար վերդի — գիամաթտան)...

Երիտասարդը գնում էր մոլոր քայլերով, գլուխը կրծքին թեքած և աջ ձեռը խրած մեջքի արծաթյա գոտիի մեջ: Կասես նա անբախտ Մյաջնունն էր, որ իր հոր տունը թողած, դիմում էր Արաբիայի ամայի և հրակեզ դաշտերը, երգելով իր սերը Լեյլիին: Նա նման էր և՛ մեծ մարգարեի սիրեցյալ Քեյբին, որ երևակայության օվկիանոսը խորասուզված, հորինում էր միևն այն դրախտային երգերից, որոնցով արաբ շաիիրը ախորժանք էր նվիրում մարգարեից մարգարեի սրբազան լսելիքին:

Անցավ նա բազարը, անցավ Իմամլուի կեսը և, ծովելով մի նեղ

փողոց, կանգ առեց մի կիսավեր տան առջև: Փողոցում մարդ չկար, միայն հեռվում խաղում էին մի խումբ երեխաներ և մի ոտաբոբիկ, կիսամերկ մարդ հավաքում էր բաղնիսի պատերից քաշ արած ճերմակեղենը:

Նա հանեց աջ ձեռքը գոտիի միջից, ուղղեց ուղտագույն չուխայի և մահուդյա մեխակագույն կարճ արխալուղի լայն փեշերը, շփեց նորաբույս, սևաթույր ընչացքը: Դա մի հսկայատիպ տղամարդ էր: Շիրվանի հայտնի տղամարդկանցից մեկը, հայտնի իր առնական դեմքով, իր բարձր հասակով, իր վայելուչ կազմվածքով, իր անվեհեր սրտով: Մի խոսքով, դա սարի-թորփաղցի Ասադն էր:

Ձեռները չուխայի տակ մեջքին դրած, նա երկար ժամանակ մտիկ էր անում դեմուդեմ, դեպի մի փոքրիկ նորաշեն տան մուգ-մոխրագույն դռները: Նրա մերթ ընդ մերթ հառաչելը, կրակոտ աչքերի արտասովոր փայլն և անհամբեր շարժումները ցույց էին տալիս, որ նա մեկին սպասում է:

Հանկարծ նրա տխրամած դեմքի վրա փայլեց մի ուրախ ժպիտ: Մուգ-մոխրագույն դռներից մեկը հանդարտ բացվեց, երևաց մի երիտասարդ կնոջ գլուխ, ծածկած մետաքսյա ճութխիով (գլխնոց) և ճակատը զարդարած տաճկական ոսկիների շարքով:

Ասադը թռավ առաջ, մոտեցավ նորաշեն տանը:

Մարդ շատ նուրբ լսելիք պիտի ունենար, որ կարողանար ըմբռնել երիտասարդ կնոջ շշնջյունը: Այնքան թույլ էր նա, երկչոտ և կցկտուր:

Եվ Ասադի լսելիքն ուներ այդ նրբությունը, ուներ լոկ այդ վարդագույն շրթունքների համար, որ սփռում էին դեպի նա երկնային երջանկության բուրմունքը: Նա կանգնած էր մուգ-մոխրագույն դռներից հինգ քայլաչափ հեռու, մեջքը տված պատին՝ պատահական անցորդի անհամեստ հայացքից աննկատելի մնալու համար:

Ի՞նչ էին շշնջում նրանք, գիտե միայն Նա, որ քննում է մահկանացուների սիրտն և որի համար գաղտնիք չկա: Իսկ մենք մեղանչած կլինենք ճշմարտության դեմ, եթե ասենք, թե շշնջյունը տևեց հինգ րոպեից ավելի:

Մուգ-մոխրագույն դռները կրկին փակվեցին, և տաճկական ոսկիներով զարդարված գլուխն անհայտացավ, տանելով իր հետ Ասադի խորին հառաչանքը: Նա դարձյալ մնաց միայնակ: Այժմ նրա դեմքն այլայլված է, աչքերն արյունի հոսանքից կարմրած, իսկ առնական լայն կուրծքը հորդոր շնչառությունից ուժգին բաբախում է:

— Ամենակարող աստված, տո՛ւր ինձ համբերություն, — արտասանեց նա ինքն իրեն:

Եվ այս խոսքերը չկարողացան թափանցել ամուր փակված դռներից ներս:

Նա դարձյալ սպասում էր, բայց, ավա՜ղ, մուգ-մոխրագույն դռները

հետզհետե մթնանում էին և ոչ բացվում, Նա, քաղցած գայլի պես, քթի տակ խուլ մռնչալով, ամայի փողոցում շրջում էր ետ ու առաջ:

Մութը թանձրանում էր, կապտագույն երկնքում փայլում էին պայծառ աստղերը, տիրում էր թախծալի լռություն, բազարը խաղաղվել էր:

Հեռվից լսվեց քայլերի ձայն, փողոցի անկյունում երևար մի մթին պատկեր: Ասադը շարունակ անցուդարձ էր անում:

Պատկերը փողոցի մեջտեղով դանդաղությամբ շարժվում էր առաջ: Ասադը չէր լսում նրա ոտների ձայնը: Պատկերը բոլորովին մոտեցավ: Նույն վայրկյանին, երբ Ասադը ետ դարձավ, նրա ձախախոտի կրակի աղոտ ճառագայթը լուսավորեց... միջահասակ, գեր մարմնով, կարճ և հինայած միրուքով մի մարդու: Մարդը, Ասադին ճանաչելով, զայրացավ և տեղն ու տեղը մնաց բնեռված:

Ո՞վ էր նա...

## II

Յոթն անգամ լուսինը շրջան էր գործել այն օրից, երբ Ասադի աչքը կպավ իմամլուցի մոլլա Ղանիի աղջկան, Ֆաթմային: Առաջին անգամ նա տեսել էր նրան Սարի-Թորփաղ թաղում: Ֆաթման հյուր էր իր Բազիմ անունով քրոջ մոտ, որ սարի-թորփաղցի Խալիլ աղայի կինն էր:

Նույն պահին, երբ Ֆաթման իր քրոջ տան բակում առանց յալի նստած էր, Ասադն իրանց տան կտրում աղավնի էր թռցնում: Նա տեսավ Ֆաթմային, և իսկույն նրա սիրտը կրակ ընկավ:

Եվ ո՞ր պարսիկը անտարբեր կմնար, եթե մի վայրկյան տեսներ Ֆաթմային — նրա սաթի պես սև աչքերը, կամարակապ ունքերը, ճակատի կլորիկ խալը, երկայն թերթերունքները, կարմիր թշերը, սպիտակ, լիք-լիք կոկորդը, մանավանդ բարակ ղանաուզ շապկի տակ թաքնված այն երկու նռները, որ շախ-շախ դողդողում էին, երբ Ֆաթման սիգաճեմ քայլում էր:

Այդ օրից սկսած Ասադը գիշեր ու ցերեկ տանջում էր իր մորը, որ սա անպատճառ հարսնախոս գնա Ֆաթմայի մոր մոտ: Պառավ Նուրջիանը մի անգամ փորձեց Բազիմի մոտ անկարություն անել, բայց մի այնպիսի պատասխան ստացավ, որ ստիպվեց այլևս չխոսել այդ մասին:

Ֆաթման գեղեցիկ էր և բավական հարուստ, շատ բեկեր ու հաջիներ կկամենային նրան կին ունենալ: Բայց, իբրև վճռված բան, խոսում էին Հաջի-Ալեաքպարի մասին: Հաջին Իմամլըւ թաղի ամենաառաջին մարդն էր: Իսկ ո՞վ էր Ասադը: — Մի հասարակ արծաթագործ...

Բայց նա չհուսահատվեց: Հաջի-Ալեաքպարի երեք ահագին քարվանսարաների և մեծ անվան դեմ միայն մի զենք ուներ — իր առնական գեղեցկությունն և քաջասրտությունը: Եվ նա վճռեց այդ զենքի բուռը ուժով մրցել Հաջիի հետ:

Մի անգամ Ֆաթման դարձյալ իր քրոջ տանն էր: Ասադը դարանամուտ եղավ իրենց տան կտրում և այնտեղից աչքունքով սկսեց նետեր արձակել գեղեցկուհու սրտին: Ֆաթման լսել էր նրա անունը, գիտեր, որ նա գեղեցիկ տղամարդ է, քաջասիրտ է և Սարի-Թորփաղի երիտասարդների պարագլուխը — ջահիլբաշին — է: Ֆաթման տեսավ Ասադին, ծիծաղեց, կարմրեց և փախավ ու մտավ տուն:

Դա բարեգուշակ նշան էր: Ասադի հույսերն ամրացան: Բորբոքված սրտով նա շատ անգամ, երբ Ֆաթման երկար միջոց յուր քրոջ տանը չէր երևում, գալիս էր Իմամլու թաղը: Գալիս էր՝ գեթ հեռվից տեսնելու իր սիրածին, որ գիշերը կարողանա խաղաղ քնել: Բայց այդ նրան հաջողվում էր ոչ ամեն անգամ. միշտ փողոցը դատարկ չէր լինում և միշտ Ֆաթման — անզգույշ, որ իր գլուխը դռներից դուրս հանի:

Հաջի-Ալեաքպարը Ֆաթմայի և Ասադի այս գաղտնի և առայժմ անմեղ հարաբերությունն իմացավ, մի անգամ էլ ինքն իր աչքով տեսավ Ասադին իրիկնադեմին Ֆաթմայի տան դռների դեմուդեմ:

Նա երդվեց Ասադի հիմար այցելություններին վերջ տալ: Եվ ահա իրիկնային մթան մեջ պատահմամբ երկու ախոյանները կանգնած էին դեմ հանդիման:

— Քեա՛ֆր, — արտասանեց Հաջի-Ալեաքպարը, աջ ձեռը տանելով չուխայի տակ դեպի մեջքը:

Ասադը լուռ էր: Եթե մի փոքր լույս լիներ, կարելի էր նկատել այն խորին արհամարհական հայացքը, որ նա ձգեց Հաջիի վրա: Մինչդեռ Հաջին, ավելի ու ավելի մոտենալով, վերջապես, բոլորովին կտրեց նրա ճանապարհը:

— Սալեամ մեալիքըմ, — ասաց Ասադը, զսպելով իր հուզմունքը:

Առանց նրա ողջույնին «ալիքիմի սալեամ» պատասխանելու, Հաջին մի քանի քայլ հետ դրեց և խրոխտ ձայնով արտասանեց.

— Վկա է աստված, ես քեզ ճանապարհ չեմ տալ, մինչև չես երդվիլ այսուհետև ոտ չդնել այս փողոցները:

Ասադը հեգնորեն ծիծաղեց:

— Երդվի՛ր, քյա՛ֆր, — կրկնեց Հաջին, — այնուհետև ճանապարհը բաց է, և դու մի անառակ քած:

— Հաջի, — պատասխանեց Ասադը հանդարտ ձայնով, — Ասադն իր կյանքում արյուն չի թափել, չի էլ ուզում թափել:

— Արյո՛ւն, — գոչեց Հաջին կատաղած, — դու ի՛նչ մարդ ես, որ արյուն թափես: Ի սեր աստծո, նայեցե՛ք, — շարունակեց նա, երեսը մի կողմ դարձնելով, չնայելով, որ փողոցում բացի երկու հակառակորդներից ոչ ոք չկար, — սարի-թորփաղցի մի լկտի երեխա հանդգնում է Հաջի-Ալեաքպարի ձեռքից աղջիկ խլել: Էյ, ինքն ալլահն իմ ձեռքից մոլլա Ղանիի աղջկան առնել չի կարող, իսկ քեզ պես... շները...

Ասադի արյունը գլխովը տվեց. Բայց նա տակավին ուժ ունեցավ զսպելու իր կատաղությունն և ասաց.

— Ֆաթման նրան կգնա, ում սիրում է:

— Հա, հա, հա, Ֆաթման սիրում է արծաթագործ Ասադին, հա, հա, հա...

— Աստծուն է հայտնի... բավական է, Հաջի, երկուսն արդեն ունիս, բավական է, ագահությունը տուն է քանդում, Հաջի:

— Քառասուն կնիկ էլ ունենամ, էլի չեմ թողնիլ, որ Ֆաթմային քեզ նման լրբերը տանեն:

Ասադի համբերությունը հատավ: Այլևս նա անկարող էր տանել իր հակառակորդի անվայել հիշոցները:

— Հարա՛մ լինի քո գլխին հաջիությունդ, աննամուս, — գոչեց նա կատաղած:

— Ձայնդ կտրի՛ր, քյաֆր... քեռ...

Վերջին բառը չավարտած, Հաջի-Ալեաքպարը մի քայլ ևս ետ դրեց և չուխայի տակից արագությամբ մի ինչ-որ սև բան հանեց: Ասադը մթան մեջ նշմարեց նրա չարագուշակ շարժումը: Նա հարձակվեց Հաջիի վրա, բռնեց նրա թևերից և այնպես սաստիկ հրեց, որ նա, տասը քայլ հեռու մղվելով, թավալվեց գետնին: Մինչ նրա ուշքի գալը մինչ «օգնեցե՛ք, օգնեցե՛ք» գոռալով բարձրանալը, Ասադը վերցրեց գետնից ատրճանակը, ձգեց դիմացի տան կտուրը և, քայլերն ուղղելով դեպի վերև, անհայտացավ խավարի մեջ:

## III

Դարձյալ երեկո էր, դարձյալ մուեզինները ազան էին տալիս և քրիստոնյաների զանգերը հրավիրում էին աստծո տունը հավատացյալներին: Քաղաքի արևմտյան կողմից փչում էր մի հով զեփյուռ: Եվ որքան դուրեկան լիներ այդ զեփյուռը, կարծես, նա գաբրիստաններից7, մեռելների այդ մռայլ աշխարհից, հիշեցնում էր մահու սոսկալի ձայնը.

«Մի՛ հպարտանար, ո՛վ ինսան8, վասն զի քո վերջին ապաստարանը այստեղ է»:

Իսկ ինսանը հպարտանում էր, իմամլուցիները — նամանավանդ:

Հաջի-Ալեաքպարի բարձրաշեն տան առջև խմբվել էին թվով մոտ տասը պարագլուխ — երիտասարդներ: Մեջտեղ կանգնած էր ինքը Հաջին, ուսերին ձգած դեղնագույն մետաքսյա աբան և ձեռին բռնած մի երկայն կարմրակեղն չիբուխ: Երիտասարդները, ձեռները գոտիների վրա դրած, խորին պատկառանքով լսում էին Հաջիի հետևյալ տրամաբանությունը.

— Ամեն մի մարդ յուր թաղի պատվի նախանձախնդիրը պիտի լինի: Մենք, իմամլուցիներս, մեր պապերի պապերից սկսած, հպարտ և պատվախնդիր ենք եղել, այժմ նամանավանդ պիտի լինենք: Հայտնի է աստծուն, որ արյունս երակներիս մեջ բորբոքվում է, երբ հիշում եմ այն քյաֆրի տղա քյաֆրի այս փողոցներն այցելելը: Թքեցեք Հաջի-Քյարիմի որդի Հաջի-Ալեաքպարի երեսին, որ նա այն երեկո լրբի փորը ծխով չլցրեց: Բայց ի՞նչ անեմ, անիրավը նապաստակի նման փախավ ձեռքիցս: Ես, բարկացած, ատրճանակս ձգեցի կտուրը: Վերջապես, անցածն անցել է, «ետնից արձակողը գարշապարին կխփե», ասում է առածը: Այժմ պատիվը ձերն է, սարի-թորփաղցի տղայի մեկը հանդգնում է ձեր թաղի անունը խայտառակել, ձեր պարտքն է նրա ոտը կտրել այստեղից: Վալլա՛հ, բիլլահ, Հաջի չլինեի, այս բոպեիս, մետաքսյա աբաս դեն ձգելով, մի փայտ վերցնելով, մեն միայնակ կգնայի ամբողջ Սարի-Թորփաղի դեմ: Բայց ամոթ է, ձեզ պես երիտասարդները կանգնած, ինձ չպիտի թողնեք, որ միրուքս անպատվեն: Ճշմարի՞տ եմ ասում:

— Այո, այո՛, Հաջի, ինչ ասել կուզի, որ իստակ ճշմարիտ եք հրամայում, — ասաց խորոված ծախող Հեյբաթը, որի մի աչքը դուրս էր եկել Մահառամի կռվի ժամանակ:

— Լսո՞ւմ եք, ջահիլներ, ամո՛թ մեր շիր ու շնորհքին, — մեջ բերեց Մեյթին, Իմամլուի ամենալավ փայտ խփողներից մեկը:

Թոչնորս Ասկյարը, որ երևելի քար գցող էր և երկու մարդու աչք էր հանել, մեկի էլ ոտը գոսացրել, ասաց, թե հետաձգելը երկչոտություն է, թե հենց այսօր իսկ պիտի թաղակռիվ սկսել Սարի-Թորփաղի հետ: Այս միտքը բոլորն ընդունեցին: Բայց Հաջին չէր շտապում. նա, պարագլուխ երիտասարդներին մեկ-մեկ ծխախոտ նվիրելով, ասաց.

— Մի՛ վռազեք, բոլորովին մի վռազեք, այսօր շլինի– վաղը լինի, զանազանություն չունի: Բայց մի բան կա:

— Հրամայեցե՛ք, Հաջի, հրամայեցե՛ք, — ասացին միաբերան բոլոր պարագլուխները, ձեռները կրծքներին դրած, գլուխ տալով նորին հաջիության:

— Դիցուկ հենց հիմա թաղակռիվ է, — շարունակեց Հաջին, չիբուխը բերնից հանելով և միրուքը շփելով, — իմ կարծիքով, մեր կռիվը մի կապեկի արժեք չի ունենալ, եթե այդ կռվից անվնաս դուրս կգա ինքը, սկզբնապատճառը:

— Ասա՞ղը, — հարցրին միաբերան բոլորը:

— Այո՛, Ասաղը, — պատասխանեց Հաջին, — երդվում եմ Ալիի սուրբ անունով, որ ձեր սրբազան պարտքն է նրան ոչնչացնել, ինչպես լինի, ոչնչացնել: Հեյբա՛թ, նախ և առաջ փայտդ նրա գլուխը պիտի ջարդ ու փշուր անի: Ասկյա՛ր, քար ձգելիս, նշանակ պիտի վերցնես նրան, նույնպես և ձեզանից յուրաքանչյուրը: Լսո՞ւմ եք:

— Բա՛ր չեշմա, բա՛ր, չեշմա (աչքիս վրա), — ասացին ամենը մի առ մի, ձեռները դնելով իրենց աչքերի վրա և գլուխ տալով Հաջիին:

— Կեցցե՛ք ջահիլներ, կեցցե՛ք, դուք իսկական տղամարդիկ եք, — հավանեց, Հաջին գոհ սրտով: — Հիմա շնորհ արեք գնանք մեր տուն չայ խմելու: Այնտեղ մենք կխորհրդակցենք կռվի մասին:

Պարագլուխները ամաչելով, քաշքշվելով, միմյանց երեսին նայելով, հետևեցին Հաջի-Ալեաքպարին և մտան նրա տունը:

## IV

Առավոտ էր: Սարի-թորփաղցի ինը-մատնանի Մահմուդը, իր խանութի առջև կանգնած, Շիրազի պիսակավոր մորթուց կարած մի գդակ էր թրջում և ճիպոտով ծեծում: Այդ միջոցին իմամլուցի գդակ կարող Մեյթին դիտմամբ անցավ նրա առջևով: Մահմուդն. անգիտակցաբար մի քանի, կաթիլ ջուր սրսկեց, նրա վրա: Մեյթին կանգնեց և բերանից բաց թողեց մի շատ անվայել հիշոց: Մահմուդը ներողություն խնդրեց: Մեյթին, որ երեկոյան Հաջի-Ալեաքպարին և իր ընկերներին խոսք էր տվել կռվի առիթ տալու, մի ավելի սուր հիշոց, արտասանեց Մահմուդի երեսին: Մահմուդը նամուսով մարդ էր, Մեյթիին պատասխանեց ըստ կարգին և փոխարենը վերջինից ստացավ մի պինդ ապտակ:

Իմամլուցիները պատրաստ էին, մի, վայրկյանում թափվեցին Մահմուդի վրա: Մյուս կողմից եկան մի քանի սարիթորփաղցիներ, և սկսվեց մի թեթև կռիվ: Իսկույն գդակ կարողների խանութները փակվեցին: Ծեծված, ջարդ ու փշուր եղած սարի-թորփաղցիները շտապեցին իրենց թաղը: Ճանապարհին նրանք անցքը պատմեցին արծաթագործ Ասադին, որ կռվի սկզբնապատճառն էր:

Ասադը կռվելու տրամադրություն չուներ, բայց պարագլուխ էր, պարտավոր էր միջամտել յուր ընկերների վիրավորված պատիվը վերականգնելու համար:

Կայծակի արագությամբ ամբողջ բազարում լուր տարածվեց, թե քաղաքի Իմամլու և Սարի-Թորփաղ թաղերը ոտքի են կանգնել միմյանց դեմ, տեղի պիտի ունենա կատաղի կռիվ: Ոչ միայն կռվող թաղերի բնակիչները, այլև շատերը մյուս թաղերից կողպեցին իրենց խանութները եթե ոչ կռվին, գոնե հանդիսին մասնակցելու համար: Դա շամախեցիների հնավանդ սովորությունն է:

Հաջի-Ալեաքպարը, մեծ փողոցի անկյունում կանգնած, խրախուսում էր երիտասարդներին, որոնց թվումն էր և՛ Ֆաթմայի եղբայր Հաշիմը: Նախ, իրենց չուխաները հանած և թևերի վրա իբրև վահան փաթաթած, երկու կողմերից ասպարեզ մտան պատանիները: Շատ չանցած՝ մեջ մտան մեծերը, և թաղակռիվը սկսվեց:

Քաղաքի միջին շերտը ծածկվեց խուռն ամբոխով. Ներկա էին և՛ քրիստոնյաները. հեռվում հավաքված կամ բարձր կտուրների վրա կանգնած, նրանք ականատես էին, թե ինչպես երկու արյունակից և կրոնակից համայնքներ աշխատում են միմյանց արյունը թափել:

Կռիվը տեղի ուներ միջին, ամենաընդարձակ փողոցում: Հազարավոր քարեր երկու կողմից տեղում էին կռվողների գլխին: Բոլորը զինված էին երկայն փայտերով, բայց «փայտակռիվը» դեռ չի սկսվել, որովհետև ախոյանները տակավին հեռու էին միմյանցից: Կոտրատվող ապակիների զրնգոցը, ոտների տրոփյունը, կանանց և մանուկների ճիչը, ջահիլների վայրենի աղաղակները քանի գնում սաստկանում էին և ահռելի դառնում:

Մի քանի պոլիցիականներ միջամտեցին, որ կռվողներին բաժանեն, բայց, փայտի մի քանի հարվածներ ստանալով, ետ մղվեցան և փախան, մտան հանդիսականների մեջ: Անզոր անցավ և՛ աղսախկալների (ծերունիների) խրատն ու սպառնալիքը:

Թռչնորս Ասկյարն իր գնդակի նման արձակած քարերով արդեն երկուսի կուռը թուլացրել էր և փայտը ձեռից զցել:

Խորոված ծախող Հեյբաթը կատաղի գոռում էր, փայտը զարկելով գետնին, չուխա-վահանը բարձրացնելով և վեր ու վար թռչկոտելով:

Հանկարծ Իմամլուն թնդաց, գդակ կարող Մեյթին, Շիրազի փափախը աչքերին քաշելով, կարկտի պես թափվող քարերի տակ վազեց առաջ: Նրան հետևեցին Հեյբաթն ու Ֆաթմայի եղբայր Հաշիմը: Հակառակ կողմից, ավելի կատաղի գոռալով, վազեց ընդառաջ գդակ կարող Մահմուդը, որ Մեյթիից ապտակ էր ստացել:

Փայտի կռիվը սկսվեց:

Օդի մեջ ֆռֆռում էր մի կարմիր աստառով չուխա: Ամենի հայացքները հառված էին նրա վրա, ամենի ուշադրության կենտրոնը նա էր: Նա գոռում էր առյուծի պես, և նրա ձայնի դղրդոցը տարածվում էր հեռու ու հեռու:

Իմամլուն զրոհ տվեց, Սարի-Թորփաղը ետ մղվեց: Ընկան մի քանի վիրավորվածներ: Կանանց ճիչը սաստկացավ, մայրերը ողբում էին, հայրերը անիծում իրենց փուչ զավակներին: Թիֆա՛ն էր:

Եվ այս բոլորն ինչո՞ւ: — Մի աղջկա համար: Բայց ո՞ւր էր նա, ի՞նչ էր անում այդ սարսափելի րոպեին:

Աիմաղ աղայի բաղնիսի կտրում հավաքված էին մի խումբ կանայք և, գմբեթների հետևում կուչ եկած, դիտում էին կռիվը: Ամենից առաջ, կտուրի ծայրում աներկյուղ, համարձակ կանգնած էր Ֆաթման, այո՛, ինքը Ֆաթման: Ախ, լավ է, որ մայրերը չգիտեին, թե նա է կռվի բուն պատճառը, եթե ոչ պատառ-պատառ կանեին նրան իրենց սիրեցյալ որդիների համար: Աշխատում էին Ֆաթմային հետ քաշել, չէին կարողանում: Եվ ո՞վ կարող էր, քանի-որ անհաղթելի գոյությամբ նրա ուշք ու միտքը, հոգին ու սիրտը բևեռված էին մի կետի վրա... կարմիր չուխան:

Ահա ամենը փախան, ասպարեզ բացվեց և մենմենակ մնաց, կարմիր չուխան: Իմամլուցիները սրընթալով վազեցին դիպի նա, ամենից առաք Հեյբաթը, Մեյթին, ու Հաշիմը: Արդյոք, կփախչի՞ կարմիր չուխան, թե՞ կդիմանա միայնակ այդ կատաղած ամբոխին. արդյոք, Հաշիմը: կենդանի դուրս կգա՞ այդ կռվից: Ինչո՞ւ Ֆաթմայի եղբայրն էլ է մասնակցում. եթե նա չլիներ, այն ժամանակ, թող բոլոր իմամլուցիները կոտորվեին և մատաղ դառնային կարմիր չուխայի մի մազին:

Մինչ գեղեցիկ Ֆաթման տանջվում էր, այս մտքերից, կռիվը սաստկանամ էր ու սաստկանում: Սարի-թորփաղցիները, օգնություն ստանալով, հարյուրավոր բազմությամբ վազում էին առաջ: Հեյբաթը, Մեյթին և Հաշիմը շրջապատեցին կարմիր չուխային: Ֆաթման ակամա ճչաց, բոպեն վտանգավոր էր: Նա տեսնում էր, թե ինչպես, իր եղբայրը, Հաշիմը փայտի հարվածներ է տալիս կարմիր չուխայավորի գլխին: Մյուս կողմից խփում էին Հեյբաթն և Մեյթին: Ֆաֆման նկատեց, որ, կարմիր, չուխան ուշադրություն չի դարձնում Հաշիմի վրա և միայն պատասխանում է մյուս երկու ախոյանների հարվածներին: Անշուշտ նա խնայում, է, Հաշիմին: Ֆաթմայի սիրտը թրթռաց, այսպիսի վեհանձնություն միայն Ասադը կարող է ունենալ, ուրիշ ոչ ոք:

Մեյթիի ձեռից փայտը վայր՝ ընկավ, և նա ինքը փռվեց Ասադի ոտների տակ. նույն վիճակին արժանացավ, և՛ Հեյբաթը: Կեցցե՛ կարմիր չուխան: Նույն վայրկյանին Ասադի ճակատում փայլեց, մի կարմիր գիծ, որ, վայր իջնելով, արագ-արագ ծածկեց, նրա ամբողջ երեսն ու կուրծքը: Դա թոչնորս Ասկյարի քարի հետքն էր: Ֆաթմայի ոտները թուլացան: Բայց ահա, Ասադը, մի քիչ տատանվելուց հետո, գրպանից հանեց մի սպիտակ բան, փաթաթեց ճակատին և արյունաշաղախ երեսով, ավիլի կատաղի զորությամբ թռավ առաջ:

Իմամլուն փախավ: Ֆաթման բնազդմամբ հետ նայեց. բաղնիսի կտուրը դատարկվել էր, կանայք փախել էին: Նա մտիկ արեց, ներքև. սարի— թորփաղցիները մոտենում էին ու մոտենում: Ասադի փայտը որին դիպչում էր՝ նա թավալվում էր գետին: Հանկարծ, նա չքացավ: Ֆաթմայի աչքերը մթնեցին. սպանեցի՞ն, արդյոք, նրան: Նա բարձր ձայնով օգնություն կանչեց և նստեց կտուրի ծայրում:

Մի քանի մարդիկ փողոցից մի երկայն սանդուղք դրեցին բաղնիսի պատին: Ֆաթման տեսավ, որ ներքևից Հաջի— Ալեաքպարի ծառաները բարձրանում են վերև: Նրանք արդեն հասել էին սանդուղքի ծայրին և աղաչում էին Ֆաթմային, որ մոտենա, բայց նույն վայրկյանին սանդուղքը նրանց ոտների տակ դողաց և ճռճռալով ընկավ փողոց, իր հետ տանելով Հաջիի ծառաներին:

Այդ պահին Ֆաթման զգաց, որ հետևից երկու ձեռներ գրկեցին իրան: Ինչպես հանկարծակի որսված մի ճնճղուկ, նա մի վայրկյան ճիգն արեց դուրս պրծնելու երկաթե ունելիքի պես ամուր սեղմած ձեռներից: Սակայն ուժերը դավաճանեցին նրան, և նա, թուլացած, անձնատուր եղավ անհայտ ձեռների զորությանը...

## V

Եթե ոչ ռոռիկանությունն և աղսախկալները, գոնե բնությունը կարողացավ կռիվը ընդհատել: Վրա հասավ իրիկնային մութը, ջահիլների կատաղությունը շիջավ: Փոքր առ փոքր կռվին անմասնակից հանդիսականների բազմությունը ցրվեց, կռվողները հոգնած, ջարդուփշուր եղած, հետ քաշվեցին:

Հաղթող հանդիսացավ Սարի-Թորփաղը, բայց Իմամլուն պարծենում էր արծաթագործ Ասադի կռվի ասպարիզից անհայտանալու լուրով: Երկու կողմից վիրավորվել էին քսանուհինգ մարդ, որոնցից երեքի դրությունն անհուսալի էր:

Ջահիլները խումբ-խումբ փողոցների անկյուններում հավաքված, միմյանց հաղորդում էին կռվի մանրամասնությունները: Հաջի-Ալեաքպարին հավատացրին, թե արծաթագործ Ասադը սպանվել է կամ գոնե վիրավորվել: Հաջին հրամայեց ջահիլներին շարբաթ բաժանել:

Մինչ նրանք խմում էին շաքարախառն ըմպելիքը, մոլլա Ղանիի տնից լսվեց հուսահատ աղաղակների ձայն, և մի կին, մազերը փետելով, ոտաբաց, գլխաբաց վազեց փողոց:

Դա Ֆաթմայի մայրն էր:

— Մարդի՛ կ, աղջիկս չկա, մարդի՛կ, աղջկաս փախցրել են, — գոռում էր խեղճ Զեյնաբը, ողբալով լուր գեղեցիկ դստեր կորուստը:

Այժմ միայն պարզվեց կռվի ասպարեզից Ասադի անհայտանալու պատճառը: Ուրիշ ո՞վ կարող էր Ֆաթմային փախցնել, եթե ոչ նա:

Իմամլուցիների գլխին սառն ջուր մաղվեց, ամենքն ամոթից չիմացան ուր թաքցնեն իրենց գլուխը:

Իսկույն ջահիլների միջից քանի չափ կամավորներ առաջ եկան, խոստացան անպատճառ գտնել Ֆաթմային և տուն բերել: Բայց դրա համար նախ անհրաժեշտ էր մուտք ունենալ Սարի-Թորփաղ:

Մի քանի աղսախկալներ գնացին և թշնամի բանակի աղսախկալների հետ ժամանակավոր հաշտության դաշն կապեցին, որ հակառակորդները իրավունք ունենան անարգել անցնել միմյանց փողոցները:

Մեծ պետությունների պատերազմն յուր կանոններն ունե, թուրքերի

թաղակռիվն էլ ունե յուր կանոնները չգրված, այլ պապերից ավանդորեն հարգված և պահպանված: Թշնամությունը, նրանց մեջ գործով երևան է գալիս միայն կռվի ասպարիզում, խաղաղության և զինադուլի ժամանակ հակառակորդները գեթ արտաքուստ հարգում են միմյանց:

Սակայն որոնող ջահիլները Ֆաթմային Ասադի տանը չգտան և ոչ էլ իրան, Ասադին: Որտեղ էին նրանք — իմացողները չասացին, չիմացողները ուրախացան, լսելով իրանց պարագլխի նոր հերոսությունը: Իմամլուցիների պատիվը պահանջում էր, ինչպես և իցե, այն գիշեր նեթ գտնել Ֆաթմային:

— Ով ինձ սիրում է, թող հետնի ինձ, — գոչեց գունաթափված Հաշիմը:

Նա իսկույն վազեց տուն, իր ձին թամբեց, զցեց ուսովը հրացանը, կապեց մեջքին ատրճանակն ու խանչալը և դուրս եկավ: Քսան կամավորներից նրան հետնեցին միայն տասնուչորսը:

— Աղա, դուք էլ գնացե՛ք, — հրամայեց Հաջի— Ալեաքպարը յուր երկու արաբ ծառաներին:

Սնամորթ խափշիկները ուտոստալով վազեցին տուն, մի-մի ահագին փայտ վերցրին՝ կլորակ, գնդականման, բնեռոտ ծայրերով և մտան կամավորների շարքը: Խումբը բաժանվեց երկու մասի. մեկին պիտի առաջնորդեր Հաշիմը, մյուսին դումարբազ՝ Հասանը: Վերջինը քաղաքի բոլոր խուլ ու մթին անկյունները լավ ուսումնասիրած էր, քսան տարի շարունակ «երեք-վեզ» (ուչ— աշըղ) ասված խաղը խաղալով Շամախու բոլոր սրիկաների հետ:

Ամեն ինչ պատրաստ էր: Ղումարբազ Հասանն իր խումբն առաջնորդեց քաղաքի դեպի ստորին մասը — Սարդարի այգու կողմը, իսկ Հաշիմը համոզված էր, որ Ասադը Ֆաթմային տարել է կամ խաների գմբեթաշեն շիրիմների կողմը, կամ թթենիների այգիները:

Ամբողջ գիշերը Իմամլու թաղում տիրում էր մի խուլ աղմուկ: Շատերն անքուն նստեցին փողոցում, իրենց տան դռների առջև, որ տեսնեն՝ ջահիլների արշավանքն ինչ ելք կունենա:

Անքուն էր և Հաջի-Ալեաքպարը: Եվ նրա անքնությունը միայն մի պատճառ ուներ. նրա պատիվը և անունը չարաչար վիրավորված էին. նա ամբողջ թաղի ղժգոհության և խուլ տրտունջների առարկան էր դարձել: Գործի էությունն ամենին հայտնվել էր, ամենը գիտեին, որ կռիվ հորդորողը նա է եղել և ինչից դրդված:

— Անե՛ծք քեզ, չար Սադայել, անե՛ծք քեզ, չար Սադայել: Լահ իլլահ, իլլալլահ, Մահամմադի Ռասուլ Ալլահ, — կրկնում էր նա անդադար, հուզված անցուդարձ անելով իր տան պատշգամբի վրա:

Հաջիի ավագ կինը, Գյուլնիզարը, ամուսնուց թույլտվություն ստացած, գնացել էր յուր ծնողների մոտ գիշերելու: Նա սառնարյուն չէր կարող այդ գիշեր մի հարկի տակ մնալ այն՝ մարդու հետ, որ երկրորդը բավական չհամարելով, ուզում էր երրորդին ևս բերել և այն էլ այդպիսի խայտառակությամբ:

Կեսգիշերից անց լուր տարածվեց, թե Ֆաթմային գտել են և բերում են: Արթուններն քնածներին ևս արթնացրին, և ամենը, դուրս թափվելով, դիմեցին մոլլա Ղանիի տան կողմը: Լուրը սուտ էր: Վերադարձել էր դումարբազ Հասանն յուր խմբով և պատմում էր, թե քաղաքի ստորին կիսի բոլոր անկյունները պտտել է, Ասադի և Ֆաթմայի հետքն էլ չկա:

Հաշիմի խումբը դեռ չէր վերադարձել: Նրա մայրն ընկավ Հասանի ոտներին, աղերսեց, որ սա յուր խմբով օգնություն հասնի յուր որդուն: Ջահիլներից մի քանիսը, սաստիկ հոգնած լինելով, գնացին քնելու: Նրանց փոխարեն դուրս եկան ուրիշ կամավորներ, և Հասանը ուղեկիցների մեկուկես անգամ ավելի թվով արշավեց վերին կողմը:

# VI

Վաղուց Ասադի գլխում միտք էր ծագել Ֆաթմային փախցնելու, եթե խաղաղ միջոցով ձեռք բերելը չհաջողվեր: Անակնկալ կռիվը խորտակեց նրա վերջին հույսը. նա գիտեր, որ կռվից հետո այլևս անկարելի էր սպասել, որ Ֆաթմայի մայրն ու եղբայրն և մանավանդ Հաջի-Ալեաքպարը որևէ զիջողություն անեն:

Ուրեմն պետք էր դիմել ծայրահեղ միջոցի: Հենց որ կռիվը սկսվեց, Ասադը թամքեց յուր նժույգն և վերցրեց երկփող հրացանը, դարաբինա ատրճանակը և դաղստանցի Թեյմուրի շինած «յափունջի կիտող» խանչալը: Այս բոլորը նա հանձնեց գիժ Բեանդալիին և, մի մանեթ բաշխելով, պատվիրեց, որ հեռվից հեռու հետևե նրան կռվի ժամանակ:

— Եթե հարցնող լինի, ոչինչ չպատասխանես, գիտե՞ս, — հրամայեց նա գիժ Բեանդալիին, որ իսկապես պատասխանելու ընդունակություն էլ չուներ:

Յուր հանդուգն մտադրությունը նա հայտնեց ամենամոտրկ ընկերներին և խնդրեց, որ օգնեն ձեռնարկությանը:

— Ուրախությամբ կյանքներս կտանք, — ասացին հավատարիմ ընկերները, գովելով Ասադի հերոսությունը:

— Դուք միայն կռվի ժամանակ, — պատվիրեց Ասադը, — աչք զցեցեք կտուրներին և Ֆաթմային ցույց տվեք ինձ: Մնացյալն իմ գործն է: Դուք խոմ ճանաչո՞ւմ եք, տեսել եք նրան քրոջ տունը գալիս: Նա անպատճառ դրսում կլինի...

Այս պայմանադրությունից հետո Ասադը թռավ կռվի ասպարեզը: Նա ինքն ամենից առաջ տեսավ Ֆաթմային: Հենց որ սարի-թորփաղցիները գրոհ տվեցին, հենց որ Մեյթին ու Հեյբաթը հաղթվեցին, նա, կռիվը տարած համարելով, վազեց Ահմադ աղայի բաղնիսի եռնը, գտավ ճանապարհին և բարձրացավ կտուր: Նա հրեց և ձգեց մի կտուրից մյուս կտուր ընդդիմադրող բաղնիսպանին, վազեց և... գիտենք ինչ արավ:

Օրն արդեն մթնել էր, երբ Ասադը, յուր թանկագին կողոպուտը ձիու վրա դրած, հասավ սարի-թորփաղցի Հաջի-Բախիշի այգին:

Այգեպան քեալբլահի Աբդուլլան շատ չար ու բարի տեսած, կյանքի բովով անցած մի փորձառու ծերունի էր: Նա ճանաչում էր Ասադին և միշտ տեսնելիս մտաբերում էր նրա հորը, որի հետ էր անցուցել յուր փոթորկալից երիտասարդությունը:

— Տղա, այդ ի՞նչ է, — հարցրեց նա զարմացած, տեսնելով Ասադին երեսն արյունոտ, գլուխը փաթաթած և գրկում մի անշնչացած աղջիկ բռնած:

Ասադը համառոտ պատմեց եղելությունը, հինավուրց «իզիթը» (քաջը) հրավիրեց նրան իջնել ձիուց ու յուր թանկագին կողոպուտի հետ թաքնվել նրա խրճիթում:

Մինչ այգեպանի ջուր բերելը, Ֆաթման ուշքի եկավ, սթափվեց, աչքերը բաց արեց և կրծքից արձակեց մի խորին հառաչանք:

— Ես եմ, Ֆաթմա, մի՛ վախենար, — խրախուսեց Ասադը մեղմ և քնքուշ եղանակով, որքան թույլ էր տալիս նրա կոշտ ձայնը:

Ֆաթման սարսափած ոտքի կանգնեց և գզգզված մազերով, գունաթափ, ձեռները գլխին խփելով, բացականչեց.

— Վա՛յ մայր, վա՛յ եղբայր...

Նա վազեց դեպի դուրս: Ասադը հառաջեց նրան և ձեռներից բռնեց:

— Իզուր մի՛ տանջիր ինքդ քեզ. մայրդ էլ կենդանի է, եղբայրդ էլ, քույրերդ էլ:

— Ինչո՞ւ ես ինձ բերել այստեղ, — գոչեց Ֆաթման:

Ինչո՞ւ, մի՞թե Ֆաթման չգիտե ինչու, մի՞թե կարծում էր, որ Ասադը թույլ կտար նրան ուրիշի կին դառնալու, մի՞թե...

Ֆաթման փոքր առ փոքր հանգստացավ և սկսեց անխոս մնալ: Իսկապես նրա հուսահատ աղաղակները կիսով չափ արվեստական էին: Նա հոգով ուրախ էր կատարված անցքին. նրա երևակայությունը վաղուց ստեղծել էր մի այդպիսի հերոսություն Ասադի կողմից, և նա ցանկանում էր իրագործված տեսնել յուր երևակայածը: Միայն ծերունի այգեպանի ներկայությունը դրդեց նրան մի փոքր աղմուկ բարձրացնել, որպեսզի պատկառելի քեալբլահին չկարծե, թե երիտասարդ մուսուլմանուհին զուրկ է ամոթխածությունից:

Այսպես է Շիրվանի թրքուհու բնավորությունը:

Այգեպանը նրանց համար ընթրիք պատրաստեց, — հաց, պանիր, վարունգ և կանաչեղեն: Ամբողջ օրը թե՛ Ֆաթման և թե Ասադն անոթի էին անցուցել, ուստի այգեպանի համեստ իրիկնահացը նրանց համար Օրուջ-բայրամի «կաթնով փլավից» համեղ էր:

Փոքրիկ խրճիթը լուսավորված էր հնադարյան չիրաղի (ճրագի) աղոտ լույսով: Ծերունի քեալբլահին աշխատում էր յուր հյուրերին զվարճացնել, պատմելով օրվա եղելությանը համանման դեպքեր յուր կյանքից: Ասադը սփրթնած էր: Գլխի վերքը սաստիկ ցավ էր պատճառում, բայց նա աշխատում էր զսպել իրան, թեև մեծ դժվարությամբ:

— Տղա՛, ինչո՞ւ շրթունքներդ դողդողում են, — հարցրեց այգեպանը, — չլինի վերքդ նեղացնում է քեզ: Սպասի՛ր, սպասի՛ր, թաշկինակի տակից արյուն է հոսում: Պետք է դեղ դնել, որ դադարի:

Այս ասելով, ծերունին իսկույն յուր հնամաշ արխալուղի աստառից մի կտոր պատռեց, վառեց ճրագի բոցի վրա և ձգեց գետնին: Երբ կտորը բոլորովին այրվեց, նա սև մուրը հավաքեց, ստիպեց Ասադին բաց անել ճակատն և մուրը թաշկինակով կապեց վերքի վրա:

Արյունն արդարև դադարեց:

Այս գործողության ժամանակ Ֆաթման օգնում էր ծերունուն, անդադար պտտվելով վիրավորյալի շուրջը:

— Այժմ քնիր, — ասաց այգեպանը հայրական խնամքով, — ինչ վերաբերում է ապագային — վաղը կմտածենք:

«Երեկոյան բարիքից առավոտյան չարիքը լավ է», ասում է մեր պապերի խոսքը:

Գիշերը խաղաղ էր, մուգ-կապտագույն երկնքում պայծառ փայլում էին աստղերը, հեռվից ժամանակ-ժամանակ լսվում էին քաղաքային գիշերապահների աղաղակները: Նրանց ձայնակցում էին Սարի—Թորփաղի շները, դունչները դեպի երկինք բարձրացրած, աստղերի վրա պոռալով: Ծերունի այգեպանը, սնահավատությունից դրդված, վճռեց արթուն մնալ և ամբողջ գիշեր դրից խրճիթը պահպանել. շների պոռալը վատ բան էր գուշակում:

Ֆաթման, շորերը հագին, Ասադի չուխայի մեջ փաթաթված, քնած էր խրճիթի մի անկյունում:

Մյուս անկյունում, այգեպանի անկողնում պառկած էր Ասադը: Մի ձեռը հենած հրացանի վրա, մյուս ձեռը գլխատակին դրած, նա ոչ քնած էր, ոչ արթուն, այլ մի տեսակ թմրած դրության մեջ էր: Նրա վերքը դարձյալ ցավում էր և ցավում էր ավելի սաստիկ: Բայց նա աշխատում էր ոչ հառաչել և ոչ տնքալ Ֆաթմային չզարթեցնելու համար: Նրա գլխում պտրտվում էին ցերեկվա անցքերը: Մերթ նա երևակայում էր իրան կռվի ասպարեզում, աջ ու ձախ շրջապատված թշնամիներից, անձրևի նման տեղացող քարերի տակ, մերթ բաղնիսի կտրում, Ֆաթմային հափշտակելիս և մերթ ձիու վրա, յուր կողոպուտը գրկած, ապշած ամբոխի միջով արշավելիս:

Հետո նա սկսեց խորհել ներկայի և ապագայի մասին: Ի՞նչ պիտի անե նա վաղը, այգեպանի խրճիթում երկար թաքնվել անկարելի է, անշուշտ իմամլուցիները հանգիստ չեն մնալու, անշուշտ նրանք ամեն ջանք գործ կդնեն Ֆաթմային գտնելու, որ Ասադի արյունի գնով իրենց թաղի պատիվը վերականգնեն:

Նա մտքում վճռեց լուսաբացին վերցնել Ֆաթմային, գնալ մոտակա թուրք գյուղերից մինը, այնտեղ մի մոլլա գտնել և քեաբին անել (պսակվել):

Շուտով նրա ամբողջ մարմինը սկսեց դողալ: Նրա ատամներն ակամա զարնվում էին միմյանց, նա ցուրտ էր զգում: Ցուրտն անցավ, և նրա մարմնին տիրեց թմրեցուցիչ տաքություն: Նրա միտքը պղտորվեց. նա քնեց կամ, ուղիղն ասած, սկսեց զառանցել: Ահա Ֆաթման, գլխաբաց, ոտաբաց, ձի է նստում, Ասադին ևս հրամայում է նստել: Նրանք արշավում են հեռու ու հեռու, անծանոթ տեղեր: Մի ամայի դաշտում, գետնից երկայն և ձյունի պես ճերմակ միրուքով մի մարդ է դուրս գալիս, մոտենում է, յուր ձեռում՝ բռնած մի կարճ, սև փայտով խփում՝ է նրանց ուսին: Ֆաթման և Սաադը մի ակնթարթում տեղափոխվում՝ են մի փառաշեն տուն: Այստեղ սկսվում է նրանց հարսանիքը: Հյուրերը զվարճանում են, երաժիշտները նվագում են, պարիչները պարում են, ծառաները շարբաթ են բաժանում:

Այդ միջոցին ներս է մտնում մի ոստիկան, հետո երկրորդը, և բոլոր բարեկամ հյուրերը դառնում են թշնամի իմամլուցիներ: Ֆաթմային հափշտակում են, Ասադի ոտներն ու ձեռները կապում են, երեսը դեպի հետ դնում են մի ավանակի վրա և երեսին մուր քսում: Նրան տանում են Իմամլու: Թշնամիները, շրջապատելով, քարեր են արձակում նրա վրա, ծաղրում են, շվացնում, թքում են երեսին: Մոտենում է Ֆաթմայի եղբայր Հաշիմը, — հետո գդակ կարող Մեյթին և մի քանի ապտակ են տալիս: Օհ, սարսափելի անպատվություն, ա՜խ, եթե նրա ձեռները բաց լինեին, բոլորի պատասխանը կտար: Բայց ահա ոստիկանապետը խփում է նրա ուսին մտրակով, խփում է մեկ, երկու, երեք անգամ...

Ասադն աչքերը բաց է անում...

## VII

Խրճիթը տակավին մութն է, բայց դռներից երևում է, որ արևելքը շառագունել է: Ծանրացած գլուխը մի կերպ բարձրացնելով, Ասադն իր դեմուդեմ տեսնում է մի մարդ:

— Ո՞վ ես դու, — հարցնում է նա:

— Շտապ՛իր, տղա, վե՛ր կաց, գալիս են, — պատասխանում է մի ծանոթ ձայն:

Ասադը ոտքի է թռչում հրացանը ձեռին, վազում է խրճիթի մյուս անկյունը և տեսնում է, որ Ֆաթման դեռ քնած է:

— Ո՞վ է գալիս, — հարցնում է նա:

Ծերունի այգեպանը նրա ձեռից բռնում է և խրճիթի դռների մոտ տանում: Առավոտյան աղոտ լուսավ Ասադը հեռվում, այգու զրեթե մյուս ծայրում նկատում է ինչ-որ մարդիկ. լսում է ինչ-որ խուլ սպառնալիքներ: Մարդիկ ավելի ու ավելի մոտենում են, ձայներն ավելի ու ավելի պարզ են լսվում: Ահա ծառերի բների հետևից փոքր առ փոքր որոշվում են եկողների դեմքերը. մի մասը ձիավոր է, մյուս մասը հետևակ, բոլորն էլ թրքեր են և իմամլուցիներ: Մեկը ոտով շտապում է ամենից առաջ:

Ասադը ճանաչում է Հաշիմին:

Մի ակնթարթում նա թռչում է ներս, հավաքում է մնացյալ զենքերն և, Ֆաթմային քնած թողնելով, դուրս է գալիս, խրճիթը կողպում է, թիկն է տալիս դռներին և կանգնած՝ սպասում է եկողներին: Փախչել և Ֆաթմային փախցնել անկարելի է. թշնամիները մոտիկ են, պետք է պաշտպանվել: Բայց ո՞ր մեկի դեմ պաշտպանվել, նրանք մոտ տասնուհինգ հոգի են, իսկ Ասադը միայն մի ծերունի օգնական ունի, որի միակ զենքը հիսնամյա ժանգոտված խանչալն է: Փույթ չէ, թող գա, ոչ ոք չի կարող Ասադի ձեռքից Ֆաթմային խլել, քանի նրա շունչը բերանումն է:

Վերջապես, իմամլուցիները դուրս եկան ծառերի հետևից և կանգ առեցին, խրճիթի դեմուդեմ կիսաշրջան կազմելով: Հաշիմն արագությամբ հանեց ուսովը զցած հրացանը և, նշանակ դնելով Ասադի կուրծքը, գոչեց:

— Անշա՛րժ կաց:

Նրա օրինակին հետևեցին դումարբազ Հասանը, ինը-մատնանի Սեյֆուլլան, շեկ Հեյդարը, սև Բաղիրը, քոռ Միթալիմը և մի քանի ուրիշներ: Եվ Ասադն յուր դեմուդեմ տեսավ տասնից ավելի սև խողովակներ, որոնց մթին, մահաբեր ծակերը նայում էին ահռելի կերպով, ինչպես տարտարոսից վռնդված դևերի աչքեր:

Ծերունի այգեպանը վազեց առաջ, սկսեց կատաղած իմամլուցիներին խրատել, հաշտության հրավիրել, բացատրելով, միևնույն ժամանակ, թե տղամարդություն չէ մեկի դեմ քսան հոգով դուրս գալը:

Մեկը մի քար ձգեց նրա վրա և հայհոյելով ասաց, որ չխառնվի գործին:

— Հեռո՛ւ, քեաֆթառ շուն, — գոչեց շիլ Նուրուլլան, — եթե ոչ — հոգիդ սատանայի բաժին կդարձնեմ:

Ծերունին ետ քաշվեց, ափսոսալով, որ ձեռին հրացան չունի, եթե ոչ ցույց կտար հանդուգն «երեխաներին», թե ով է քիալբլաhի Աբդուլլան:

Հաշիմը պահանջում էր, որ Ասադն իր ձեռքով Ֆաթմային խրճիթից

դուրս բերի և հանձնի նրան: Ասադը սկզբում փորձեց ազդել նրա խելքի, սրտի և մուսուլմանական զգացմունքների վրա: Նա հիշեցրեց կրոնի միությունն և Ղուրանի պատգամները, որ արգելում են ուղղափառին՝ ուղղափառի արյուն թափել: Բայց Հաշիմը ոչինչ չէր ուզում լսել: Նա մի բերան պահանջում էր, որ Ասադը կամավ վերադարձնե նրա քրոջը:

— Իսկ եթե չտա՞մ, — գոչեց Ասադը, վերջապես հուսահատված:

— Դիակդ ոտնատակ անելով կանցնեմ և կվերցնեմ, — պատասխանեց Հաշիմը վճռողաբար:

Այս ասելիս հրացանը նրա ձեռին դողաց:

Այգեպանը հորդորում էր Ասադին խնայել յուր երիտասարդ կյանքն և Ֆաթմային կամով հանձնել եղբորը: Ասադը չէր լսում նրան: Ճակատը թաշկինակով փաթաթած, երեսն արյունի չորացած կաթիլներով, կուրծքը կիսով չափ բաց, մի ձեռը հրացանին կրթնած, մյուսը կողքին հենած, մեջքը խրճիթի դռներին թեքած, նա կանգնած էր միևնույն տեղ և, կարծես, սպասում էր վերջին վճռական րոպեին: Նրա աչքերը կարմրած էին, գլուխը ծանրացել էր, ոտներն ու ձեռները դողում էին սաստիկ տաքությունից:

— Էյ անխիղճ, խնայի՛ր ինքդ քեզ, ափսոս է քո երիտասարդությունը, — գոչեց իմամլուցիներից մեկը, որ, ակամա հիացած հանդուգն սարի-թորփաղցու առնական գեղեցկությունից, չկարողացավ զսպել յուր ներքին ձայնը:

— Նրա ի՞նչն է ափսոսալի, աղա՛, լեցրո՛ւ շան բերանը ծխով, — ընդհատեց նրա խոսքը մի խռպոտ ձայն:

Իսկույն ինը-մատնանի Սեյֆուլլայի հրացանը պայթեց: Գնդակը, դռների ճեղքից փչող աշնանային քամու պես, վզզալով անցավ Ասադի գլխի վրայով և մտավ խրճիթի հետևի թթենիներից մեկի բունի մեջ: Իմամլուցին դրանով կամենում էր համառ սարի-թորփաղցուն վախեցնել: Սակայն, իզու՛ր. Ասադը պատրաստվել էր պաշտպանվել մինչև վերջին շունչը:

## VIII

Հրացանի ձայնը Ֆաթմային զարթեցրեց: Դռներն ուժով բացվեցին, երիտասարդ աղջիկը դուրս վազեց, խիտ ու երկայն մազերն ուսերի վրա անկանոն թափված, կուրծքն եղունգներով անխնա պատռտելով և բարձրաձայն գոռալով: Նա վազեց և կանգնեց Ասադի առջև, երեսը դեպի իմամլուցիները:

— Զգո՛ւյշ, — հրամայեց Հաշիմն յուր ընկերակիցներին, հրացանը ցած դնելով:

— Կոտորվե՛ք դուք, կոտորվե՛ք դուք, — աղաղակում էր Ֆաթման, արդեն մոռացած յուր սովորական ամոթխածությունը:

— Վազի՛ր այս կողմը, — գոչեց Հաշիմն, առաջ դիմելով, որ քրոջը առևանգի :

Բայց Ֆաթման, ավելի մոտեցավ Ասադին, պաշտպանելու մտքով, կանգնեց նրա առջև և պատասխանեց եղբորը.

— Մի՛ մոտենար, մի՛ մոտենար, ես չեմ թողնիլ, որ նրա մի մազն էլ վնասվի: Նա մեղավոր չէ, ես ինքս եմ փախել նրա հետ, այո, ես ինքս, իմ կամքով: Հաշիմ, մի՛ մոտենար, ես չեմ թողնիլ, չեմ թողնիլ...

Տեսարանը սրտաշարժ էր: Երկու թշնամիների մեջտեղ կանգնած էր մի անհաղթելի պատնեշ, առանց որին խորտակելու, անկարելի էր որևէ ճակատամարտ:

Երբեք Հաշիմը չէր կարող երևակայել, թե Ֆաթման այդչափ պաշտպան կհանդիսանա յուր առևանգողին: Նա հավատացած էր, որ յուր քույրն ակամա է ընկել Ասադի ձեռքը, թե նա մի տկար զոհ է, որին փրկելու համար պիտի թշնամու արյունը խմել: Այժմ, տեսնելով Ֆաթմայի համառությունը, տեսնելով նրա հուսահատ պաշտպանությունը, մնաց ապշած: Մի վայրկյանում վրեժխնդրության կիրքը նրա սրտում տեղի տվեց ակամա խղճահարության: Նա, որ մի րոպե պատրաստ էր ամենայն սառնությամբ մահաբեր գնդակն ուղղել հանդուգն առևանգողի կրծքին, այժմ երեսը ետ դարձրած, երկմտության մեջ լուռ նայում էր յուր ընկերակիցների երեսին:

Ինքը, զոհ համարվածը ներում է հանցավորին, և հանցավորն այնքան վեհանձն է, այնքան անվեհեր, որ պատրաստ է մինչև վերջին շունչ պաշտպանել իր փախցրած աղջկան: Ուրեմն տմարդություն չի՞ լինիլ, արդյոք, ձեռք բարձրացնել մի այդպիսի երիտասարդի վրա և սպանել նրան յուր սիրեցյալի աչքի առջև: Այս էր արաահայտում Հաշիմի դեմքը: Եվ լուռ ակնարկություններ հասկացող շիրվանցիները, իսկույն գուշակելով նրա միտքը, մտիկ արեցին միմյանց երեսին:

Շիլ Նուրուլլան առաջինը վստահացավ հայտնել ամբոխի լուռ վճիռը, Նա քաշեց ձին և բարձրաձայն արտասանեց.

— Հաշի՛մ, նամուսդ մի՛ մոռանար:

Իմամլուցիների մեջ բարձրացավ մի խուլ աղմուկ: Նրանք վրդովված էին Հաշիմի մեղմանալուց: Ի՞նչպես կարելի է ներել մի հանդուգն թշնամու, մի մարդու, որ անպատվել է ամբողջ Իմամլուի անունը, փախցնելով թաղի ամենագեղեցիկ աղջիկներից մեկին: Ի՞նչ կասեն իմամլուցիները, ի՛նչ կասեն ուրիշ թաղեցիները: — Ո՛չ, ո՛չ, երբեք չի կարելի գործը հաշտությամբ վերջացնել: Միթե այս նպատակո՞վ են իմամլուցիները երեկ ամբողջ օրը կռվել, մի՞թե դրա համար են քսան մարդ ամբողջ գիշերն անքուն թափառել քաղաքի շրջակայքում: Պետք է թշնամուն պատժել, պետք է վրեժ հանել, առանց արյունի անկարելի է Իմամլուի պատիվը վերականգնել:

— Արյո՛ւն, արյո՛ւն, — գոռացին բոլոր կիսավայրենիները միաբերան:

Հաշիմը հասկացավ այդ կատաղի ամբոխի տրամադրությունը: Նա զգաց, որ եթե Ասադին ինքը ների, մյուսները չեն ներիլ, չեն ներիլ գուցե և իրան: Բայց ինչպես հեռացնի Ասադից Ֆաթմային, որ միանգամայն կպել է նրան անբաժան, այնպես որ թշնամուն ուղղած ամեն մի հարված նախ կարող է նրան հասնել:

Մինչ նա այս րոպեական տատանման մեջ էր, իմամլուցիներից երեք հոգի աննկատելի կերպով բաժանվեցին խմբից և, ծառերի տակ թաքնվելով, շրջան տալով, հետևի կողմից մոտեցան Ասադին:

Այդ նկատեց այգեպանն և, յուր ժանգոտած խանչալը հանելով, կանգնեց վերջինի հետևում, վճռելով պաշտպանել նրան յուր կյանքի գնով:

Այնինչ Ասադն աշխատում էր ասպարեզից անվնաս հեռացնել Ֆաթմային, որ ինքը միայն կռվի թշնամիների հետ:

Ծերունու և երեք իմամլուցիների մեջ կռիվ բացվեց: Ասադն երեսը հետ դարձրեց և իսկույն հրացանը արձակեց: Լսվեց մի արաբական հիշոց, և Հաջի-Ալեաքպարի սև խափշիկներից մեկը, աջ ձեռով ծունկը բռնած, գոռալով նստեց գետնի վրա: Ասադն արձակեց երկրորդ անգամ, բայց — անօգուտ:

Նույն վայրկյանին նա յուր մեջքի վրա զգաց մի սաստիկ սառնություն, որ թափանցեց ներս: Նա ամբողջ մարմնով դողաց, ակամա գոռաց և ընկավ ուղիղ Ֆաթմայի ոտների տակ:

— Ալլա՛հ, ալլա՛հ, — լսվեց նրա խուլ ձայնը, և նրա աչքերի բիբերը, տարօրինակ կերպով պտտելով շրջանակների մեջ, դարձան Ֆաթմայի վրա:

Այսքանը միայն կարողացավ լսել և տեսնել խեղճ աղջիկը, ուրիշ՝ Ասադը ոչինչ չասաց և ոչ մի շարժում շարավ:

երբ իմամլուցիները, վայրենի կերպով գոռալով, առաջ վազեցին, որ իրենց վրիժառության արդյունքը մոտիկից տեսնեն, երբ Հաշիմը մոտեցավ յուր քրոջը վերցնելու, Ֆաթման ընկած էր Ասադի վրա և դառն ողբում էր...

1889 թ., Թիֆլիս.

# ԹԱՆԿԱԳԻՆ ԿԱՊԱՆՔ

Օրն ամառային էր և իրիկնադեմ: Այրի Հռիփսիմեն իր ամուսնուց ժառանգած սեփական տան պատշգամբի վրա թեյ էր պատրաստում: Սմբատը, նրա միակ որդին, մի կողմ նստած, նայում էր դեպի գավիթ, որ զարդարված էր փոքրիկ գեղեցիկ պարտեզով:

Որդին տխուր էր և, կարծես, ինչ-որ մտատանջության մեջ. մի բան, որ հազիվ էր պատահում: Ժամանակ առ ժամանակ նա հառաչում էր և իր անորոշ հայացքը դարձնում դեպի պարզ մանիշակագույն երկինքը, ուր դանդաղորեն սահում էին ամառային նոսր ամպերը:

Մայրն արդեն նկատել էր որդու տխրությունը, բայց ինչ էր պատճառը — չգիտեր: Թեյի բաժակը դնելով նրա առջև, ինքն էլ նստեց դեմուդեմ և յուր հայացքը հառեց որդու կիսադեմքին: Որքա՛ն երկյուղ, ակնկալություն և, միևնույն ժամանակ, քնքուշ սեր էր արտահայտում այդ հայացքը: Թվում էր, և այդ ճիշտ էր, որ մայրն ամեն վայրկյան պատրաստ էր յուր կյանքը զոհելու, միայն թե որդու տխրությունն որևէ ծանր պատճառ չունենա, միայն թե այդ լինի րոպեական անցողիկ տրամադրություն:

Սմբատը դատարկեց թեյի բաժակը, բարձրացավ տեղից և, շարունակ լռելով, դիմեց դեպի յուր սենյակը:

— Սմբատ, — դարձավ նրան մայրն անվստահ եղանակով:

Սմբատը հետ նայեց և կանգնեց: Գավթում ոչ ոք չկար, թացի ծառայից, որ հեռվում ցնցուղով ջրում էր պարտիզի ծաղիկները: Մայր ու որդի կարող էին խոսել վստահ, որ ոչ ոք չի լսիլ նրանց:

— Ի՞նչ ես ուզում, — հարցրեց որդին:

Որքան նա աշխատեր մեղմ արտասանել յուր հարցը, այնուամենայնիվ, նրա ձայնի մեջ մայրն զգաց անսովոր խստություն:

— Ուզում եմ տխրությանդ պատճառն ինձ էլ հայտնես:

— Ես տխուր չեմ:

Ասաց որդին և անմիջապես շուռ եկավ, որ գնա, բայց մայրը խնդրեց սպասել:

— Դու ինձանից թաքցնո՞ւմ ես միտքդ, — հանդիմանեց Հռիփսիմեն, — միթե չե՞ս իմանում, որ ինձ վշտացնում ես:

— Շատ հետաքրքիրն ես, — պատասխանեց որդին տհաճությամբ, և այս անգամ նրա ձայնի կոշտությունն ավելի զգալի էր:

— Սմբա՛տ...

Մի անսովոր դառն ժպիտ աղավաղեց որդու շրթունքներն, երբ մայրը կասկածելի հայացքով չափեց նրան ոտից մինչև գլուխ:

— Այդ, վերջապես, անտանելի է, — գոչեց նա, նստելով յուր աթոռի վրա, — այդ կյանք չէ, մայր, որ ես քաշում եմ: Քո կասկածներն ինձ հալածում են: «Սմբա՛տ, ինչո՞ւ ես տխուր, Սմբա՛տ, ինչո՞ւ ես լուռ, Սմբա՛տ, ինչո՞ւ չես ուտում, ինչո՞ւ չես խմում»: Խոստովանվում եմ, այդ բոլորն ինձ արդեն ձանձրացրել է:

Մայրը աթոռը առաջ քաշեց և, աչքերը լայն բանալով, հառեց որդու երեսին: Նա սպասում էր, որ վերջինը շարունակի:

— Ես տխուր եմ, որովհետև դու ինքդ ես ինձ ստիպում տխրել, — շարունակեց որդին սրտմտությամբ, — ամեն քայլափոխում խնամք, խնամք ու խնամք, մինչև ե՞րբ: Գիշերն ուշ եմ վերադառնում — լաց ես լինում, մի տեղ գբոսնելու եմ գնում — խրատներով ես ճանապարհ դնում: Չեմ ուտում — ստիպում ես ուտել, չեմ ուզում քնել, պահանջում ես որ քնեմ, մի գիրք եմ վերցնում կարդալու — խլում ես ձեռքիցս, թե «աչքերիդ վնաս է», ընկերներիս նամակ եմ ուզում գրել — չես թողնում, թե «կուրծքդ կցավի»: Ահա, այդ քո հիվանդոտ սերն է, որ, վերջապես, ինձ տխրեցնում է: Դու ինձ ստրուկի պես ճնշում ես քո սիրով, դու քո կյանքը կապել ես իմ կյանքի հետ, դու ուզում ես, որ քսանուչորս տարեկան երիտասարդը ծծկեր երեխայի պես ապրի: Դա մայրական սեր չէ, դա բռնություն է:

Այս խոսքերը Սմբատն արտասանում էր ակնհայտնի դառնությամբ և հետզհետե ավելի ու ավելի հուզվող ձայնով: Պարզ էր, որ վաղուց նրա մեջ եռում էր այդ դառնությունը և վաղուց նրա սրտում պատրաստվել էր մի թույն, որ ձգտում էր դուրս հոսելու:

Մայրը զարմացած, երկյուղած և լուռ մտիկ էր անում նրա երեսին, աշխատելով մի բառ անգամ բաց չթողնել նրա ասածից:

— Կարո՞ղ եմ մայրական սեր անվանել այն, որ ամեն րոպե ճնշում է իմ ազատությունն ու խոչընդոտ դառնում ինձ, — շարունակեց Սմբատը, ավելի գրգռվելով մոր լռությունից: Դու ինձ չթողիր Ռուսաստան գնալու, որ ուսումս շարունակեմ, կարծում էիր, որ այնտեղ հաստ թե չէ — իսկույն պիտի մեռնեմ: (Մայրը մի ցնցում գործեց): Դու ինձ հեռացրիր իմ ընկերների շրջանից և աքսորականի պես դատապարտել ես հավիտյան մի քաղաքում ապրել քո աչքի առջև: Կրկնում եմ, այդ մայրական սեր չէ. թո՛ղ ինձ մի փոքր ազատ շունչ քաշեմ, բավական է, որքան խանձարուրի մեջ պահեցիր ինձ:

Նա լռեց և, տեղից բարձրանալով, սկսեց հուզված անցուդարձ անել. ձեռները վարտիքի գրպանները դրած:

— Որդի՛, — խոսեց մայրը, վերջապես ուշքը վրեն հավաքելով, — ե՞րբ եմ ես քեզ արգելք եղել: Ինչ ուզում ես — արա, ինչպես կամենում ես — ապրիր, ահա քեզ տուն: տեղ, հարստություն. քո՞նը չէ: Էլ ի՞նչ ես ուզում. — հոգի՞ս... Կտամ, չեմ խնայիլ: Աստծուն է հայտնի:

Սմբատը դառնությամբ ժպտաց:

— Հոգի՛ դ, — կրկնեց նա, կանգնելով մոր առջև։ — հենց այդ է, որ ես չեմ ուզում, ինչի՞ս է պետք քո հոգին։ Ավելի լավ կլիներ ինձ համար, որ դու խնայեիր ինքդ քեզ և իմ մասին քիչ մտածեիր։ Հավատացի՛ր, մայր, որ ես ավելի բախտավոր կլինեի, եթե դու ինձ պակաս սիրեիր կամ չսիրեիր միանգամայն։ Այո, մի՛ սիրիր ինձ։

— Քեզ չսիրե՞մ, ե՞ս, քե՞զ չսիրեմ, — կրկնեց այրին զայրացած այս անհնարին և անբնական առաջարկությունից։

— Գոնե, փոխի՛ր սիրելուդ ձևը։

Հռիփսիմեն այլևս չկարողացավ զսպել իր արտասուքը, որ քանի րոպե արդեն խեղդում էր նրա կոկորդը։ Նա սկսեց բարձրաձայն հեկեկալ։

Սմբատը ճնշված սրտով մտավ յուր սենյակը և սկսեց հագնվել։ Նա զգաց, որ իր հանդիմանությունն ավելի խիստ ձևով արտահայտեց, քան թե հարկավոր էր և խղճաց մորը, տեսնելով նրա բուռն հեկեկանքը։ Միևնույն ժամանակ նա արդարացի էր համարում իրեն. ծանր էր թվում նրան սիրո այն կապանքը, որով մայրը կաշկանդել էր նրա անհատականությունը։ Այդ սերը նա համարում էր մի տեսակ եսասիրություն մոր կողմից, թեկուզ այն արտահայտվեր անձնազոհությամբ։

Հանկարծ նա լսեց մի ձայն, հետ նայեց և տեսավ մորը, որ գաղտնի դիտում էր որդու շարժվածքը դռների արանքից։ Խե՛ղճ կին, նրա սերը և կասկածանքն այն աստիճանին էին հասել, որ վախենում էր, միգուցե որդին հուզված դրության մեջ մի բան անե... Այդ սարզ էր Սմբատի համար։ Նա արագ-արագ հագավ շորերը և շտապով դուրս գնաց, առանց սովորական բարևն ասելու։ Սակայն, գավթից դուրս գալիս, նա չհամբերեց, հետ նայեց։ Մայրը, պատուհանի առջև կանգնած, նայում էր նրա հետևից, ձեռները ծոցին դրած և գլուխն ուսերին թեքած։ Նրա հայացքն այնքան տխուր էր, երկյուղած և ազդու, որ դրոշմվեց Սմբատի սրտին, թեև չստիպեց նրան հետ դառնալ և ներումն խնդրել. մի բան, որ հոգով ցանկանում էր։

Երբ նա հեռացավ, Հռիփսիմեն անմիջապես կանչեց ծառային։

— Գասպա՛ր, — ասաց նա շնչասպառ, որպես թե մի մեծ անբախտություն պատահած լիներ, — այս րոպեիս պարոնդ դուրս եկավ շատ չարացած, չգիտեմ ում վրա։ Իսկույն վազիր հետևից, բայց չմոտենաս, հետն ու հետը գնա, այնպես, որ դու նրան տեսնես, նա քեզ չտեսնի։ Աչքդ չհեռացնես, հասկանո՞ւմ ես...

— Աչքիս վրա, — ասաց Գասպարը, որ Բարսամյանների տան վաղեմի հավատարիմ ծառան էր։

— Կաց, այս լավ է. ծխախոտամանը թողել է, եթե քեզ տեսավ, կասես, որ դրա համար ես եկել։ Դեհ, գնա՛, թե չէ չես գտնի։

Ծառան վազեց։ Հռիփսիմեն նստեց սեղանի մոտ, գլուխը դրեց

կռների վրա և դարձյալ սկսեց լաց լինել: Հետո նա, թաշկինակով սրբելով աչքերը, վեր կացավ և գնաց հարևան Մարիամի մոտ՝ մի կերպ ժամանակը մոռանալու: Փոքր-ինչ անցած նա վերադարձավ և երկար ժամանակ լարված դրության մեջ, հառաչելով, անցուդարձ էր անում մի սենյակից դեպի մյուսը, անդադար նայելով սեղանատան պատի ժամացույցին: Յուրաքանչյուր մի անցնող րոպե ավելացնում էր նրա վիշտը և սպառում համբերությունը: Գտա՞վ, արդյոք, Գասպարը նրան, կվերադառնա՞, արդյոք, նա այս գիշեր, թե՞...

Նա հանդիմանում էր ինքն իրեն, որ առիթ տվեց իր միակ որդուն բարկանալու: Նա իրան համարում էր անպայման մեղավոր. նա չպիտի հակաճառեր, չպիտի լար, չպիտի զարմանար, չպիտի խոսեր անգամ:

Նա նայում էր մերթ դեպի փողոց, մերթ դեպի գավիթ, ականջները լարում էր լսելու դրսից մի ձայն, և երբեմն սրտի սաստիկ բաբախում էր խաբում էր նրան: Հետզհետե փողոցում անցորդների ձայները ընդհատվեցին, կառքերի դղրդյունը դադարեց, հարևանների ճրագները մի առ մի սկսեց հանգչիլ, իսկ Սմբատը չկա ու չկա և ոչ էլ ծառան:

Մի վայրկյան Հռիփսիմեի մեջ ցանկություն ծագեց՝ գնալ և փնտրել որդուն, բայց ո՞րտեղ... Նա փակեց դռները, շալը ձգեց գլխին, դուրս եկավ փողոց և կանգնեց դռների մոտ:

Արդեն կեսգիշերից անց էր, երբ, վերջապես, մի կառք երևաց փողոցի ծայրում, Հռիփսիմեն շտապեց ներս և մտավ յուր սենյակը: Նա գիտեր, որ եթե որդին տեսնե իրեն ոտքի վրա անհանգիստ — կբարկանա: Թող չկարծի, թե մայրը սպասում էր իրեն...

Եկողն արդարև Սմբատն էր: Նա մտավ ներս թե չէ, իսկույն դիմեց մոր սենյակը, նա նկատել էր նրան գավթից ներս մտնելիս:

— Դու քնած չե՞ս, — ասաց նա, — հավատացի՛ր, մայր, լավ բան չես անում, որ ետևիցս լրտես ես ուղարկում:

Ինչ ուզում է, թող ասի Սմբատը, միայն թե թույլ տա Հռիփսիմեին յուր ուրախությունն արտահայտելու մի համբույրով: Եվ որդին թույլ տվեց. նա տրամադրված չէր բարկանալու:

— Բայց լրտեսդ ճարպիկ չէ, — ասաց նա, հեգնելով, — հիմարը կարծում էր ես նրան չեմ տեսնում: Այգու դռների մոտ նկատեցի և իսկույն հասկացա, որ դու ես ուղարկել: Թաքուն հրամայեցի դռնապանին ներս թողնել: Ծիծաղելի էր: Խեղճ մարդ, ամբողջ երեկո մութ ծառուղիում նստած, դիտում էր ինձ, կարծելով, որ շատ հաջող է կատարում յուր դերը: Բայց եթե դու ինձ ստիպեցիր շուտ վերադառնալ, ես էլ Գասպարին պատժեցի: Ես կառքով եկա, նրան չհրամայեցի նստել, ստիպվեց հետևիցս վազել խելագարի պես: Չէի ուզում ամաչացնել նրան, թե նրա լրտեսությունը նկատել եմ...

Պատշգամբի վրա երևաց Գասպարը, քրտնած, շնչասպառ և փոշոտ:

— Ահա, եկավ առաքյալդ, — հեգնեց Սմբատը, — է՛հ, Գասպար, ես

քեզ խելոք մարդ էի համարում, բայց դու ինձ երկու տարեկան երեխայի տեղ ես դնում: Ամոթ է... Բայց դու մեղավոր չես, ես քեզ կվարձատրեմ մորս փոխարեն:

Այս ասելով, նա պատուհանից ձգեց ծառային մի հատ երեք ռուբլիանոց և իսկույն սկսեց հագուստը հանել:

Հետևյալ օրը նա զարթնեց ուրախ, զվարթ ու սկսեց մոր հետ կատակ անել:

Քնած ժամանակս էլ հանգիստ չես թողնում ինձ, — ասաց նա, ծիծաղելով, — գիշերը շոգից ես վերմակս դեն էի գցել, առավոտ զարթնում եմ ու տեսնում, որ էլի գցել ես վրես ու այնպես փաթաթել, որ տաքից խեղդվում էի:

Նա վճռել էր միայն այս ձևով ազդել մոր վրա, որ գուցե կարողանա մի կերպ զսպել նրա՝ «քնքուշ բռնակալությունը», ինչպես անվանում էր ինքը: Հռիփսիմեն հասկացավ նրա միտքը, որոշեց զգաստ լինել և, միևնույն ժամանակ, աշխատել ոչ մի կերպ չընդդիմանալ որդու կամքին: Բայց և այնպես, ճաշի ժամանակ նա չկարողացավ զսպել յուր կիրք դարձած հոգատարությունը. Նա ինքն յուր ձեռքով նրա ափսեի մեջ դրեց «կոտլետի» մի լավ կտոր:

— Իսկ եթե չկամենա՞մ ուտել այդ կտորը, — ասաց Սմբատը, ծիծաղելով:

— Դո՛ւ գիտես, — պատասխանեց մայրը, — ես քեզ չեմ զոռում: Շատ քիչ ես ուտում, սիրտս... Լա՛վ, էլ չեմ խոսիլ...

Եվ մինչև ճաշի վերջը նա լռեց, աչքի տակով գաղտնի դիտելով որդուն, ուտո՞ւմ է արդյոք նա:

Երեկոյան, յուր կատակները շարունակելով, Սմբատը, տնից դուրս գալիս, հայտնեց թե դարձյալ ուշանալու է:

— Գասպարին չուղարկես ետնիցս, թե չէ մտադրություն չունիմ նրա համար թատրոնի տոմսակ գնելու, որ ինձ լրտեսի:

— Դո՛ւ գիտես, — պատասխանեց մայրն անսահման խոնարհությամբ, — բայց...

— Հը՞մ...

— Լավ կանես, որ վերարկուդ վերցնես, երեկոները ցուրտ է:

Այս անգամ Սմբատը վերադարձավ ավելի ուշ, քան նախընթաց երեկո: Երբ նա եկավ, մայրը, սև շալն ուսերին գցած, անցուդարձ էր անում զավթում անլսելի քայլերով, անշունչ ուրվականի պես: Սմբատը զգաց խղճի սուր խայթոց և, միևնույն ժամանակ, դարձյալ բարկությունից խառնվեց նրա արյունը: Նա վրդովվեց յուր դեմ, որ առիթ էր տալիս մորն՝ այդքան տանջվելու, վրդովվեց և մոր դեմ, որ այդքան զգայուն էր:

Այդ օրից մայրը լուռ էր, անտրտունջ և համբերությամբ խոնարհ իր ճակատագրին: Նա ոչ մի հանդիմանություն չէր անում, ոչ մի անգամ չէր հարցնում որդու կամքը և ոչ մի ցանկություն չէր հայտնում: Նա միայն աշխատում էր լուռ ու մունջ գուշակել որդու ամեն մի չնչին հաճույքը և անվրեպ կատարել: Բայց որքա՛ն թանկ է նստում նրան այդ համառ լռությունը: Սմբատը նկատում էր, որ անքուն գիշերները և անխոս մտատանջությունը օրից-օր մաշում են մորը և օրից-օր փութացնում նրա ծերությունը: Այդ ավելի անտանելի էր նրա համար, քան եթե հանդիպեր մոր կողմից բուռն և բացարձակ հանդիմանության:

Նա փոխեց յուր վարմունքը, սկսեց երեկոները տանը անցկացնել, աշխատելով զվարճացնել մորն առաջվա պես: Այդ ևս չօգնեց:

Մի օր նա տուն եկավ սաստիկ վրդովված և գույնը թռած: Հռիփսիմեն դողդողալով, ձեռները ծոցին դրեց, գլուխը թեքեց դեպի ուսը, կանգնեց ու նայեց որդու աչքերին: Այնտեղ նա ձգտում էր կարդալ նրա գունատության պատճառը, առանց խոսել համարձակվելու:

— Դու ուրեմն չե՞ս հասկանում, թե ինչ ես արել, — գոչեց որդին, չկարողանալով զսպել իր կատաղությունը: Դու ինձ բոլոր ընկերներիս մեջ խայտառակ ել ես և չե՞ս իմանում, չե՞ս իմանում:

— Սմբա՛տ... — կարողացավ միայն արտասանել մայրը:

— Ոչ, այդ արդեն չափազանցություն է, դու ամեն կողմից ինձ թշնամու պես պաշարել ես, ամեն ճանապարհ կապել իմ առջև: Բավական չէր ծառան, այժմ դու ընկերներիս ես ինձ վրա լրտես նշանակել...

— Ես... ես... — ոչինչ... — տատանվեց մայրը և չկարողացավ շարունակել, երկյուղածությամբ ետ ու ետ քաշվելով:

— Այո, Սերգո Քեթխուդյանին դո՞ւ չես խնդրել, որ քեզ պատմի այն ամենը, ինչ որ ես անում եմ դրսում: Քրոջդ որդուն, Աբգարին, դո՞ւ չես պահապան դրել վրես, որ ես մի քայլ անգամ չանեմ առանց նրան: Ասենք թե Սերգոն և Աբգարն ինձ լավ են ճանաչում, գիտեն, որ իմ կյանքը դրսում մի վատ կողմ չունի, բայց ինչո՞ւ ես ինձ ամաչացնում: Այդ դեռ ոչինչ. ասա՛, խնդրեմ, ես ի՞նչպես չզզվեմ, որ դու շրջմոլիկների պարագլուխ Մեփիստովին անգամ ինձ համար լրտես ես նշանակել: Բայց արդեն բավական է, չափը լրացավ: Լսի՛ր, ինչ եմ ասում, մայր, դու գիտես, որ վաղուց ես մտադիր էի Ռուսաստան գնալու, գիտես, որ ես ուզում եմ համալսարան մտնել:

Մայրը գլխով մի շարժումն արավ, լուռ հառաչելով, առանց տեղից շարժվելու:

— Ուրեմն չզարմանաս — ես երկու շաբաթից հետո ուղևորվում եմ... Պետերբուրգ:

Հռիփսիմեն մի ճիչ արձակեց և ուժասպառ, թուլացած, նստեց պատի մոտ գտնվող թախտի վրա: Այո, նա վաղուց գիտեր որդու մտադրությունը: Դեռ երկու տարի առաջ, երբ ավարտեց գիմնազիոնը, նա անմիջապես պատրաստվեց ուղևորվելու: Բայց Հռիփսիմեն ընկավ նրա ոտներին, աղերսեց, որ թողնի յուր մտադրությունն և ապրի մոր հետ: Ի՞նչ է անում նա բարձր ուսումը, քանի որ նրա առողջությանը վնասակար է: Եթե ուսումն առնում են նրա համար, որ աշխարհում ապրելու միջոց ունենան, Սմբատն այդ կողմից ամենից բախտավորն է: Հայրն այնքան թողել է, որ որդուց որդի բավական է: Ոչ միայն ուսում, այլև ոչ մի գործով չպիտի պարապվի. նա միայն պիտի ապրի ու ապրի... այս էր Հռիփսիմեի ուզածը: Եվ հանկարծ Սմբատը վճռողաբար հայտնում է, թե երկու շաբաթից հետո գնում է: Հռիփսիմեն կարո՞ղ է ապրել առանց տարիներով որդու երեսը տեսնելու, նա՛, որ երկու ժամ որդուն չտեսնելիս տանջվում է այնքան:

Հռիփսիմեն անցավ յուր սենյակը, դռները փակեց և երկար ժամանակ լաց եղավ, հիշելով անցյալը, յուր հանգուցյալ ամուսնուն և հանգուցյալ որդիներին: Այն ժամանակ նա երջանիկ էր, այն ժամանակ նա կհամաձայնվեր մեկից բաժանվել, մյուսով մխիթարվել: Իսկ այժմ... Երբեք, նա կսպանի ինքն իրեն և չի համաձայնվիլ միակ որդուց բաժանվել: Իսկ եթե Սմբատը համառություն անե, այն ժամանա՞կ...

— Կթողնեմ տուն ու տեղ, ամուսնուս ու որդուս գերեզմանները և կգնամ նրա հետևից, — ասաց Հռիփսիմեն ինքն իրեն լսելի ձայնով, — կգնամ, թեկուզ աշխարհի մյուս ծայրը:

Սակայն մի րոպե չանցած, այս միտքը նրան սարսափեցրեց: Ի՛նչ, միթե նա կարո՞ղ է իր սիրեցյալների գերեզմանները մոռանալ, թողնել և հեռանալ օտար աշխարհ: Ո՛չ, այդ անտանելի կլինի:

Ամբողջ օրը նա ոչինչ չասաց որդուն, միայն հետևյալ առավոտը դարձավ նրան.

— Որդի, երեկ հանաք էիր անում, չէ՞...

— Ի՞նչ հանաք:

— Թե պիտի գնաս:

— Բարեբախտաբար, ոչ: Ամսույս վերջին ինձ բարի ճանապարհ մաղթիր:

— Այդ ինչպես կլինի, — արտասանեց Հռիփսիմեն կմկմալով:

— Այնպես կլինի, որ կնստեմ կառք, կգնամ և ամեն ամառ կգամ մորս տեսնելու, ինչպես ուրիշներն են անում:

— Ուրիշները շատ որդիք ունին, ես մեկն ունիմ:

— Մեր հարևան այն աղքատ կինը քանի՞սն ունի, չ՞է որ մեկը, ինչո՞ւ է թողնում նրան գնալու: Քեզ նման շատերը կան, մայր, հավատացիր: Ես մի ռուս ընկեր ունեմ, նրա մայրն հինգ որդի ունի, հինգն էլ նրանից հեռու են ապրում, նա կին չէ՞ քեզ պես...

— Ես չեմ կարող... չեմ կարող... — կրկնեց մի քանի անգամ Հռիփսիմեն փղձկալով:

Սմբատի պարզ-մեխակագույն աչքերը փայլեցին տհաճությամբ: Նա մի ծխախոտ վառեց, որ յուր՝ մի վայրկյանում լարված՝ ջղերը փոքր-ինչ թմրեցնի: Այդ մի սովորական միջոց էր, որին դիմում էր բարկության րույեներին: Նա թուլացած նստեց աթոռի վրա. նա տեսնում էր, որ դժվար է ազատվել այդ կապանքից, որ ծերունի կինն առանց իրեն անկարող է շարունակել իր գոյությունը... այնքան հոգով ու սրտով ձուլվել է նա յուր զավակի հետ:

— Լավ, — ասաց նա, — եթե անպատճառ ուզում ես ոտներս ու ձեռներս շղթայած ունենալ, արի, քեզ էլ տանեմ հետս, ուր որ գնում եմ: Միայն թե մի ոչնչացնիր իմ ապագան:

Հռիփսիմեն ոչինչ չպատասխանեց. նա լալիս էր, արտասանելով յուր հանգուցյալ որդիներից մերթ մեկի, մերթ մյուսի անունը: Սմբատը չկարողացավ երկար կրել այդ դառն տեսարանի ծանրությունը, թողեց և հեռացավ մյուս սենյակ:

Այնուհետև նա մի քանի օր աշխատում էր համոզել մորը, թե յուր գնալն անհրաժեշտ է, թե Թիֆլիսի կյանքը և անգործությունը նրան ձանձրացրել են, թե նա մտավորապես բթանում է, բարոյապես աղավաղվում, միշտ միատեսակ կյանք վարելով, թե վերջապես, անգործությունը պատիվ չի բերում տղամարդին: Նա օրինակ էր բերում յուր նախկին ընկերներին, համեմատում էր իրեն նրանց հետ և ամաչում այդ համեմատությունից: Ամեն մեկը մի անհատ է, մի ազատ մարդ յուր ուժով, կամքով, խելքով, յուր սեփական ձգտումներով: Իսկ ի՞նչ է ինքը, համարյա թե ոչինչ. փողով ապրող, փայփայված մի երեխա, որին եթե վաղն ազատություն տաս իր ոտքով շրջելու, ով գիտե չկարողանա շրջել: Ո՛չ, այսպես չի կարելի, նա արդեն ծիծաղելի է դարձել յուր ընկերների աչքում, նրանք ծաղրում են նրան, արժանի չեն համարում մի լուրջ բանի վրա հետը խոսելու: Իսկ ով անկեղծ է, խորհուրդ է տալիս ուսումը շարունակելու:

— Խնդրում եմ, մայրիկ, արգելք մի՛ լինիր ինձ, մի կապիր ճանապարհս...

Բայց բոլոր այս պատճառաբանություններն ականջն ապարդյուն էին անցնում: Ճշմարիտ է, Հռիփսիմեն լսում էր որդու ասածները խորին ուշադրությամբ, չէր հակառակում, համաձայնվում էր, բայց, միևնույն ժամանակ, միշտ կրկնում էր.

— Առանց քեզ մի օր չեմ ապրիլ:

Սմբատը շվարված էր մնացել, չգիտեր ինչ աներ:

«Վերջապես, մի կերպ պետք է լուծել այդ կապանքը, թե՞ չէ», — մտածում էր նա:

Նա վճռեց փոխել իր վարվողության ձևը: Մինչև այժմ նա դեռ շարունակում էր մեղմ վարվել մոր հետ, որին թե սիրում էր և թե խղճում: Այժմ նա սկսեց ցույց տալ, որ ատում է նրան և մտադրությամբ իր հարաբերությունները կոշտացրեց: Նա չէր պատասխանում մոր ոչ մի հարցին, ճաշում էր առանձին, քնում էր յուր առանձնասենյակում, ուր չէր թույլ տալիս մորը ոտք դնելու, տեղի ու անտեղի ծառայի վրա բարկանում էր, մուրացկաններին վռնդում էր դռներից, թափառաշրջիկ երաժիշտներին ու երգիչներին չէր թողնում երգել և նվագել զավթում: Մի խոսքով, անում էր այն, ինչ որ գիտեր, թե դուր չի գալիս մորը: Այսպիսով, նա կամենում էր մոր

սրտում ատելություն հղացնել դեպի ինքը, մի ծայրահեղ զգացմունքի տեղ — հակառակը ներշնչել: Այն ժամանակ մայրը, վերջապես, կձանձրանա որդուց և բարվոք կհամարի, գեթ միառժամանակ, բաժանվել նրանից:

Սակայն զուր, բոլոր այս միջոցները հակառակ արդյունք ունեցան Սմբատի համար: Որքան նա բռնի ատելություն էր ցույց տալիս նույնքան մոր սերը զարգանում էր, կույր հնազանդությունը ամրանում: Նա շարունակ լուռ ու մունջ դիմանում էր որդու քմահաճույթյուններին, առանց գեթ մի անգամ թեթև հանդիմանություն անելու:

Մի օր Սմբատը նկատեց, որ մայրը գաղտնի մի արծաթե դրամ տվեց մեկ կույր երգչի, որին նա վռնդել էր: Հետևյալ օրը նա պատահմամբ, դռների մոտով անցնելիս, տեսավ, որ մայրը նստած լաց է լինում յուր ամուսնու սենյակում: Այդ ստիպեց նրան մի կողմ ձգել կեղծ ատելության դիմակը, որ այնքան ծանր էր նրա համար:

Այժմ մնում էր մի վերջին միջոց — լինել անզգա, թողնել անուշադիր մոր լացն ու հառաչանքները և գնալ ու հեռանալ: Նա լաց կլինի, լաց կլինի և գուցե վերջը կամա-ակամա կհնազանդվի յուր ճակատագրին:

Ամառվա վերջերին մի օր նա սառն եղանակով հայտնեց մորը, թե վաղը չէ մյուս օրը ճանապարհ է ընկնելու:

— Ո՞ր քաղաքը... — հարցրեց մայրը:

— Դու նամակ կստանաս Ռուսաստանից կամ, ով գիտե, արտասահմանից:

Հռիփսիմեն ոչինչ չասաց, մի հառաչանք անգամ չարձակեց, նրա դեմքի մկանունքներն անգամ չշարժվեցին: Այդ օրերը նա նիհարել էր, աչքերը խորն էին ընկել, այտերի ոսկորները դուրս էին ցցվել երեսի թառամած կաշվի տակ: Նա լուռ ու խոնարհ երեսը շուռ տվեց, գնաց յուր սենյակն և ամբողջ օրն այնտեղ մնաց:

Մյուս օրն երեկոյան Սմբատը սովորականից վաղ տուն վերադարձավ, հրամայեց Գասպարին յուր հագուստեղենը կապել, ասաց, թե վաղը իրիկնադեմին ճանապարհ է ընկնելու, թե արդեն կառքի տոմսակ է վերցրել:

— Բաս աղջիկ պարո՞նը, — հարցրեց ծառան զարմացած:

— Ի՞նչ կա:

— Նա հիվանդ է:

— Հիվա՞նդ է, — գոչեց Սմբատը, զուր աշխատելով չկորցնել սառնասրտությունը:

— Այսօր մինչև երեկո պառկած է եղել. ասացի, աղջիկ պարոն, թո՛ղ

գնամ, Սմբատին գտնեմ, բժիշկ կանչենք: Զուգեց ու չուզեց... Պառկած է ու լաց է լինում... գնում եք այն՞տե ղ. աստված սիրեք, չասեք Գասպարն ասաց: Նա կբարկանա վրես, եթե իմանա, որ ես եմ ձեզ հայտնել:

Հռիփսիմեն արդարև հիվանդ էր և ծանր հառաչում էր, պառկած խավար սենյակում, երբ Սմբատը ներս մտավ:

— Ի՞նչ է պատահել, հիվա՞նդ ես, ինչու՞ ես մթնում պառկել, — կրկնեց միմյանց հետևից յուր հարցերը Սմբատը:

Գասպարը նրա հրամանով իսկույն ներս բերեց վառած կանթեղը: Հռիփսիմեն պառկած էր, երեսը պատին դարձրած, գլուխը սև շալով ծածկած, առանց վերմակի, ձեռում սեղմած մի բան:

Սմբատը զգուշությամբ մոտեցավ նրան:

— Նայի՛ր, մայրի՛կ, ես եմ...

Նրա ձայնը դողում էր, դողում էին և նրա ձեռներն երկյուղից և խղճի հարվածից: Հռիփսիմեն արագությամբ, որքան, իհարկե, ուժ ուներ, բարձրացավ և նստեց անկողնի վրա:

— Դո՞ւ ես, — արտասանեց նա քնից նոր սթափվողի պես, — էհ, ոչինչ, գլուխս քիչ ցավում էր, անցավ:

Այս ասելով, նա շտապով և գաղտնի թաքցրեց բարձի տակ մի բան:

— Այդ ի՞նչ ես թաքցնում, ցո՛ւյց տուր...

Որդին կասկածանքով ձեռը մեկնեց և բարձի տակից հանեց թաքցրած բանը: Դա նրա հանգուցյալ եղբայրների և հոր լուսանկարներն էին: Նայեց նրանց վրա Սմբատը, հիշեց այն երջանիկ օրերը, երբ նրանք կենդանի էին, հիշեց մեկի որդիական և մյուսի ամուսնական սերը: Չէ՞ որ այժմ չկան նրանք և մոր միակ սփոփանքն ինքն է այսօր: Չէ՞ որ ինչպես մայրն է յուր բոլոր սերը նվիրել որդուն, նա ևս պարտավոր է յուր հոր և եղբոր փոխարեն սիրել նրան...

... Նա ուշադրությամբ նայեց մոր երեսին: Որքա՛ն նա փոխվել է վերջին ժամանակ, թառամել, դալկացել և գրեթե կմախք դարձել: Մի վայրկյանում բուռն զորությամբ զգզվեց նրա որդիական սերը, խառն խղճահարության և ցավակցության հետ: Ճնշված սրտով, խոր զգացված, նա բռնեց մոր աջը, հպեց յուր շրթունքներին և հուզված ձայնով արտասանեց.

— Ների՛ր մայրիկ, գիտեմ ինձ համար ես այդքան վշտանում. քո տկարության պատճառն ես եմ միայն... Բայց ահա քո մոտն եմ և չեմ... հեռանալ... Չե՞ս հավատում...

Նա վազեց յուր սենյակն և իսկույն հետ դարձավ ճանապարհի տոմսակը ձեռին:

— Տե՛ս, ահա, պատռում եմ տոմսակս և չեմ գնում...

Մայրը թռավ ոտքի և բռնեց նրա ձեռը:

— Ոչ, սպասի՛ր, եթե ինձ սիրում ես, մի՛ պատռիր, շատ լավ ես արել որ վերցրել ես: Գնա՛, որդի, գնա՛, ես ինքս եմ խնդրում, գնա՛, աշխարհ տես, մարդ տես, թող միտքդ բացվի: Լսո՞ւմ ես, ես քեզ խնդրում եմ, գնա՛: Էհ, ես հիմար կին եմ, չէի հասկանում, հակառակում էի: Հիմա հանգիստ կաց, առանց քեզ կարող եմ համբերել, ինչու չէ, կարող եմ...

Նա խոսում էր հաստատ ձայնով և համոզված մարդու եղանակով: Ոչ մի կեղծ հնչյուն կամ թաքցրած դժգոհություն չէր զգացվում նրա ասածի մեջ: Սմբատը հակառակեց, նա սկսեց հավատացնել, որ այժմ այլևս ինքը չունի ոչ ուսման ցանկություն և ոչ Թիֆլիսից դուրս գալու միտք: Բայց դժվար էր համոզել Հռիփսիմեին: Նա անհողդողդ կրկնում էր, թե շատ կվշտացնի Սմբատը նրան, եթե չկամենա գնալ, թե այդ յուր ջերմ ցանկությունն է և այլն:

Հետևյալ օրը Սմբատը պատրաստվեց ճանապարհի ընկնելու: Հռիփսիմեն ուրախ էր և աշխույժ: Նա Սմբատի աչքում բավական փոխվել էր ու անհամեմատ առողջ և զվարթ էր երևում, քան նախընթաց երեկո: Նա օգնում էր Սմբատին, աշխատելով, որքան կարելի է, նրա բեռը ծանրացնել զանազան պիտանի ու ավելորդ հագուստներով և ստիպելով անպատճառ յուր հետ վերցնել տեսակ-տեսակ ուտելեղեն ճանապարհի համար:

Սմբատը մեծ հաճությամբ կատարում էր նրա ամենաչնչին ցանկությունն անգամ: Բայց, զբաղված լինելով յուր նոր սկսվող կյանքի մտքով, չէր նկատում այն խորին և տարօրինակ թախծությունը, որ թաքնված էր մոր զվարթության ներքո և որ մերթ ընդ մերթ փայլում էր նրա աչքերի մեջ կամ արտահայտվում ձեռների դողոցով:

Հռիփսիմեն մի փառավոր ճաշ պատրաստել տվեց յուր որդու համար. Ներկա էին նրա քույրը, քեռորդին և ուրիշ մի քանի ազգականներ, որ եկել էին ճանապարհ դնելու Սմբատին: Մայրերը բացարձակ, Սմբատի ներկայությամբ, հանդիմանում էին Հռիփսիմեին, որ նա թողնում է յուր միակ որդուն օտար աշխարհ գնալու: Հռիփսիմեն, ծիծաղելով և կատակներ անելով, պատասխանում էր, թե Թիֆլիսում արժանավոր հարսնացու չկա Սմբատի համար, թե նա գնում է ուրիշ երկրում պսակվելու և թե շուտով կվերադառնա մի գեղեցիկ կնոջ հետ:

Ճաշն ավարտվեց ուրախ, անթիվ անգամ խմեցին Սմբատի կենացն և բարի ճանապարհի մաղթեցին: Մոտեցավ ուղևորության ժամը: Գասպարն իրեղենները տարեց փոստային կայարան: Սմբատը մոր հետ մի կառքով գնաց: Նրանց հետևից գնացին բարեկամները: Եղանակը սաստիկ շոգ էր, անհնարին էր արեգակի տակ մնալ, Հռիփսիմեն ստեպ-ստեպ սրբում էր յուր ճակատի քրտինքը, ծանր հառաչելով...

Կայարանում նա ուշադրությամբ դիտեց այն կառքը, որ պիտի տաներ նրա որդուն, մտքում ցավեց, որ Սմբատը պրտի այդ չորս կողմից բաց կառքում նստի, ով գիտե, ինչ մարդկանց հետ: Բայց նա արտաքուստ հավանություն ցույց տվեց, մինչև անգամ ասաց, թե լավ է, որ նա փակ կառքի տոմսակ չի վերցրել այդ շոգում:

Վերջապես, հասավ բաժանման տագնապալի րոպեն: Կոնդուկտորը առաջարկեց կառք նստել: Սմբատն ընկավ մոր գիրկը, և երկար ժամանակ նրանք չէին անջատվում միմյանցից: Հասավ և՛ ուրիշների հերթը՝ Սմբատին համբուրելու:

Բոլոր կանայք արտասվեցին, բացի... Հռիփսիմեից: Նա անվրդով էր: Նա ժպտում էր:

Կոնդուկտորը Սմբատին շտապեցրեց: Նա բռնեց յուր տեղը մի ռուս կնոջ և մի պառավ հրեայի մեջ, որ աշխատում էր բարեկամական ցույցեր անել յուր ուղեկցին: Կառավարը բարձրացրեց ձիերի սանձերը: Կոնդուկտորը հնչեց յուր փողը, ձիերը շարժվեցին: Սմբատը գդակը վերցրեց վերջին բարևները տալու մորը, որ կանգնած էր անշարժ միևնույն դիրքում, միևնույն տեղում, կառքի մոտ:

— Մնաք բարև, — ասաց պառավ հրեան, քաղցր ժպտալով կառքը շրջապատողներին, որոնց մեջ նա ոչ մի ազգական, ոչ մի բարեկամ, ոչ մի ծանոթ չուներ:

Լսվեց մի սուր, տարօրինակ գոռոց, նման հուսահատ խոյի բառանչելուն սպանդագործի դանակի տակ: Եվ մի ինչ-որ սև բան փռվեց գետնին ուղիղ կառքի առջև: Ձիերը խրտնեցին, աջակողմինը փոքր էր մնում, որ ոտը դնի գետնի վրա տարածվածի կրծքին:

Ամենքը շփոթված նայեցին դեպի այն կողմ: Կառավարը ամուր սեղմած ուներ յուր ձեռներում ձիերի սանձը: Սմբատը վախեցած նայեց դեպի ցած... և բանը պարզվեց նրա համար: Այնտեղ, գետնի վրա յուր ոտների տակ, փոշիի մեջ տարածված էր յուր մոր անշունչ մարմինը, մի կտոր սև լաթի պես: Նա վայր ցատկեց կառքից, մոտեցավ և գունաթափ, դողդողալով, թեքվեց մոր վրա: Նա բռնեց նրա թևից, բռռալով.

— Մայրի՛կ, մայրի՛կ:

Մայրիկն անշարժ էր, կենդանության և ոչ մի նշույլ չէր արտահայտում նրա նիհար, պարզ-մոխրագույն դեմքը: Ազգականներն օգնեցին որդուն՝ բարձրացնել մոր անշնչացած մարմինն և դնել պատշգամբի վրա, ուր հավաքված էր ճամփորդներ ուղեկցողների մի մեծ խումբ: Մեկը մի շիշ ջուր բերեց և սկսեց սրսկել Հռիփսիմեի երեսին: Տեղի ունեցավ խիստ իրարանցում, ազգական կանայք բարձրացրին անասելի աղմուկ: Հռիփսիմեի քույրը բարձր ձայնով լալիս էր, նա կարծում էր, որ հարվածը մահացու է: Սակայն սառը ջրի ազդեցությունից դանդաղորեն ետ շարժվեցին ուշաթափվածի կոպերը: Նա աչքերը բաց արեց և, մի անգամ արտասանելով որդու անունը, կրկին թուլացավ և ընկավ Սմբատի գիրկը:

— Պարոն, ներեցեք, մենք սպասել չենք կարող, — լսեց Սմբատը յուր հետևից կոնդուկտորի անվրդով ձայնը:

Արդարև, կառքը սպասել չէր կարող, ճանապարհորդներն արդեն

տրտնջում էին: Իսկ այստեղ տակավին գրեթե անշունչ ընկած էր նրա մայրը:

Նա դարձավ կոնդուկտորին.

— Թողեք իրեղեններս ցած բերեն:

Նույն վայրկյանին Հռիփսիմեն բոլորովին սթափվեց: Նրան կառք դրեցին՝ տուն տանելու: Նա կրկնում էր.

— Մի՛ գնար, մի՛ գնար: Եվ Սմբատը պատասխանեց.

— Ո՛ւր կարող եմ գնալ...

Հետո, երեսը մի կողմ դարձնելով, որ աչքերի արտասուքը թաքցնի, ցածր ձայնով, այնպես որ միայն ինքը կարող էր լսել, արտասանեց.

— Այս թանկագին շղթան անկարելի է փշրել...

# ՏԱՄՆՈՒՀԻՆԳ ՏԱՐԻ ԱՆՑԱԾ

## Պատմվածք

— Դատավորները գալիս են...

Ամբոխը միահամուռ ոտքի կանգնեց, խուլ շշնջյուններն ընդհատվեցին, ծայրե ի ծայր լիքը դահլիճում թագավորեց լռություն:

Պահապան զինվորներն ավելի մոտիկացան վանդակապատին, որի հետևում կանգնած էր օրվա տխուր հերոսը: Նրա ոտներն ու ձեռները շղթայած էին: Նա դեռ պատանեկական հասակումն էր, բարակ, նորաբույս ընչացքը հազիվհազ ծածկում էր նրա ստորին շուրթը. նա գեղեցիկ էր, թուխ աչքերով, փոքրիկ ձեռներով և բավական նուրբ կազմվածքով: Նրա երեսի գծագրությունը չէր արտահայտում եղեռնագործի հոգի:

Առաջ ներս մտավ նախագահը, հետո քննիչ անդամները, հետո դատախազը, հետո քարտուղարները: Նրանց դեմքերը սառն էին, անտարբեր և, միևնույն ժամանակ, ահարկու հարյուրավոր ամբոխի համար:

Հանցավորն յուր հայացքն հառեց դեպի այն կողմ և մի րոպե չանցած լսվեց նախագահի անհողդողդ ձայնը.

— Բաքվի նահանգական դատարանի քրեական բաժինը Գրիգոր Խանզադյանցին, մեղադրելով Սեյիդ-Ազիմի որդի Ղուրբան Ալիի սպանության համար, դատապարտեց...

Հանցավորը մի ցնցումն գործեց. նրա ձեռների շղթան մի թեթև շաչյուն արձակեց: Ամբոխը, ինչպես մի անձնավորություն, զսպեց յուր շնչառությունը:

— Դատապարտեց՝ զրկել բոլոր անհատական և ստացական իրավունքներից, ենթարկել տաժանակիր աշխատանքի Տոմսկի նահանգի գավառներից մեկում տասնուերկու տարի ժամանակով, այնուհետև հավիտենական բնակության Ռուսիայի հեռավոր նահանգներում:

Մինչ թարգմանն այս խոսքերը կրկնում էր հանցավորին, դահլիճի մի անկյունից լսվեց կանացի մի սուր ճիչ:

Հանցավորը ոչինչ չպատասխանեց նախագահի հարցին, թե, արդյոք, գոհ է այդ վճռով: Պահապանները բաց արին վանդակապատը, և նա թուլացած, սփրթնած ցած իջավ սանդուղքով: Նրա դողդոջուն ոտը դահլիճի հատակին չհասած. կականելով առաջ վազեց և նրա պարանոցին փաթաթվեց սևական հագուստով մի կին:

Դա դատապարտվածի հարազատ մայրն էր, որ յուր թևերի տակ գգվելով սնել ու մեծացրել էր նրան տասնուինը տարի, մինչև այն ժամանակ, երբ որդին բոլորովին անձնատուր եղավ կյանքի մոլություններին: Եվ երկու տարի չանցած երկրորդ տարփածուն ձգեց նրան փորձության մեջ:

Ո՛չ ամբոխի խնդիրքը, ո՛չ ոստիկանների խոսքը, ո՛չ սվինների սպառնալիքը չկարողացան մորը բաժանել յուր անդրանիկ որդուց: Նա խղճալի էր, բայց շատերն ավելի խղճում էին երիտասարդ դատապարտվածին: Ո՞վ չէր ճանաչում նրան N քաղաքում, ո՞ր մայրը չէր նախանձել նրա մորը, ո՞ր աղջիկը տասն անգամ չէր դիտել նրան դռների հետևից, սևական համեստության և ամոթխածության թանձր քողի — շալի տակից, երբ սիրուն տղան անցնում էր փողոցով, գլուխը բարձր պահած, գդակը անփույթ կերպով ձախ ականջի կողմը թեքած, կուրծքը դուրս ցցած, ճակատը բաց, դեմքը հանդուգն, կրակոտ: Եվ նա, շատերի նախանձի այդ առարկան, հանկարծ զոհ դարձավ յուր մոլի կրքերին, հասարակական ստոր խավի ծնունդ մի անառակ թրքուհու ոտքի տակ դնելով ծնողների նամուսը և յուր ծաղիկ կյանքը:

Երբ Անթառամն ուշքի եկավ, յուր շուրջը կանգնած տեսավ միայն մերձավոր ազգականներին: Նա անզգայաբար թույլ տվեց, որ իրան կառք նստեցնեն և տանեն: Նա կգնա դատավորների մոտ, կաղերսի, որ վճիռը փոխեն, եթե չեղավ՝ նա կդիմի ավելի բարձր դատավորներին: Նա մինչև անգամ ոտաբաց կգնա թագավոր կայսեր մոտ, կընկնի նրա ոտներին: Նա բարի է, նա չի թույլ տալ, որ մի մայր զրկվի իր որդուց և այն էլ ինչ որդուց...

— Տասներկու տարի, տասներկու տարի, անխիղճ մարդիկ...

Մարտ ամսի վերջն էր: Վոլգա գետի ստորին մասերի սառույցն

արդեն կոտրվել էր և Բաքվի ու Ռուսիայի մեջ նավագնացությունը սկսվել:

Եղանակը բավական ցուրտ էր. մանր, փոշիանման անձրև էր գալիս, ծովը խաղաղ էր, միայն նրա հեռավոր հորիզոնը ծածկված էր մոխրագույն թանձր մշուշով: Փորձառու մարդիկ հավատացնում էին, թե խորքում, ափերից շատ հեռու փոթորիկ կա: Իսկ «Կասպի» շոգենավի հանդուգն նավապետն արհամարհում էր թե՛ բնության սպառնալիքն և թե՛ մարդկանց խորհուրդները:

— Շտապեցե՛ք, — հրամայում էր նա անվրդով ձայնով նավաստիներին, — կես ժամից հետո պիտի խարիսխը հանենք: Բոլոր ապրանքները բարձվա՞ծ են:

— Բարձված են:

— Որտե՞ղ են ճանապարհորդները:

Նավապետը վերջին բառն արտասանեց հեգնական եղանակով:

— Ահա՛...

Նավահանգստի ծայրում հավաքված էր միատեսակ մոխրագույն կապույտ վերարկուներ հագած աքսորականների խումբը, թվով տասը հոգի, շրջապատված կրկնապատիկ զինվորներով: Հացի կապոցները ձեռներին բռնած, թշվառները մռայլ ու խոժոռ հայացքով նայում էին ջրի անհուն տարածությանը, որ այն օրվանից առմիշտ պիտի անջատեր նրանց հայրենիքից: Նրանք բոլորն օտար քաղաքներից էին բերված: Չկար մեկը, որ արտասուքով կամ գեթ ցավակցական հառաչանքներով ճանապարհ դներ նրանց: Ո՛վ գիտե, նահանգի որ գավառում և ո՛ր գյուղումն էին այդ րոպեին ողբում նրանց մայրերն ու քույրերը: Մտածում էին նրանք այդ մասին, թե ոչ — աստծուն էր հայտնի: Երբեմն նրանց տիրում էր մի կատաղի զվարճություն: Նրանք միմյանց հրում էին, կատակներ էին անում, իրրիրը ծիծաղում էին: Կարծես, առաջիկա ճանապարհորդությունը մի զվարճալի զբոսանք էր խոստանում նրանց: Բոլորն էլ ավազակներ էին, ո՛վ գիտե, քանի անմեղների մեջ թաթախած իրենց ձեռները:

Միայն մեկն էր բացառություն ներկայացնում այդ աքսորականների մեջ յուր հոգեկան դրությամբ: Նա կանգնած էր խմբից մի փոքր հեռու, ամենից տեսքով և ամենից երիտասարդ: Զինվորների շղթայակապ շարքի հետևում կանգնած էր նրա մայրն յուր մի քանի ազգականների հետ:

Երբ յուր բոլոր հույսերից զրկվեց, տեսնելով, որ աղի աղերսանքներն ոչ ոքի վրա չազդեցին: Անթառամին մնում էր հաշտվել յուր վիճակի հետ: Երեք ամիս չանցած Գրիգորին դուրս բերեցին յուր ծննդյան քաղաքից: Անթառամը հետևեց նրան մինչև Բաքու: Եվ ահա վերջին անգամն էր նա տեսնում յուր որդուն:

Գրիգորն աշխատում էր երևալ ուրախ, զվարթ և ճիգն էր թափում

մխիթարել յուր մորը: Բայց նրա ամեն մի մխիթարական խոսքը կրկնապատկում էր Անթառամի տանջանքը:

Կուրծքը կիսով չափ բաց, աչքերը արտասուքից ցամաքած, նա յուր հոգեկան վիշտն արտահայտում էր միայն գլխի տարօրինակ շարժումներով: Եվ այդ շարժումներն ավելի ազդու էին, քան առաջվա արտասուքը, հեկեկանքն ու գոռումները: Նա ձգտում էր առաջ, ուզում էր մի անգամ ևս փաթաթվել յուր սիրեցյալի պարանոցին: Բայց բավական է, զինվորական կարգապահությունը սրտի թույլ զեղումներ չի սիրում:

Սվինների սպառնալից շարքը մի անխորտակելի պատնեշ է մոր և որդու միջև: Եվ որքա՛ն գեղեցիկ էր նա այն օրն յուր մոր աչքում, նույնիսկ աքսորականի տգեղ հագուստով, մի տարվա հոգեկան և մարմնական զրկանքներից հետո:

Շոգենավի սուլիչի առաձգական ձայնը լսվեց: Անթառամի աչքերը մթնեցին: Աքսորականներին հրամայեցին առաջ գնալ, և մոխրագույն խումբն անցավ շոգենավի տախտակամածի վրա:

Բարակ անձրևը շարունակվում էր: Ի՞նչ, նա, որ մեծացել է ծնողների խնամող հարկի տակ, գիշերը պիտի անցուցանի բա՞ց օդում, ծովի անհուն տարածությա՞ն մեջ, անձրևի՞ ներքո: Ոչ երբեք, թողե՛ք Անթառամին ծովը զցի իրան, խեղդվի, որ չտեսնի որդուն այդ դրության հասած: Բայց ո՞վ կթողնի և ինչո՞ւ. չէ՞ որ աստծու ձեռին ոչինչ անհնարին չկա և միթե չի՞ կարող նա ազատել Անթառամի որդուն:

Իսկ շոգենավը մեղմիկ սահում էր և նավահանգստից հեռանում: Անջատող պատնեշն այժմ ծովի խորությունն էր, այսինքն՝ ինքը բնությունը:

Եվ որքա՛ն արագ էր մեծանում այդ պատնեշը:

Ահա խարիսխը բարձրացավ ծովի հատակից, շոգենավն յուր կտուցը ծռեց դեպի հակառակ կողմը. աքսորականների մոխրագույն գլխարկներն են միայն երևում: Մի կարմրագույն լաթի կտոր այդ գլխարկներից վեր սավառնում էր օդի մեջ: Դա Գրիգորի վերջին բարևն էր:

Չքացավ կարմիր թաշկինակն ևս, և ամեն ինչ ձուլվեց, դարձավ մի անորոշ սև գունդ, որից բարձրանում էր թանձր նավթային ծուխն և սփռվում մուգ-կապտագույն ծովի տատանվող մակերևույթի վրա...

Անցան առաջին ամիսները: Անթառամն արդեն վերադարձել էր յուր ծննդյան քաղաքը, այնտեղ, ուր հանցանք էր գործել և ուր դատապարտվել էր հավիտենական աքսորանքի նրա որդին:

Օր-օրի վրա նա սպասում էր նամակի: Առաջին նամակը ստացավ միայն ինն ամիս անցած:

Գրիգորը նկարագրում էր նախ ծովային վտանգալից փոթորիկը, բացօթյա կյանքը, հետո ընդարձակ Ռուսիայի լայնատարած դաշտերը, ցուրտը, անձրևները, ձյունը, բուքը, մի խոսքով, բնության և մարդկության արհավիրքը, որ կրել էր նա յուր հնգամսյա ճանապարհորդության ընթացքում: Վերջապես, նրանց բերել են աքսորատեղին: Դա մի փոքրիկ ավան է քաղաքից հեռու: Այստեղ կան արքունական հանքեր և մի գործարան, ուր բոլոր աշխատավորներն աքսորականներ են: Ահա այս հանքերում և գործարանում պիտի աշխատի և Գրիգորը, ինչպես մի բեռնակիր մշակ, միշտ և անդադար, ամբողջ ցերեկը, ստորերկրյա մթին և խոնավ հանքերում, առանց իրավունքի գործարանի շրջապատից դուրս ոտք դնելու:

Տասն անգամ Անթառամն յուր երկրորդ որդուն ստիպեց այդ նամակը կարդալ: Նա այն օրն, ինչպես ասում էր ինքը, թաղում էր յուր որդուն: Նա հրավիրել էր բոլոր մոտիկ ազգականուհիներին, որ յուր ցավին ցավակից լինեն: Եվ այդ կանայք փոխանակ մխիթարելու, ավելի գրգռում էին նրա վիշտն իրենց կեղծ և անկեղծ հառաչանքներով, իրենց կարեկցական դարձվածքներով: Նամանավանդ կեղեքվում էր նրա սիրտը, երբ այդ կանանցից յուրաքանչյուրը հիշեցնում էր Գրիգորի սիրուն կերպարանքը, հարավային բորբոքուն երևակայությամբ նկարագրելով նրան կրկնակի գեղեցիկ գույներով:

Հետագա ձմեռը ստացվեց երկրորդ նամակը: Այս անգամ Գրիգորը մռայլ նկարագրություններ չէր անում: Երևում էր, որ նա արդեն սկսել է ընտելանալ աքսորականի վիճակին, մխիթարում էր յուր մորը, հիշեցնում էր, թե Սիբիրն էլ մի մարդաբնակ աշխարհ է, թե այնտեղ էլ մարդիկ են ապրում և այլն, և այլն: Եվ յուր դրությունն ավելի թեթև ցույց տալու համար դիմում էր համեմատական նկարագրությունների յուր բախտակիցների կյանքից: Մասնավորապես նա գրում էր մի նախկին հայ պաշտոնյայի մասին, որ աքսորված էր քսան տարով իբր թե կաշառակերության և եղեռնագործներին գողերին ու ավազակներին գաղտնի աջակցելու համար: Թե ի՞նչ է եղել այդ մարդն առաջ, աստված գիտե, բայց յոթ տարի աքսորականի կյանքի դառնությունները ճաշակելուց հետո, նա շատ մեղմ, բարեսիրտ և խեղճ մարդ է դարձել:

— Այսպիսիներին տեսնելիս սիրտս մխիթարվում է, — ավելացնում էր Գրիգորն յուր նամակում:

Տարին անցնում էր տարու հետևից, ժամանակն Անթառամին ևս ընտելացնում էր յուր վիճակին, հարկավ, արտասուքն և լացը նրա կյանքի անհրաժեշտ պահանջը դարձնելով: Ամեն անգամ, որ նա հիշում էր (և ե՞րբ չէր հիշում) այն րոպեն, երբ որդու, կարմիր թաշկինակը սավառնեց օդում, նրա կրծքից դուրս էր հնչում ծանր հոգոց, և աղի կաթիլները ողողում էին նրա նիհարած այտերը: Բայց այդ լոկ մի դառն երազ էր համեմատությամբ այն պատկերի, որ միշտ կանգնած էր Անթառամի աչքի առջև, որ միշտ հալածում էր նրան:

Ահա նա, ուրախ, անհոգ դեմքով, բաց ճակատով, երիտասարդական հրով վառված աչքերով: Որքա՛ն ուրախացնում էր Անթառամին որդու այդ կերպարանքը, որքան հպարտանում էր և զմայլվում, տեսնելով նրան ընկերների շրջանում բոլորից սիրուն, բոլորից կայտառ, բոլորից աշխույժ: Այո՛, ամբողջ թաղի մեջ չկար մի ուրիշը նրա նման: Եվ այդ լոկ մայրական երևակայության արգասիք չէր, այլ մասամբ և իսկություն: Քանի-քանի ազգական կանայք ստիպել են Անթառամին՝ թալիսմաններ կապել Գրիգորի վզին, որ նա զերծ մնա չար աչք դիպչելուց: Չօգնեցի՞ն նրան այդ թալիսմանները:

Արդյոք նո՞ւյնն է մնացել Գրիգորը Սիբիրում, թե՞ փոխվել է. չէ՞ որ անցել է յոթը տարի նրա աքսորվելուց: Սակայն Անթառամի երևակայությունը կենդանի պատկերացնում էր քսանուինը — երեսուն տարեկան Գրիգորին այնպես, ինչպես նա տեսել էր առաջ և ինչպես անջնջելի դրոշմվել էր նրա հիշողության մեջ — տակավին պատանի, թարմ, քսանումեկ տարեկան Գրիգորին: Ցերեկն երևակայությամբ, գիշերն երազում, միշտ և անդադար այդ պատկերը կանգնած էր նրա աչքերի առջև:

Յոթ տարի անցավ, ուրեմն մնում է հինգ տարի: Անթառամը համբերություն կունենա հինգ տարի ևս կրել յուր վիշտը: Նա օրեր և գիշերներ էր հաշվում, թե երբ պիտի լրանա որոշված ժամանակն և երբ հիշում էր, որ տաժանակիր աշխատությունից ազատվելուց հետո ևս Գրիգորը չի կարող վերադառնալ հայրենիք, գլուխը թեքում էր կրծքին և անշարժ մնում:

Որդին աքսորվելուց հետո նա մի առժամանակ աստծուց երես էր դարձրել, համոզված, որ նա անարդար վարվեց յուր հետ: Բայց կարո՞ղ էր նա երկար միջոց անհաշտ մնալ նրա հետ, որ մխիթարության և սփոփանքի անսպառելի աղբյուր է ամենայն տեսակ թշվառների համար: Եվ ահա նա դարձյալ ամեն երեկո կանգնում էր եկեղեցու սյուներից մեկի հետևում, ձեռները բարձրացնում էր վերև, աչքերը հառում էր աստվածամոր պատկերին և երկար, երկար ժամանակ անշարժ մնում միևնույն դրության մեջ: Հանուն մայրական սիրո, նա աղերսում էր աստվածամորը՝ միջնորդ լինել, որ աստված նրան մի օր արժանացնի յուր որդու տեսությանը:

— Չմեռնեմ, մի անգամ էլ տեսնեմ նրան, — կրկնում էր նա բյուր անգամ կրկնած միևնույն դարձվածը:

Այսպես անցկացրեց Անթառամը տասներկու տարի, միշտ հուսալով թե պետք է արժանանա որդու տեսությանն և միշտ ապրելով միմիայն այս հույսով:

Վերջապես, նա ստացավ վաղուց սպասած լուրը: Երջանիկ օր, օ՜ր, երբ տասներկու տարվա ընթացքում առաջին անգամ երևեցավ ուրախության ժպիտ Անթառամի թառամած դեմքի վրա: Գրիգորն ազատվել է տաժանակիր աշխատանքից, ազատվել է առավոտից մինչև երեկո մթին և խոնավ ստորերկրում աշխատելուց, ազատվել է եղեռնագործների, գողերի, ավազակների և կոպիտ զինվորականների հասարակությունից, նրանց հետ մի բնակարանում ապրելուց, մի ամանից ուտելուց, մի ամանից խմելուց, մի խոսքով, աքսորականի կապանքներից:

Իսկ ա՞յժմ...

Ահա ինչ էր ավելացնում Գրիգորն յուր նամակի վերջում:

«Հենց որ ժամանակս վերջացավ, կամանդիրը թուղթ տվեց: Ազատվեցի անիծված դժոխքից, եկա քաղաք: Հաց չունեի, շոր չունեի, համարյա տկլոր էի, ասացի ինչ անեմ:

Էստեղ մեկ մարդ կա քեարփուչի (աղյուս) զավոդ (գործարան) ունի. աղաչեցի, պաղատեցի, վայնաչարի տեղ տվավ ինձ: Իհարկե, նրա էլ խիղճն եկավ ինձ, ինչու որ ինքն էլ առաջ ինձ պես կատորժնիկ (աքսորական) է եղել: Հիմա, գոհություն արարիչ աստծուն, ես պրիկաշչիկ (գործակատար) եմ զավոդում, գլուխս մի կերպ պահում եմ, եթե ինձանից հարցնես, ողջ, առողջ եմ, սիրելի ծնող, շատ էլ ֆիքր մի անիր: Մեկէլ, սուտ-ղորթ, ասում են, որ նոր թագավորը թախտ (գահ) նստելու օրը մանիֆեստ (հրովարտակ) է դուրս բերել կատորժնիկների համար: Աստված հաստատ պահի: Իսկը չեմ իմանում՝ ո՛ր կատորժնիկների համար է թագավորի ողորմությունը: Երեկ ընկերներիցս մեկն ասում էր, ես էլ հույս ստծո, որ ազատվողների մեջ լինեմ: Կամանդիրին հարցրի, ասեց մանիֆեստը մինչև օրս չի հասել, չեմ իմանում կա, չկա: Էսպես իմանաք: Հենց որ հասավ, իսկույն կիմանամ, կգրեմ: Գոհություն աստծո: Կրկին աղաչանքս է, որ շատ էլ սիրտդ չմաշես, աղոթք անես մեղքերիս համար, ժամ գնաս, ջուխտ-ջուխտ (զույգ-զույգ) մոմ վառես: Սիրելի մայր, Միխակին, Թագուհիին, Սեյրանին և այլ բարեկամաց ու հարցանողաց շատ-շատ բարև: Հավիտյանս հավիտենից ամեն:

Մնամ քեզ կարոտ, հարազատ որդի սիբիրնիկ՝

Գրիգոր Խանզադյանց»:

Սակայն անցավ մի տարի ու կես ևս, իսկ Գրիգորի հետագա նամակների բովանդակությունը գրեթե անփոփոխ էր մնում: Կայսերական մարդասեր հրովարտակը տակավին սպասվում էր: Գրիգորը սրան նրան հարցնում էր, ոչ ոք մի որոշ պատասխան չէր տալիս: Բայց նա դարձյալ մխիթարում էր մորը, դարձյալ հույս էր տալիս յուր վերադառնալու մասին:

Եվ Անթառամն անհամբեր սպասում էր. օրերը նրա համար անցնում էին անտանելի դանդաղությամբ, մինչ կլրանար այն ժամանակամիջոցը, որ տևում էր բնականաբար Գրիգորի մի նամակից հետո մինչև մյուսի ստանալը: Ստացվում էր հաջորդ նամակը, և դարձյալ նույն անորոշ բովանդակությամբ:

Մի ամառային օր, իրիկնադեմին, Անթառամը նստած զավթում

քառասունուերկու սևացած ու չորացած սիսեռների վրա գուշակում էր ապագան: Հանկարծ շնչասպառ ներս վազեց նրա երկրորդ որդին, Միխակը, և ուրախ-ուրախ գոչեց.

— Ի՞նչ կտաս, որ ասեմ...

Անթառամը, չնայելով իր ծերությանը, աշխուժությամբ թռավ ոտքի, խլեց որդուց նամակը, որ սա բռնած ուներ յուր ձեռքում: Նա մոռացավ, որ ինքը կարդալ չգիտե:

— Շո՛ւտ արա, հոգիս մի հանիր, կարդա՛, — գոչեց նա, նամակը վերադարձնելով որդուն:

Կարդաց: Նամակը գրված էր Գրիգորի տիրոջ կողմից: Սա հայտնում էր, թե Գրիգորն արդեն ազատություն է ստացել և իսկույն ուղարկվել հայրենիք և թե շուտով, երևի տեղ կհասնի:

Ճի՞շտ է, արդյոք: Միգուցե գրողը մի չար թշնամի է, որ կամեցել է դառն կատակ անել, միգուցե «ազատություն» բառը մի ա՛յլ, խորհրդավոր նշանակությամբ է գործածված նամակի մեջ:

Բայց աստված լսել էր Անթառամի աղերսանքը. նա չպիտի մեռներ, մինչև որ տեսներ յուր որդուն: Չանցավ նամակ ստանալու օրից մի շաբաթ, Միխակը մի օր դարձյալ տուն վազեց շնչասպառ և այս անգամ ձեռքումը մի հեռագիր... Գրիգորից: Համառոտ խոսքերով նա հայտնում էր, թե հասել է N... նահանգական քաղաքը և ամենաշատը մի ամսից հետո կլինի իր ծննդավայրում:

— Մի ամիս, մի ամիս չմեռնեմ ու տեսնեմ, չմեռնեմ ու տեսնեմ...

Այս խոսքերը կրկնելով, Անթառամն այն գիշերը համարյա մինչև լույս չկարողացավ քնել, այնքան նա հուզված էր ուրախությունից: Ի՞նչպես. մի՞թե արդարև տասնուհինգ տարուց հետո նա կրկին պիտի գտնե յուր մեռած ու կորած որդուն:

Օրը կիրակի էր: Անթառամի որդիները — Միխակը և Սեյրանը ճաշից հետո գնացել էին քաղաքի շրջակայքը՝ զբոսնելու: Նա նստած էր միայնակ թախտի վրա, պատուհանի առջև և, ձեռները կրծքին դարսած, յուր մռայլ ու անորոշ հայացքը հառել էր երկնքի հեռավոր հորիզոնին, ուսկից նա, կարծես, մի բան սպասում էր:

Նա մի քանի րոպե առաջ դարձյալ հմայել էր քառասունուերկու սիսեռների վրա և երեք կարգի բաժանված սիսեռների միջին կարգը դուրս էր եկել — չորս, երկու, մեկ-մեկ իրարու հետևից, որ ասել էր ճանապարհ:

— Չմեռնեմ, մի անգամ էլ տեսնեմ, չմեռնեմ, մի անգամ էլ տեսնեմ, — արտասանվում էին դարձյալ նրա ցամաքած շրթունքները:

Այնինչ նրա անորոշ հայացքը շարունակ հառած էր երկնքի հորիզոնին, ուր փոքր առ փոքր բարձրանում էին ամառային բամբակագույն ամպերի կույտերը և դիզվում միմյանց վրա: Անդադար շարժվելով, այդ ամպերը զանազան ձևեր էին ընդունում — մերթ բարձրագագաթ լեռների, մերթ հրեշավոր կենդանիների: Եթե քառասունուերկու սիսեռների գուշակությունը պիտի կատարվի, թող ամպերն էլ գուշակեն թող նրանց բազմաթիվ կույտերից մինը կառքի ձև, ձիու կամ ուղտի կերպարանք ներկայացնի, այն ժամանակ Անթառամը կիմանա, որ ճանապարհը դատարկ չէ: Եվ ահա, հազիվ սնահավատ կնոջ մտքով անցել էր այս խորհրդավոր ցանկությունը, երբ կապտագույն հորիզոնի վրա ձգվեց մի սպիտակ գիծ, այնուհետև նա ծռվեց այս կողմ, այն կողմ և պատկերացավ... մի հսկայական ձյունագույն թափանցիկ ձի՝ քուլա— քուլա ամպերից: Անթառամի սիրտը սկսեց ուժգին բաբախել: կարելի՞ բան է, որ այս բոլոր գուշակություններն ապարդյուն մնան:

Մի ամբողջ ժամ նա այս դրությամբ անշարժ նստած էր. փոքր առ փոքր նրա ջղերին տիրեց թուլություն և նա ընկղմվեց մի տեսակ թմրության մեջ: Երբեմն— երբեմն նա ցնցվելով սթափվում էր, նայում էր աջ ու ձախ, ականջ էր գնում դեպի դուրս և կրկին գլուխը թեքում կրծքին:

Հանկարծ նա ուժգին ցնցվեց, վեր ցատկեց տեղից և սկսեց ականջ դնել: Նրան թվում էր, թե լսում է ինչ-որ զանգակների թույլ հնչյուն, հետո ոչինչ չի լսում և տիրում է դարձյալ միևնույն լռությունը շրջակայքում: Բայց որ, եթե նրա ուղեղը խանգարված չէ, եթե նրա լսելիքը չի խաբում, արդարև լսվում է փոստային կառքի զանգակների ձայն և լսվում է հետզհետե ավելի պարզ ու որոշ: Ահա այն, վերջապես, բոլորովին մոտեցավ և, կարծես, հնչում է պատուհանի տակ: Հանկարծ զանգակների ձայնին խառնվեց կառքի անիվների դղրդյունը. խուլ փողոցն աղմկվեց մի քանի վայրկյան և ամեն ինչ դարձյալ լռեց...

Անթառամի ոտները ներքին հուզմունքից սկսեցին դողալ: Նա վազեց դուրս, որքան կարող էր շտապով ցած եկավ փոքրիկ սանդուղքով, ձեռներով ծնկները բռնած: Գավթի մեջտեղում կանգնած էր մի անծանոթ մարդ և կասկածանքով նայում էր դեսուդեն...

Այդ մարդը հագած էր սևագույն և կոպիտ մահուդից ռուսական ձևով կարած կապայի նման մի կարճ բան հասարակ զինվորականի կոշիկներ երկայն անկարուրդով և կոշտ կտավից կարած լայն վարտիք: Նա գլխին դրած էր սպիտակ ոչխարենուց կարած բոլորակ գդակ, որի բավական երկայն մազերը ծածկել էին նրա ճակատն ամբողջովին:

Այդ մարդը նիհար էր, կուրծքը ճնշված, ներս ընկած, մեջքը կորացած, մի ուսը մյուսից նկատելի կերպով բարձր, երեսը խորշոմած, միրուքը գզգզված, աչքերը խորն ընկած, այտերը, ծնոտը և կոկորդի ոսկորը նիհարությունից դուրս ցցված: Նրա ձեռները ոսկրոտ էին, կոշտ ու պինդ, ինչպես որմնադրի կամ տարին տասներկու ամիս քար կրող մշակի ձեռները, կապույտ ջղերը որոշ գծավորված երկաթագույն և կուչկուչված կաշվի տակից, մատների հոդերը դուրս ցցված, այնպես որ հիշեցնում էին մոխրախառն կրակի մեջ խորոված շագանակներ:

Արա ոտները ներքևի կողմից երևում էին ծուռ և երբ նա, յուր

ձեռնափայտի վրա հենվելով, մի քանի քայլ առաջ եկավ, նշմարվեց, որ կաղում է փոքր-ինչ. կարելի էր կարծել, որ նրա ոտների ոլոգները իրանց տեղումը չեն կամ գարշապարներն ուռած են: Անախորժ, վերին աստիճանի անախորժ և, միևնույն ժամանակ կասկածավոր ու երկյուղալի տպավորություն էր գործում այդ մարդու ամբողջ կերպարանքն առաջին՝ հայացքից: Նրան տեսնողն և՛ կխղճար, և՛ կսարսափեր ակամա, իսկ եթե լսեր, որ ողորմություն է աղերսում, կմերժեր կամ եթե ողորմել կամենար, չէր մոտենար նրան, հեռվից կձգեր փողն և կհեռանար:

Անթառամը շտապելով և հազիվհազ իր դողդոջուն քայլերը փոխելով, անցավ այդ մարդու մոտով, առանց ուշադրություն դարձնելու նրա վրա:

Անծանոթը խոր խորշերի մեջ թաղված աչքերով ոտից գլուխ չափեց նրան ուշադրությամբ: Տարօրինակ և զարմանալի էր այդ աչքերի արտահայտությունը: Կարծես, նրանք վաղուց զրկվել էին կենդանությունից, կարծես, նրանց խոշոր բիբերն անշարժ էին, սպիտակ շրջանակները սառած, հողագույն կոպերը քարացած:

Նա նայեց Անթառամի հետևից, նայեց աջ ու ձախ, հաստաբուն թթենուն տան փոքրիկ փայտյա պատշգամբին, կիսավեր շրջապարսպին և գլուխն երկմտորեն շարժեց: Թվում էր, որ նա տատանման մեջ է. չգիտե ինչ անե, խոսե, թե լռե, առաջ գնա, թե ետ դառնա, բարկանա, թե ուրախանա:

Այնինչ Անթառամը հասավ դրսի դռներին, նայեց դեպի փողոց և կրկին շփոթված ետ դարձավ: Այս անգամ նա նկատեց անծանոթին և, չմոտենալով նրան, հուզված ձայնով հարցրեց:

— Դո՞ւ ես կառապանը:

Անծանոթը լուռ էր:

— Կառապանը դո՞ւ ես:

Անծանոթը լուռ էր:

— Բաս ինչո՞ւ կանգնեց մեր դռների մոտ... Ուրի՞շ է եկողը... Նա չեկա՞վ...

Անծանոթը փայտի օգնությամբ մի քայլ առաջ դրեց: Նա դարձյալ լուռ էր և միայն յուր կիսակենդան և երկմիտ հայացքը չէր հեռացնում Անթառամի երեսից:

— Ողորմած Աստված, ինչո՞ւ ես ինձ ծաղր անում, — գոչեց Անթառամը դառնությամբ, — ես սպասում եմ... Չէ, կանգնիր, այ մարդ, դու, ո՞վ ես... Տեր աստված... ավազակ... ի՞նչ ես ուզում ինձանից...

Այստեղ անծանոթն երկու ձեռները հենեց փայտի վրա, մեջքը քիչ թեքեց և հառաչելով արտասանեց հետևյալ խոսքերը.

— Կատարվեց ասածս... ոչ ես ճանաչեցի, ոչ նա է ճանաչում...

Անթառամը սարսափած և անգիտակցաբար ետ կանգնեց: Այդ

մարդու ձայնը նրա հոգու խորքում զարթեցրեց վաղուց, շատ վաղուց թմրած մի բան: Մի թույլ հիշողություն լուսավորեց նրա հոգին: Այդ նրա տասնութ տարի առաջ մեռած և մոռացված ամուսնու ձայնն է, այո՛, իսկ և իսկ այն թույլ, խեղճ ողորմելի ձայնը, միայն ավելի տկար: Բայց ինչպե՞ս, կարելի բան է, որ մեռելը վեր կենա տասնութ տարվա գերեզմանի խորքից: Միթե նա երազու՞մ է կամ գուցե ցնորվե՞լ է:

— Ես Գրիգորն եմ... չճանաչեցի՞ր...

Ճի՞շտ լսեցին, արդյոք, Անթառամի ականջները, թե՞ դարձյալ շարունակվում է նրա զառանցանքը: Սակայն նա կարող է երազում լինել, կարող է անգամ ցնորված լինել, բայց որ չճանաչի իր Գրիգորին, որ կարողանա մազու չափ խաբվել նրան տեսնելիս, դա անկարելի բան է: Եվ ոչ միայն նա, այլև ամենքը, որ մի անգամ տեսել են նրա գեղեցկադեմ, նրբակազմ որդուն, մի՞թե երբևիցե կարող են չճանաչել թեկուզ տասնուհինգ տարուց հետո:

Ինչպես քնից նոր զարթնած նա շփեց ձեռներով աչքերը, որ ավելի պարզ դիտե յուր առջև կանգնած տարօրինակ անձնավորությունը: Եվ կար մի անխուսափելի, մի անբաժան երեվույթ, որ խանգարում էր նրան տեսնել իսկությունը:

Դա Գրիգորի, նախկին Գրիգորի սիրուն կերպարանքն էր, այնպես, ինչպես տպավորվել էր նրա հիշողության մեջ: Սա է ահավասիկ Անթառամի իսկական որդին, այս սիրուն պատկերը, որ տասնուհինգ տարի շարունակ վառ պահել է նրա երևակայությունը, որ ձուլվել ու միացել է նրա հոգու հետ, որ գիշերը խլել է նրա քունը, ցերեկը՝ հանգստությունը: Եվ հանկարծ այդ մյուսը, այդ ավազականման տգեղ, այլակերպ անծանոթը հանդգնում է...

Դա մի օդերևույթ է...

— Եթե իմանայի, որ մայրս էլ է ինձ մոռացել, Սիբիրը ինձ համար ավելի լավ կլիներ...

Բնական և խորին թախծությամբ արտասանված պարզ բողոքը հանկարծ սթափեցրեց մոլորված կնոջը: Քողն ընկավ նրա աչքերից. խաբուսիկ պատկերը չքացավ, դառն իրականությունն ամենայն մերկությամբ երևան եկավ մինչև այդ վայրկյան ցնորք համարված այլանդակ էակի կերպարանքով:

Նա ճանաչեց յուր որդուն, ճանաչեց նրա ձայնը, նրա աչքերը: Նրա ոտները թուլացան. հարվածն անսպասելի էր և սաստիկ: Նրա գլուխը պտտեց, աչքերը մթնեցին, գուցե նա տեղն ու տեղը գետին ընկներ, եթե որդու նիհար, ոսկրոտ ձեռները նույն վայրկյանին չգրկեին նրան:

Այս ամբողջ տեսարանը կատարվեց մի քանի վայրկյանում միայն:

Երբ որդին աջ կուռը վերցրեց մոր ուսից, նրա կապայի թևը մի փոքր ետ քաշվեց: Երևեցավ նրա բազուկը, որի վրա երկաթե կապանքը անջնջելի կերպով դրոշմել էր յուր կոշտ հետքը սև և լայն ապարանջանի ձևով:

— Հիմա ճանաչո՞ւմ ես, — ասաց նա, պարզելով յուր բազուկը Անթառամի աչքի առջև:

Այդ բազուկի վրա կար ծննդյան մի մեծ և բոլորակ խալ:

Անթառամը բաց թողեց որդուն յուր գրկից, նայեց նրա ոտից մինչև գլուխ աղճատված կերպարանքին, ձեռները բարձրացրեց վեր և, յուր ալեզարդ գլխին մի ուժգին հարված տալով, գոչեց դառն ձայնով.

— Երանի մեռնեի և քեզ չտեսնեի...

# ՅԱՆԿ